I0820764

CONSTRUYE *la* VIDA *que* ANHELAS

El arte y la ciencia
de ser más feliz

CONSTRUYE *la* VIDA *que* ANHELAS

ARTHUR C. BROOKS
OPRAH WINFREY

DIANA

Título original: *Build the Life You Want: The Art and Science of Getting Happier*

Fotografía de Oprah Winfrey: © Ruven Afanador
Fotografía de Arthur C. Brooks: © Tom Prather
Traducido por: Matilde Schoenfeld
Diseño de interiores: Alejandra Romero
Créditos de portada: Jennifer Heuer
Adaptación de portada: © Genoveva Saavedra / aciditadiseño
Ilustración de portada: © Shutterstock

© 2024, Editorial Planeta Mexicana, S.A. de C.V.
Bajo el sello editorial DIANA M.R.
Avenida Presidente Masarik núm. 111,
Piso 2, Polanco V Sección, Miguel Hidalgo
C.P. 11560, Ciudad de México
www.planetadelibros.us

Primera edición impresa en esta presentación: octubre de 2024
ISBN: 978-607-39-1811-4

Impreso en los talleres de Bertelsmann Printing Group USA.
25 Jack Enders Boulevard, Berryville, Virginia 22611, USA.
Impreso en U.S.A - *Printed in U.S.A*

Te dedicamos este libro para tu viaje por la vida.
Deseamos que puedas sentirte más feliz, año con año,
y puedas brindarles a los demás una mayor alegría.

Índice

Una nota de Oprah 11

Una nota de Arthur 15

Introducción
El secreto de Albina 21

CONSTRUYE LA VIDA QUE ANHELAS

Uno
La felicidad no es la meta,
y la infelicidad no es la enemiga 33

MANEJAR TUS EMOCIONES

Una nota de Oprah 61

Dos
El poder de la metacognición 65

Tres
Elige una mejor emoción 86

Cuatro
Enfócate menos en ti mismo 109

CONSTRUIR LO QUE IMPORTA

Una nota de Oprah 136

Cinco
Construye tu familia imperfecta 139

Seis
La amistad que es profundamente real 166

Siete
Trabajo que es amor hecho visible 195

Ocho
Encuentra tu gracia sublime 220

Una nota de Oprah 240

Conclusión
Ahora, conviértete en el maestro 243

Agradecimientos 251

Notas 253

Acerca de los autores 301

Una nota de Oprah

MIENTRAS REALICÉ EL PROGRAMA *The Oprah Winfrey Show* durante 25 años, una de las tantas cosas que me permitió el programa fue presenciar en primera fila la infelicidad. Y la hubo, de verdad, de todo tipo. Entre mis invitados asistían personas abatidas por la tragedia, por la traición, o que albergaban un profundo desencanto. Otras más se encontraban enojadas y resentidas; con remordimiento y culpa, vergüenza y miedo. Asimismo, había quienes hacían todo lo posible por mitigar esa infelicidad, aunque, de cualquier forma, cada mañana amanecían infelices.

Sin embargo, también fui testigo de una felicidad abundante. Vi a personas que habían encontrado el amor y la amistad. Algunas más utilizaban sus talentos y habilidades para realizar buenas acciones, y cosechaban los frutos del altruismo y la generosidad, incluso una de ellas le había donado un riñón a un extraño a quien apenas había conocido. De igual manera, asistían personas con un lado espiritual que infundía a su vida una enorme riqueza de significado y otras tantas que habían recibido una segunda oportunidad.

En lo que al público se refiere, los invitados infelices por lo general provocaban empatía; los felices, admiración, y tal vez una pizca de envidia melancólica. No obstante, había una tercera categoría de invitados de quienes el público no sabía *qué* pensar, pero que despertaban una genuina inspiración: las personas que tenían todos los motivos para ser infelices y, sin embargo, no lo eran. Se trataba de aquellos que se las arreglaban con lo que la vida les presentara, encontraban el cauce en la adversidad, veían el lado positivo y el vaso medio lleno. Eran los Mattie Stepanek, así llegué a clasificarlos (Mattie Stepanek era el niño que padecía un tipo de distrofia muscular rara y terrible llamada miopatía mitocondrial disautonómica, pero que siempre lograba hallar la paz y jugar después de cada tormenta). Escribía hermosa poesía, tenía una sabiduría inusual para su edad y fue el primer invitado que se convirtió en mi amigo más allá del programa. Yo solía llamarlo mi pequeño ángel.

¿Cómo podía un niño con una enfermedad terminal ser tan feliz como lo era Mattie? O como aquella mamá que albergaba una inmensa paz, un propósito definido y una genuina alegría incluso cuando se preparaba para morir, por lo cual grababa cientos de cintas de voz sobre cómo vivir la vida para su hija, quien en ese momento tenía solo seis años. O como la mujer zimbabuense a la que casaron a los 11 años de edad y era golpeada a diario, pero que, en lugar de entregarse al desánimo, mantuvo la esperanza, fijó metas secretas y con el tiempo las cumplió, incluida la de estudiar un doctorado.

¿Cómo podían estas personas levantarse de la cama en las mañanas y, además, ser tales rayos de luz? ¿Cómo lo hacían? ¿Nacieron así? ¿Había algún secreto o patrón de desarrollo que el resto del mundo necesitara conocer? Porque créeme, si algo de eso *existía*, el mundo definitivamente querría saberlo.

En mis 25 años realizando el programa, si había algo que tuvieran en común casi todos mis espectadores era el deseo de ser felices. Como ya señalé antes, después de cada episodio, yo platicaba con el público y casi siempre les preguntaba qué era lo que más anhelaban en la vida. Ser felices, decían. Solo ser felices. Solo felicidad.

Sin embargo, como ya he mencionado también, cuando preguntaba qué era la felicidad, de pronto nadie estaba seguro. Vacilaban unos minutos y al final decían: «Perder determinado número de kilos» o «Tener suficiente dinero para pagar mis gastos» o «Mis hijos; solo quiero que ellos sean felices». Así que tenían *metas*, o *deseos*, pero no podían describir con palabras qué aspecto tenía la felicidad. Rara vez alguien tenía una respuesta real.

Este libro tiene la respuesta, porque Arthur Brooks la ha estudiado e investigado, y la ha vivido en carne propia.

La primera vez que supe de Arthur fue por su columna en la revista *The Atlantic*, «How to Build a Life» (Cómo construir una vida). Empecé a leerla durante la pandemia y pronto se convirtió en un anhelo semanal porque se trataba de algo que siempre me ha importado más que nada: vivir una vida significativa y con propósito. Después leí su libro *From Strength to Strength* (De fortaleza en fortaleza), una guía estupenda para ser más feliz al ir envejeciendo. Este hombre me entendía perfectamente.

Estaba claro que debía hablar con él. Y cuando lo hice, instantáneamente me percaté de que, si todavía hubiera estado haciendo mi programa *The Oprah Winfrey Show*, le habría llamado una y otra vez, porque él habría tenido algo relevante que aportar a casi todos los temas de los cuales hablábamos. Arthur irradia una especie de confianza y certeza sobre el significado de la felicidad que reconforta y estimula al mismo tiempo. Es capaz de hablar amplia y detenidamente acerca de lo mismo que he abordado durante años: cómo crecer para convertirte en tu mejor versión, cómo ser una mejor persona. Así que desde el principio supe que de alguna forma terminaría trabajando con él. Y esa forma es este libro.

Una nota de Arthur

«USTED DEBE SER NATURALMENTE una persona muy feliz».

Escucho esto todo el tiempo. Al fin y al cabo, tiene sentido: imparto cursos sobre felicidad en la Universidad de Harvard, escribo una columna semanal sobre el tema para *The Atlantic* y doy conferencias sobre la ciencia de la felicidad a lo largo del mundo. Debido a lo anterior, la gente asume que tengo dones naturales para ser feliz, igual que un jugador profesional de basquetbol debe ser un atleta genéticamente dotado para ello. Qué suertudo soy, ¿verdad?

Sin embargo, la felicidad no es como el basquetbol. No tienes una ventaja sobre los demás para convertirte en un especialista en felicidad por haber sido bendecido con la capacidad innata de experimentarla. Al contrario: las personas que son felices de manera natural casi nunca estudian la felicidad, porque para ellos no es algo que necesiten investigar, ni siquiera tienen que pensar mucho en ella. Sería como estudiar el aire.

La verdad es que escribo, doy conferencias y enseño sobre la felicidad justo porque para mí es naturalmente difícil sentirla y anhelo más. Mi nivel básico de bienestar (el nivel en el cual me estancaría si no la estudiara y trabajara en ella todos los días) es mucho más bajo que el promedio. No es que haya vivido algún trauma o algún sufrimiento inusual. Que nadie se conduela de mí. Es algo de familia: mi abuelo era melancólico; mi padre era ansioso; de modo que, si me dejan a mi suerte, soy una mezcla de ambos. Solo basta con preguntarle a mi esposa, Ester, quien lo ha padecido durante 32 años (ella asiente, dice *sí* ahora mismo, al leer esto). Así que mi trabajo como científico social no es la investigación de la sociedad, sino la investigación de mí mismo.

Si recurres a este libro porque no te sientes tan feliz como quisieras, ya sea porque sufres por algo en particular o porque «en teoría» tienes una buena vida, pero siempre te descubres batallando en ella, entonces eres la clase de persona con la cual me identifico plenamente. Somos espíritus afines.

Cuando empecé a estudiar la felicidad hace 25 años, mientras cursaba mi doctorado, no sabía si el conocimiento académico me ayudaría. Temía que la felicidad no fuera algo que uno pudiera cambiar de manera significativa. Pensaba que tal vez era como la astronomía. Uno puede aprender sobre las estrellas, pero no puede transformarlas. De hecho, durante un largo tiempo, mi conocimiento no me ayudó mucho. Sabía demasiado, pero no era práctico en absoluto. Eran meras observaciones sobre quiénes eran las personas más felices y cuáles las más infelices.

Hace diez años, durante una época que fue particularmente oscura y tormentosa de mi vida, Ester me hizo una pregunta que cambió mi forma de pensar: «¿Por qué no utilizar toda esa complicada investigación para ver si hay maneras en las que puedas transformar tus propios hábitos?». Era obvio, ¿verdad? Por alguna razón, para mí no lo era en absoluto, pero estaba dispuesto a probar. Empecé a pasar más tiempo observando mis niveles de bienestar para descubrir patrones. Estudié la naturaleza de mi sufrimiento y los efectos que tenía en mí.

Después, establecí una serie de experimentos basados en datos, en los que probaba cosas como hacer una lista de lo que agradezco, rezar más y comportarme de manera opuesta a como usualmente hacía cuando estaba triste y enojado (lo cual era bastante frecuente).

Y vi resultados. De hecho, funcionó tan bien que en el tiempo libre que tenía después de mi trabajo —en el cual dirigía una organización sin fines de lucro—, empecé a redactar sobre la felicidad y sus aplicaciones en la vida real en *The New York Times* para compartirlo con los demás. Las personas comenzaron a escribirme para decirme que la ciencia de la felicidad (traducida a consejos prácticos) también les estaba ayudando. Asimismo, descubrí que enseñar de esta forma algunas ideas solidificaba el conocimiento en mi mente y me hacía mucho más feliz.

Obviamente, quería más, así que cambié de profesión. A los 55 años renuncié a mi trabajo de director ejecutivo con el plan de escribir, dar conferencias y enseñar la ciencia de la felicidad. Empecé declarando una simple misión para mí mismo:

> Dedico mi trabajo a elevar el espíritu de las personas y unirlas, en lazos de amor y felicidad, utilizando la ciencia y las ideas.

Acepté una cátedra en la Universidad de Harvard y creé una clase sobre la ciencia de la felicidad, cuya matrícula pronto quedó rebasada. Luego empecé a escribir con regularidad una columna sobre el tema en *The Atlantic*, la cual encontró cientos de miles de lectores. Cada semana investigaba sobre un nuevo tópico relacionado con la felicidad utilizando mi experiencia como investigador cuantitativo para leer textos de vanguardia sobre psicología, neurociencia, economía y filosofía. Después convertía lo que aprendía en experimentos de la vida real y los aplicaba a mí mismo. Cuando funcionaba, les enseñaba a mis alumnos los resultados y lo difundía en el periódico para llegar a un público masivo.

Al pasar de los años, vi un progreso cada vez mayor en mi vida. Observé cómo mi cerebro procesaba las emociones negativas y aprendí cómo manejarlas sin intentar deshacerme de ellas. Empecé a ver las relaciones humanas como una interacción entre el corazón y el cerebro y no como un misterio inescrutable. Comencé a adoptar los hábitos de las personas más felices, de acuerdo con mis datos, y de quienes conocía en mi vida real (incluyendo a alguien muy especial, a quien conocerás en la Introducción, en la siguiente parte). Al mismo tiempo, empecé a escuchar a personas de todo el mundo, aquellas que aprendían conmigo y que podían elevar su propio nivel de felicidad si se empeñaban en seguir aprendiendo y aplicando su conocimiento.

En los años que han transcurrido desde que inicié este cambio de vida, mi propio bienestar se ha elevado *de forma impresionante*. Las personas lo notan, señalan que sonrío más y que parece que disfruto más mi trabajo. De igual modo, mis relaciones han mejorado y he observado progresos como estos en mis alumnos, líderes empresariales y personas comunes que deciden aprender los principios de esta ciencia. Muchos de ellos han atravesado situaciones dolorosas y pérdidas más allá de lo que yo haya enfrentado jamás, pero han encontrado la alegría incluso a mitad de su sufrimiento.

Todavía tengo bastantes días malos y me resta un largo camino por recorrer; sin embargo, hoy estoy cómodo con ese hecho y sé cómo crecer a partir de él. Sé que vendrán tiempos difíciles, pero no les temo. Asimismo, confío en que me aguardan enormes progresos en mi futuro.

Algunas veces me recuerdo a los treinta o cuarenta años, cuando rara vez era feliz y veía el futuro con resignación. Si mi yo de 59 años regresara en el tiempo y me dijera: «Aprenderás a ser más feliz y enseñarás los secretos para que los demás lo sean», pensaría que probablemente mi yo del futuro se habría vuelto loco. No obstante, es verdad (me refiero a la parte sobre ser más feliz, no a la de volverme loco).

Ahora me siento privilegiado por trabajar en equipo con alguien a quien he admirado desde que era un hombre joven; una mujer que les ha levantado la moral a millones de personas con lazos de amor y felicidad a lo largo del mundo: Oprah Winfrey. Cuando nos conocimos, muy pronto nos percatamos de que compartíamos una misión, aunque la cumpliéramos de formas distintas (yo en el mundo académico y ella en los medios de comunicación).

Nuestro objetivo en este libro es unir las dos vertientes de nuestro trabajo y así abrir las puertas de la asombrosa ciencia de la felicidad a personas de todos los ámbitos para que puedan utilizarla, mejorar su vida y elevar el espíritu de los demás. En palabras comunes, buscamos ayudarte a observar que no estás indefenso ni a merced de las mareas de la vida, sino que, con una mayor comprensión de cómo funcionan tu mente y tu cerebro, puedes construir la vida que anhelas, empezando por dentro, por tus emociones, para luego llevarlo afuera, a tu familia, tus amistades, tu trabajo y tu vida espiritual.

Nos funcionó a nosotros y puede hacerlo contigo.

Introducción

El secreto de Albina

De Arthur: Albina Quevedo, mi suegra, a quien yo amaba como a mi propia madre, yacía en su cama en el pequeño departamento en Barcelona en el que había vivido durante los últimos setenta años. La decoración austera de su recámara jamás había cambiado: en la pared, una foto de sus islas Canarias, donde había nacido; en otra, un simple crucifijo. Esto es lo que veía durante casi 24 horas al día, puesto que una caída dos años antes la había dejado con dolor e incapaz de levantarse ni caminar por sí misma. A los 93 años, sabía que esos eran sus últimos meses.

Su cuerpo se encontraba débil, pero su mente todavía era aguda, y sus recuerdos, vívidos. Hablaba de décadas pasadas, tiempos en los que era joven, sana, estaba recién casada y empezaba a construir a su amada familia. Rememoraba fiestas y días en la playa con amigos cercanos, ahora fallecidos hacía mucho tiempo. Se reía al recordar esos buenos tiempos.

«Tan diferente de mi vida ahora», comentó. Giró la cabeza en la almohada y miró por la ventana durante un largo tiempo, perdida en sus pensamientos. Al voltear de regreso, afirmó: «Ahora soy mucho más feliz de lo que era entonces».

Vio mi cara de sorpresa y explicó: «Sé que suena extraño porque mi vida ahora parece desoladora, pero es la verdad», dijo con una sonrisa. «Al envejecer, he aprendido el secreto para ser más feliz».

Yo era todo oídos en ese momento.

Sentado junto a su cama, Albina me contó las dificultades de su vida. De niña, en la década de 1930, había atravesado la brutal guerra civil española. Durante un tiempo estuvo escondida, pasaba hambre y con frecuencia veía muerte y sufrimiento a su alrededor. Su padre fue arrestado y pasó años en prisión por servir al bando perdedor en el conflicto, como cirujano en el campo de batalla. A pesar de ello, siempre consideró que su niñez fue feliz, porque sus padres la amaban y se amaban entre sí, y ese era el recuerdo que perduraba con mayor claridad. Por cierto, hablando de amor, el hombre de la celda contigua a la de su padre le presentó a su futuro esposo.

Hasta ese momento, todo iba bien. Pero ahí fue cuando empezaron los problemas para Albina. Después de unos cuantos años buenos y de los nacimientos de sus tres hijos, su esposo resultó ser un canalla, ya que la abandonó sin pensión alimenticia y los sumió en la pobreza. Su tristeza por el desamparo se agravaba con la presión de educar a sus hijos sola, y a menudo se preguntaba si podría lograrlo.

Durante varios años se sintió estancada e infeliz, y llegó a la conclusión de que una vida más feliz no sería posible porque el mundo le había repartido esta mano de cartas tan malas. Casi todos los días se asomaba por la ventana frontal de su pequeño departamento y lloraba.

¿Quién podría culparla? Su pobreza y su soledad, que la hacían infeliz, no eran producto de algo que ella hubiera decidido; le habían sido impuestas y no lograba vislumbrar la forma de transformarlas. Si sus circunstancias no cambiaban, su infelicidad persistiría, lo cual haría imposible alcanzar una vida mejor.

Un día, cuando Albina tenía 45 años, algo se transformó. Por razones que no eran claras ni para sus amigos ni para su familia, su perspectiva de la vida pareció cambiar. No es que de pronto estuviera menos sola, ni que de forma misteriosa se hiciera de dinero; más bien, por alguna razón, dejó de esperar que el mundo se transformara y tomó el control de su vida.

El cambio más obvio que hizo fue inscribirse a la universidad para volverse maestra. No fue fácil. Estudiar día y noche con compañeros que tenían la mitad de su edad mientras criaba a una familia era absolutamente agotador, pero resultó en un éxito que le transformó la vida. Al final de los tres años, Albina concluyó su carrera como la mejor de su clase.

Así, se embarcó en una nueva profesión que amaba, dando clases en un vecindario económicamente marginado donde servía a niños y a familias que vivían en la pobreza. Adquirió su individualidad e independencia, fue capaz de mantener a sus hijos con su propio dinero e hizo amigos a quienes quería y que estarían a su lado hasta sus últimos días (de hecho, llorarían abiertamente en su funeral).

Más de una década después, el impredecible esposo de Albina quiso regresar; no se habían divorciado formalmente. Ella lo analizó y decidió recibirlo; no porque necesitara hacerlo, sino porque lo deseaba. Su esposo encontró que Albina había cambiado por completo en los 14 años que estuvo lejos: era más fuerte y, bueno, más feliz. Nunca más se separaron. En esos años posteriores, él también era ya una persona diferente, que la procuraba con amor. Él había fallecido tres años antes.

«Estuvimos felizmente casados durante 54 años», afirmó ella. Después, aclaró con una sonrisa. «Técnicamente, fueron 68 años en total, menos los 14 separados».

En aquel momento, ella tenía 93 años y una vez más las circunstancias la limitaban; sin embargo, su alegría era invariable (incluso iba en aumento). Yo no era el único que lo notaba; todos se maravillaban por la forma en que su felicidad crecía conforme ella envejecía.

¿Cuál fue su secreto para darle la vuelta a la situación a los 45 años, cambiar el rumbo hacia una vida mejor y ser más feliz durante casi cinco décadas a partir de ese momento?

EL SECRETO

Algunas personas desestiman la historia de Albina argumentando que era una persona única con un don natural para arreglárselas con aquello que la vida le presentara. Sin embargo, su perspectiva sobre la existencia no era innata; más bien, la aprendió y la cultivó. No era una persona «naturalmente feliz»; al contrario, de acuerdo con su propia narración, fue bastante infeliz durante un largo tiempo antes de que emprendiera su gran cambio.

O uno podría decir que ella era muy buena para hacerse de la vista gorda con las cosas malas de la vida. Sin embargo, eso tampoco es verdad. Nunca negó que hubieran sucedido cosas malas, ni pretendía que no estaba sufriendo. Sabía muy bien que envejecer sería difícil; que perder amigos y seres queridos sería triste; que estar enferma sería atemorizante y doloroso. No se sentía más feliz ignorando estas realidades.

Más bien, ocurrió algo que cambió a Albina y la liberó. En realidad, fueron tres cosas.

La primera es que un día, cuando tenía cerca de 45 años, llegó a su mente un simplo pensamiento. Siempre había creído que para ser más feliz era necesario que el mundo exterior cambiara. Después de todo, sus problemas provenían de afuera: de la mala suerte y el comportamiento de los demás. De cierta forma, esto era cómodo, aunque la dejaba en una suerte de animación suspendida.

Pensó que tal vez, aunque no pudiera transformar sus circunstancias, sí podía cambiar su propia *reacción* ante ellas. No podía decidir cómo la trataría el mundo, pero posiblemente podía tener cierta influencia en la manera como se sentía por ello. Quizá no tenía que esperar a que la dificultad o el sufrimiento de su vida disminuyeran para empezar a actuar.

Comenzó a tomar decisiones en su vida respecto a asuntos que antes solo parecían imposiciones. La estresante desesperanza de sentirse a merced de su esposo ausente, de la economía y de las necesidades de sus hijos empezó a atenuarse. Sus circunstancias no eran un jefe que determinaba cómo debía sentirse acerca de la vida; era ella misma quien debía decretarlo.

Hasta ese punto —me relató Albina—, había sentido que estaba atrapada en un mal trabajo dentro de una empresa terrible. Entonces, se había despertado y se había percatado de que siempre había sido la directora general. Eso no significaba que podía tronar los dedos y hacer que todo fuera perfecto (los directores generales también sufren cuando atraviesan malos tiempos); más bien, indicaba que poseía un gran poder sobre su propia vida y que ello podía conducir a toda clase de situaciones favorables más adelante.

Más aún, Albina comenzó a accionar basada en esta revelación. Cambió de desear que los demás fueran diferentes a trabajar en la única persona que podía controlar: ella misma. Sentía emociones negativas, como cualquier otro ser humano, pero se dispuso a tomar decisiones de forma más consciente sobre cómo reaccionar ante ellas. Dichas decisiones (y no sus sentimientos) la llevaron a intentar transformar las sensaciones menos productivas en emociones positivas, como la gratitud, la esperanza, la compasión y el humor. También trabajó para enfocarse más en el mundo a su alrededor y menos en sus propios problemas. Nada de esto fue fácil, pero con práctica lo hizo cada vez mejor y, al paso de las semanas y los meses, empezó a fluir de manera natural.

Al final, autogestionarse la liberó y le permitió enfocarse en los pilares sobre los cuales podría construir una mucho mejor vida: su familia, sus amistades, su trabajo y su fe. Al hacerlo de forma exitosa, Albina dejó de distraerse por las crisis constantes de la vida. Tras impedir que sus propios sentimientos la manipularan, eligió retomar la relación con su esposo; no negaba el pasado, pero funcionaba. Además, construyó un vínculo amoroso con sus hijos. Cultivó amistades profundas y cercanas. Encontró una profesión que le brindó una sensación de servicio y un éxito que se ganó ella misma. Recorrió su propio camino espiritual. Y, después, les enseñó a otros cómo vivir de esta forma.

Con estos tres pasos, Albina construyó la vida que anhelaba.

EL CAMINO ADELANTE

Si te sientes identificado con las dificultades de Albina o te invade la necesidad de incrementar tu felicidad por otras razones, no estás solo. Estados Unidos se encuentra en un desplome de la felicidad. Justo durante la década pasada, el porcentaje de estadounidenses que afirmaba que «no eran felices» se elevó del 10 al 24%.[1] Asimismo, el porcentaje de estadounidenses que sufre de depresión está aumentando drásticamente, en especial entre los adultos jóvenes.[2] Mientras tanto, el porcentaje que afirma que es «muy feliz» ha disminuido del 36 al 19%.[3] Estos patrones se observan también a nivel mundial, y la tendencia existía incluso antes de que comenzara la pandemia por COVID-19.[4] Las personas no logran acordar las razones por las cuales está ocurriendo esto a una escala tan grande —culpan a la tecnología, a una cultura polarizada, al cambio cultural, a la economía e incluso a la política—; sin embargo, es obvio para todos que está sucediendo.

La mayoría de las personas no ambiciona librar al mundo entero de su hundimiento; estaríamos contentos con solo ayudarnos a nosotros mismos. Pero ¿cómo?, si nuestros problemas provienen del exterior. Si estamos enojados, tristes o solos, necesitamos que los demás nos traten mejor; necesitamos que nuestras finanzas mejoren; necesitamos que cambie nuestra suerte. Esperamos, infelices, a que llegue ese momento y solo podemos distraernos de la incomodidad.

Justamente, este libro trata de mostrarte cómo romper ese patrón, tal y como lo hizo Albina. Tú también puedes convertirte en el director ejecutivo de tu propia vida, y no solo permanecer como un observador. Puedes aprender a elegir cómo reaccionar ante las circunstancias negativas y seleccionar las emociones que incrementen tu felicidad incluso en aquellos momentos en que te toque una mala partida. Puedes enfocar tu energía no en distracciones triviales, sino en los pilares básicos de la felicidad que te brindarán satisfacción duradera y sentido.

Aprenderás cómo manejar tu vida de nuevas maneras. No obstante, a diferencia de otros libros que puedes haber leído (nosotros también lo hemos hecho), este no te exhortará a salir adelante sin la ayuda de nadie. No es un libro que trate sobre la fuerza de voluntad; más bien, habla sobre el conocimiento y cómo utilizarlo. Si no pudieras resolver algo sobre tu automóvil, no arreglarías el problema con una fuerza de voluntad extrema: buscarías en el manual de usuario. De forma similar, cuando algo no va bien con tu felicidad, necesitas información clara, basada en evidencia científica, acerca de cómo funciona, antes que nada, y, después, instrucciones sobre cómo adaptar todo eso a tu vida. Eso es este libro.

Este tampoco es otro libro sobre cómo minimizar o eliminar el dolor (el tuyo o el de cualquier otra persona). La vida puede ser dura; mucho más para algunos que para otros, y no se les puede atribuir culpa alguna. Si sientes dolor, este libro no te dirá que esperes a que pase o que lo extingas. Más bien, te mostrará cómo enfrentarlo, aprender de él y crecer con ello.

Finalmente, este libro no es una suerte de solución instantánea para tu vida.

Albina tuvo que esforzarse y ser paciente para lograr sentirse más feliz y así deberás hacerlo tú también. Leer este libro es solo el principio. Para practicar las habilidades se requiere, de hecho, paciencia. Algún progreso será inmediato y lo más probable es que las personas a tu alrededor noten cambios positivos (y te pidan consejos). Otras lecciones tomarán meses o años para interiorizarse y fluir de manera natural. Esto no es una mala noticia en absoluto, porque el proceso de autogestionarse y progresar es una aventura divertida. Ser más felices se convierte en una nueva forma de vida.

Construir la vida que anhelas requiere tiempo y esfuerzo. Posponerlo significaría esperar sin una buena razón, perder tiempo para ser más feliz y hacer más felices a otros. Albina no estaba dispuesta a ello; no estaba dispuesta a perderse la vida que quería mientras esperaba a que el universo cambiara.

Si tú también ya terminaste de esperar, empecemos.

CONSTRUYE LA VIDA QUE ANHELAS

Uno

La felicidad no es la meta, y la infelicidad no es la enemiga

El profesor sonreía de oreja a oreja mientras se dirigía al abarrotado auditorio de la Universidad Carnegie Mellon en Pittsburgh una tarde de septiembre de 2007. Era su última clase ahí y estaba radiante de felicidad al mirar atrás y percatarse del trabajo de toda una vida, de haber encontrado lo bueno en los demás, haber superado obstáculos y haber vivido de forma apasionada. También estaba tan rebosante de energía y vigor que apenas si podía contenerse. En un punto, se tiró al piso y realizó una serie de lagartijas con un brazo.[1]

El profesor era Randy Pausch, un reconocido especialista en informática, amado por sus alumnos y colegas en Carnegie Mellon. Uno podría pensar que el motivo de esta felicidad en su última clase era que se retiraría a vivir en el Caribe o que quizás obtuviera por cambiar de trabajo a un puesto que anhelara demasiado en alguna otra institución, lo cual resultaba probable, pues solo tenía 47 años. Sin embargo, ninguno de estos escenarios era cierto.

Era su última clase porque el profesor Pausch tenía cáncer de páncreas terminal y le habían dado solo unos cuantos meses de vida.

Los espectadores llegaron para escucharlo, aunque no estaban seguros de qué esperar. ¿Sería una reflexión trágica sobre lo corta que es la vida? ¿Una lista de numerosos *debí de haber*...? Sin duda, se derramó una gran cantidad de lágrimas en el auditorio esa noche, pero no eran de Randy. «Si no luzco tan deprimido o taciturno como debería», comentó con ingenio, «lamento decepcionarlos». Su discurso fue una celebración de la vida, llena de amor y alegría, para compartir con amigos, colegas, su esposa y sus tres hijos pequeños.

Simplemente no había manera de negar que Randy era un hombre que disfrutaba de una inmensa felicidad. Esa noche de septiembre, ni su desalentador diagnóstico podía siquiera acallar esa verdad evidente. En el transcurso de los pocos meses siguientes, según se lo permitió su salud, disfrutó la vida a plenitud e inspiró a otros a través de los medios de comunicación estadounidenses (incluido el programa de Oprah) y de la publicación de detalles sobre su salud y sus tratamientos en su propia página web, así como los logros de su familia y numerosos momentos de alegría personal.

Finalmente, el 25 de julio de 2008 Randy Pausch falleció rodeado de su familia y sus amigos.

En sus últimos meses, Randy había hecho algo que la mayoría de nosotros consideraría impensable: había pasado la parte quizá más sombría y difícil de su vida siendo más feliz. ¿Cómo lo hizo?

DOS MITOS SOBRE LA FELICIDAD

No es extraño querer ser feliz. «No existe una persona que no desee ser feliz»,[2] declaró de forma categórica el teólogo y filósofo san Agustín en el año 426 d. C. y no requirió evidencias para demostrarlo; ni entonces, ni ahora. Encuentra a quien diga: «No me importa ser feliz» y estarás ante alguien que delira o que no dice la verdad.

Sin embargo, ¿qué significa que alguien diga que «quiere ser feliz»? Por lo general, se refiere a dos cosas: en primer lugar, está diciendo que quiere alcanzar (y mantener) ciertos sentimientos —dicha, alegría o algo similar—. En segundo lugar, está diciendo que existe un obstáculo para obtener ese estado. A «quiero ser feliz» lo sigue casi siempre un «pero...».

Consideremos el caso de Claudia, gerente de una oficina en Nueva York. Tiene 35 años y ha vivido con su novio durante los últimos cinco. Se aman, pero él no está dispuesto a asumir un compromiso permanente, de modo que Claudia no siente que pueda hacer planes para el futuro —dónde vivirá, si tendrá hijos o no, o cómo desarrollará su carrera profesional—. Esto le provoca frustración y la sumerge en una completa incertidumbre, lo cual le genera tristeza y enojo a su vez. Quiere ser feliz, pero no cree que pueda serlo sino hasta que su novio tome una decisión.

O consideremos a Ryan. Él pensaba que cuando estuviera en la universidad haría amigos para toda la vida y establecería sus metas profesionales. No obstante, salió de la universidad más confundido que cuando entró en cuanto a la vida. Ahora, a los 25 años, tiene una deuda de miles de dólares, va de un trabajo a otro y siente que carece de un objetivo en la vida. Espera ser feliz cuando la oportunidad correcta aparezca y le aclare el futuro.

Margaret tiene 50 años. Hace diez, pensó que tenía todo resuelto: trabajaba medio tiempo, sus hijos estaban en la preparatoria y era miembro activo de su comunidad. Sin embargo, desde que sus hijos se fueron de la casa, ella se ha sentido inquieta e insatisfecha con todo. Busca inmuebles en una agencia de bienes raíces, pues piensa que podría ser útil mudarse. Cree que un cambio radical le traerá la felicidad, pero no sabe cuál es ese cambio.

Al final está Ted. Desde que se retiró, no ha hecho amigos reales. Ha perdido contacto con todas las personas de su trabajo. Lleva años divorciado y sus hijos adultos están enfocados en sus propias familias. Algunas veces lee, pero más que nada ve televisión para pasar el tiempo. Piensa que sería feliz si hubiera más personas en su vida, pero parece que no las encuentra.

Claudia, Ryan, Margaret y Ted son personas normales con problemas normales: nada extraño ni escandaloso (en realidad, son personas construidas a partir de otras que hemos conocido y con las cuales hemos trabajado muchas veces). Cada una de ellas lidia con las dificultades comunes que cualquiera de nosotros encontrará en su vida, incluso sin cometer grandes errores ni tomar riesgos imprudentes. Y sus creencias sobre la felicidad y la vida son normales (aunque equivocadas).

Claudia, Ryan, Margaret y Ted viven en un estado de «quiero ser feliz, pero...». Si separas esto en partes, verás que se fundamenta en dos creencias:

1. Puedo ser feliz...
2. ... pero mis circunstancias me mantienen estancado en la infelicidad.

La verdad es que ambas creencias, aunque suenen muy persuasivas, son falsas. No puedes ser feliz, pero sí *puedes* ser más feliz. Y tus circunstancias y tu fuente de infelicidad *no* tienen que detenerte.

A continuación, te explicaré a lo que nos referimos al decir que no puedes ser feliz. Resulta que buscar la felicidad es como buscar El Dorado, la legendaria ciudad de oro en Sudamérica que nadie ha encontrado. Cuando buscamos la felicidad, podemos vislumbrar destellos de cómo podría sentirse, pero no será duradera. La gente habla de ella, y algunos afirman poseerla, aunque las personas de quienes la sociedad dice que deberían ser completamente felices —es decir, los ricos, los hermosos, los famosos, los poderosos— muchas veces terminan encabezando las noticias con sus bancarrotas, escándalos personales y problemas familiares. Algunas personas experimentan mayor felicidad que otras, pero nadie puede dominar este estado de forma prolongada.

Si el secreto de la felicidad total existiera, a estas alturas ya todos lo habríamos encontrado. Sería un gran negocio, lo venderían en internet, lo enseñarían en todas las escuelas e, incluso, probablemente lo proporcionaría el Gobierno. Pero no es así. Es un tanto extraño, ¿no crees? Lo único que todos anhelamos, desde que el *Homo sapiens* apareció hace 300 000 años en África, ha permanecido inalcanzable para prácticamente todos nosotros. Hemos descubierto cómo producir fuego, la rueda, el módulo de alunizaje y los videos de TikTok, pero, con todo ese ingenio humano, no hemos logrado dominar el arte y la ciencia de ser felices para mantener lo único que *en verdad* deseamos.

No obstante, eso se debe a que la felicidad no es un destino: más bien, es una *dirección*. No encontraremos la felicidad completa de este lado del cielo, pero sin importar en qué situación esté cada uno de nosotros en la vida, todos podemos ser *más felices*. Y luego más felices y después más felices aún.

El hecho de que la felicidad completa sea imposible parece una noticia desalentadora, pero no lo es. En realidad, es la mejor noticia posible. Significa que, al fin y de una vez por todas, podemos dejar de buscar la ciudad perdida, porque no existe. Podemos dejar de preguntarnos qué es lo que está mal en nosotros que nos impide encontrarla o conservarla.

También podemos dejar de creer que nuestros problemas individuales son las razones por las cuales no hemos logrado obtener la felicidad. Ninguna circunstancia podrá brindarnos el estado de júbilo que buscamos. De igual forma, tampoco existe una circunstancia negativa capaz de impedirnos ser más felices. Este es un hecho: puedes ser más feliz, aunque tengas problemas. Incluso, puedes sentirte más feliz en algunos casos *debido a* que tienes problemas.

Estas dos creencias erróneas —y no lo que la vida nos presenta— son la verdadera razón por la cual tantas personas se sienten estancadas y, en consecuencia, infelices. Buscan algo que no existe y piensan que será imposible progresar hasta que todos los obstáculos de la vida estén zanjados. No obstante, estos errores empiezan con una respuesta incorrecta para una pregunta que suena muy inocente: *¿Qué es la felicidad?*

QUÉ ES LA FELICIDAD

Imagina que le pides a alguien que defina lo que es un coche. Esta persona piensa en tu pregunta y después responde: «Un coche es...

bueno, es el sentimiento que experimento cuando estoy en una silla, pero una silla como en la que me siento cuando quiero ir al supermercado». Asumirías que la persona en realidad no sabe qué es un auto. Y tú definitivamente no le prestarías las llaves del *tuyo*.

Luego le pides que defina un barco. Piensa por un minuto y dice: «No es un carro».

Este es un escenario absurdo. Pero, por alguna extraña razón, estas son la clase de definiciones que generalmente recibimos cuando le pedimos a alguien que defina qué es la felicidad y qué es la infelicidad. Haz la prueba. Obtendrás algo como «La felicidad es... bueno, creo que es un sentimiento... como cuando estoy con personas a quienes amo o cuando estoy haciendo algo que disfruto». ¿Y la infelicidad? «Es la falta de felicidad».

La razón principal por la cual las personas no se dedican a incrementar su felicidad es porque no saben siquiera que están intentando aumentarla. Y la causa por la que se sienten atrapadas en su infelicidad es porque no pueden definirla.

Si tu predicamento es este, no te sientas demasiado mal. La mayoría de las personas presenta dificultades con estas definiciones. Hablan de sentimientos o utilizan metáforas insípidas, por ejemplo, el «sol de mi alma», que un antiguo himno presbiteriano llamaba felicidad.[3]

Incluso los antiguos filósofos tenían dificultades para acordar una definición de la felicidad. Por ejemplo, considera la batalla filosófica entre Epicuro y Epicteto.

Epicuro (341-270 a. C.) fundó una escuela de pensamiento que llevó su nombre —epicureísmo—, la cual afirmaba que para tener una vida feliz eran necesarios dos elementos: ataraxia (estar libre de perturbaciones mentales) y aponía (la ausencia de dolor físico). Su filosofía podría resumirse como «Si te da miedo o te duele, evítalo». Los epicúreos consideraban la incomodidad algo generalmente negativo y, por lo tanto, para ellos, la eliminación de amenazas y problemas era la clave para una vida más feliz. No es que fueran perezosos o carecieran de motivación, sino que no concebían que soportar el temor y el dolor fuera necesario o benéfico de modo inherente; por ello, se enfocaban en disfrutar la vida.

Por su parte, Epicteto vivió alrededor de trescientos años después de Epicuro y fue uno de los filósofos estoicos más prominentes. Él creía que la felicidad provenía de encontrar el propósito de la vida, aceptar el destino propio y acatar un comportamiento moral sin importar el costo personal que implicara (por ello, no estimaba las creencias de Epicuro respecto a sentirse bien). Su filosofía podría resumirse como «Fortalécete y cumple con tu deber». Los seguidores del estoicismo concebían la felicidad como algo que se obtenía después de mucho sacrificio. Por tanto, no debe sorprendernos que, en general, los estoicos eran personas muy trabajadoras que vivían para el futuro y estaban dispuestas a asumir sacrificios con tal de cumplir el propósito de su vida sin quejarse mucho (de acuerdo con su visión). Asimismo, consideraban que la clave de la felicidad era aceptar el dolor y el miedo, y no evitarlos de manera activa.

En la actualidad, todavía podemos dividir a las personas entre epicúreas y estoicas: las primeras buscan la felicidad sintiéndose bien, y las segundas, cumpliendo con su deber. A partir de ahí, las definiciones de la felicidad solo se multiplican, en especial al viajar alrededor del mundo. Por ejemplo, podemos ver las diferencias entre las culturas occidental y oriental.[4] En Occidente, la felicidad por lo general se define en términos de entusiasmo y logro. En cambio, en Asia, la mayoría de las veces se define en términos de calma y complacencia.

Las definiciones de la felicidad dependen incluso de la palabra que se utilice para nombrarla. En las lenguas germánicas, *felicidad* tiene sus raíces en vocablos relacionados con la fortuna o el destino positivo.[5] De hecho, la palabra en inglés *happiness* proviene del escandinavo antiguo *happ*, que significa «suerte».[6] Ahora bien, en las lenguas derivadas del latín, el término proviene de *felicitas*, que en la Antigua Roma no solo se refería a la buena suerte, sino también al crecimiento, la fertilidad y la prosperidad.[7] Otras lenguas tienen palabras especiales solo para el tema. Los daneses por lo general describen la felicidad en términos de *hygge*, cuyo sentido se aproxima a una sensación de calidez y cordialidad confortable.[8]

Si la felicidad realmente fuera tan subjetiva o, incluso peor, un asunto de sentimientos en un momento dado, no habría manera de estudiarla. Sería como intentar clavar gelatina en la pared. Este libro tendría una extensión de dos palabras: buena suerte (o tal vez buen *happ*).

Por fortuna, hoy podemos lograr mucho más que eso. Es verdad que cada cultura define la felicidad de forma distinta, razón por la cual las comparaciones entre los diferentes países no son muy útiles ni convincentes. También es cierto que hay sentimientos asociados con la felicidad. Tus emociones poseen un efecto en la magnitud de la felicidad que sientes y esta, a su vez, afecta a tus emociones. Sin embargo, esto no significa que no haya constantes en todas las personas ni que la felicidad *sea* un sentimiento.

Una buena forma de definir la felicidad es en términos de sus partes constituyentes. Si tuvieras que definir la cena del Día de Acción de Gracias, podrías hacerlo con una lista de platillos (el pavo, el relleno y demás). O podrías hacer una lista de los ingredientes si eres un buen cocinero. O, si eres una suerte de amante de la nutrición, podrías decir que la cena (toda la comida, en realidad) se compone de los tres macronutrientes: carbohidratos, proteínas y grasas. Para preparar una cena buena y nutritiva, necesitas los tres componentes adecuadamente equilibrados.

Asimismo, la cena colmará de un delicioso aroma la casa. Sin embargo, no dirías que este olor *es* la cena. Más bien, el aroma es la *evidencia* de la cena. Y de manera similar, los sentimientos felices no son la felicidad; son su evidencia. La felicidad es en sí el fenómeno real y, como la cena, puede definirse como la combinación de tres «macronutrientes» que necesitas en equilibrio y abundancia en tu vida.

Los macronutrientes de la felicidad son disfrute, satisfacción y propósito.

El primero es *disfrute*. Esto podría equipararse con placer («sentirse bien»), pero no es correcto. El placer es animal; el disfrute es completamente humano. El placer emana de zonas del cerebro dedicadas a recompensarnos por ciertas actividades —por ejemplo, comer y tener sexo— que en tiempos antiguos nos ayudaron a mantenernos vivos y transmitir nuestros genes (hoy día, las cosas que nos provocan placer, desde sustancias hasta comportamientos, muchas veces son mal adaptadas y utilizadas, lo que conduce a toda clase de problemas).

Disfrutar implica una necesidad de placer más dos elementos importantes: comunión y conciencia. Por ejemplo, la cena del Día de Acción de Gracias puede provocar placer cuando sabe bien y llena tu estómago, pero brinda disfrute cuando la compartes con personas a las que amas y entre todos crean un recuerdo cálido, empleando las zonas más conscientes de sus cerebros. El placer es más fácil que el disfrute, pero es un error conformarse con él, porque es fugaz y solitario. Todas las adicciones implican placer, mas no disfrute.

Para ser más feliz no debes conformarte con el placer, sino continuar hasta llegar al disfrute. Por supuesto, eso implica cierto costo: el disfrute requiere una inversión de tiempo y esfuerzo. Significa renunciar a una emoción fácil, que se consigue sin esmero. Muchas veces supone negarse a los antojos y las tentaciones. A veces alcanzar el disfrute es difícil.

El segundo macronutriente de la felicidad es la *satisfacción*. Es la emoción que experimentas al alcanzar una meta por la cual trabajaste; por ejemplo, cuando obtienes un diez en la escuela o logras un ascenso en el trabajo; cuando por fin compras una propiedad o te casas. Es la forma en que te sientes cuando haces algo difícil (incluso hasta doloroso) que cumple con el propósito de tu vida, cualquiera que sea este.

La satisfacción es maravillosa, pero no llega sin trabajo y sacrificio. Si no sufres por algo (aunque sea un poquito) no te satisfará en absoluto. Si estudias toda la semana para un examen y obtienes una buena calificación, te sentirás gratamente satisfecho, pero si haces trampa y logras el mismo resultado, además de hacer algo incorrecto, es probable que no experimentes satisfacción alguna. Esta es una de las razones por las cuales tomar atajos en la vida es tan mala estrategia: porque arruina tu habilidad para sentirte satisfecho.

Aunque la satisfacción puede provocar una inmensa alegría, también es extremadamente difícil de alcanzar: piensas que conquistar una meta te brindará una satisfacción permanente, pero, por supuesto, esta será temporal. Todos conocemos el megaéxito de los Rolling Stones titulado *(I Can't Get No) Satisfaction*. En realidad, la canción es imprecisa: *puedes* obtener satisfacción, lo que no puedes es *mantenerla*. Es increíblemente frustrante —por no decir doloroso— que nos esforcemos como locos para que, tan pronto como experimentemos ese estallido de alegría, nos sea arrebatado. Esa es la razón por la que, como canta Jagger, intentamos e intentamos e intentamos conservarlo. Se trata de un comportamiento que los psicólogos llaman la «caminadora hedónica»: de acuerdo con esta teoría, nos adaptamos a gran velocidad a lo bueno y buscamos seguir corriendo y corriendo con tal de alimentar la satisfacción.[9] Esto es particularmente cierto en asuntos mundanos como el dinero, el poder, el placer y el prestigio (o la fama).

Finalmente, el tercer macronutriente es el más importante: el *propósito*. Podemos arreglárnoslas con no disfrutar durante un tiempo, incluso con no sentir una gran satisfacción, pero, si carecemos de propósito, estaremos totalmente perdidos, porque no podremos lidiar con los inevitables acertijos y dilemas de la vida. En cambio, cuando encontramos un sentido y un propósito, podemos afrontar la vida con esperanza y paz interior.

Por paradójico que parezca, las personas que poseen un fuerte sentido con frecuencia lo han encontrado en el sufrimiento. Ese es el argumento del psiquiatra y sobreviviente del Holocausto Viktor Frankl, a quien conoceremos en el siguiente capítulo. En sus clásicas memorias, *El hombre en busca de sentido*, escribe: «La forma en que un hombre acepta su destino y todo el sufrimiento que conlleva, el modo en que asume su cruz, le brinda una amplia oportunidad —incluso en las circunstancias más difíciles— de agregar un significado más profundo a su vida».[10] La estrategia común de intentar eliminar el sufrimiento de la vida para ser más felices es inútil y equivocada; más bien, debemos buscar el porqué de la vida para hacer del dolor una oportunidad para el crecimiento.

EL PAPEL DE LA INFELICIDAD

Como decíamos, la felicidad es una combinación de disfrute, satisfacción y propósito. Ser más feliz es obtener más de estos elementos, de forma equilibrada: no todo de uno y nada de otro. Sin embargo, si estabas leyendo con atención, habrás notado una curiosa característica en los tres: *todos contienen cierta infelicidad.* El disfrute implica trabajo y renunciar a los placeres; la satisfacción requiere sacrificio y es fugaz; el propósito casi siempre conlleva sufrimiento. En otras palabras, para ser más felices también necesitamos aceptar la infelicidad en nuestra vida y comprender que esta no es un obstáculo para nuestra felicidad.

Si te parece que esto va contra toda lógica, no estás solo. Hasta muy entrado el siglo XX, la infelicidad era generalmente vista como la falta de felicidad, como ocurre con la luz y la oscuridad. Los psicólogos consideraban que las emociones positivas y negativas existían en un continuo. Por ejemplo, si te sentías «menos mal» a medida que transcurría el tiempo tras una pérdida o trauma, eso, automáticamente, significaba que sentías «mayor bienestar».[11]

Si querías ser más feliz, tenías que volverte menos infeliz. Si tu felicidad estaba disminuyendo, entonces tu infelicidad estaba aumentando.

Sin embargo, la verdad es que los sentimientos asociados con la felicidad y la infelicidad pueden coexistir. La investigación moderna en psicología ha demostrado que las emociones positivas y negativas son, de hecho, separables, lo cual nos permite concluir que la felicidad no es la ausencia de infelicidad[12] (recuerda, la felicidad y los sentimientos no son lo mismo, aunque van juntos, como la comida y su aroma). Entonces, podemos sentir las emociones positivas en ausencia de las negativas y viceversa, pero también podemos experimentarlas de forma simultánea o en rápida sucesión. Algunos neurocientíficos creen que los sentimientos felices e infelices corresponden en gran medida a la actividad de ambos hemisferios cerebrales, y señalan que las emociones negativas se vinculan con la actividad del lado izquierdo del rostro y las positivas con el lado derecho.[13]

Por lo general, las personas evalúan sus sentimientos como una mezcla. «Me siento bien» significa que la felicidad es mayor que la infelicidad. Sin embargo, cuando se les da la instrucción de separar sus emociones positivas y negativas, pueden hacerlo con bastante precisión. Por ejemplo, en un experimento, los investigadores descubrieron que las personas podían identificar sus emociones cerca del 90% del tiempo.[14] Clasificaron sus sentimientos como puramente positivos alrededor del 41% del tiempo y como puramente negativos alrededor del 16% del tiempo. El resto (33%) fueron mixtos entre positivos y negativos. Entonces, en promedio, las personas disciernen algunos sentimientos negativos cerca de la mitad del tiempo y sentimientos positivos cerca de tres cuartas partes.

En otro experimento, se solicitó a las personas que repasaran sus días enteros y evaluaran cuánto «afecto» positivo o negativo —es decir, sentimiento— obtenían por cada actividad, en lugar de considerar las dos emociones en conjunto.[15] En general, las personas experimentaban más sentimientos positivos que negativos, pero esto dependía en gran medida de la actividad. Algunas de ellas (como socializar) generaron un alto número de sentimientos positivos y pocos negativos. Otras (como cuidar niños o trabajar) eran una mezcla. Las actividades mayormente negativas fueron viajar al trabajo y pasar tiempo con el jefe (en definitiva, resulta obvio que es mejor no viajar con tu jefe).

Todo esto significa que podrías sentir una gran felicidad e infelicidad al mismo tiempo, o viceversa. Una no depende de la otra. Puede parecer una distinción innecesaria, pero, en realidad, se trata de un asunto crucial. Si crees que debes erradicar tus sentimientos infelices para empezar a ser más feliz, esas emociones negativas perfectamente normales de la vida cotidiana te frenarán de manera innecesaria y te perderás la posibilidad de entender qué te hace ser *tú*.

TU MEZCLA ÚNICA DE FELICIDAD E INFELICIDAD

Todos poseemos nuestra propia mezcla natural de felicidad e infelicidad. Dicha mezcla depende de nuestras circunstancias y carácter, y nuestro trabajo es utilizarla para alcanzar el máximo efecto. La primera tarea para lograrlo es, de hecho, conocer dónde nos encontramos.

Una forma para hacerlo es medir tus niveles de afecto positivo y negativo —es decir, tu humor— y compararlo con los de otras personas, utilizando la escala PANAS (por sus siglas en inglés, Positive and Negative Affect Schedule o Escala de Afecto Positivo y Negativo). La escala PANAS mide la intensidad y frecuencia del afecto positivo y negativo, y fue inventada por tres psicólogos en la Universidad Metodista del Sur y la Universidad de Minnesota en 1988.[16] Dicha escala indica si tiendes a experimentar estados emocionales más positivos o negativos que el promedio.

Para recabar las evidencias, encuentra un momento del día en el cual te sientas relativamente neutral en cuanto a la vida

—digamos, justo después del almuerzo—. No elijas una hora en la que estés excepcionalmente estresado o feliz. La prueba te preguntará con cuánta profundidad experimentas una serie de emociones. Responde en general, o en promedio, y no lo que sientas en el preciso momento en que la estés realizando. Tienes cinco posibles respuestas para cada emoción:

1 = casi nada o nada

2 = muy poco

3 = moderadamente

4 = bastante

5 = mucho

Asigna estos valores a las siguientes veinte emociones:

1. Interesado/a
2. Tenso/a
3. Estimulado/a
4. Disgustado/a
5. Enérgico/a
6. Culpable
7. Asustado/a
8. Hostil
9. Entusiasmado/a
10. Orgulloso/a
11. Irritable

12. Alerta
13. Avergonzado/a
14. Inspirado/a
15. Nervioso/a
16. Decidido/a
17. Atento/a
18. Miedoso/a
19. Activo/a
20. Atemorizado/a

Ahora calcula tu afecto positivo sumando los valores de las preguntas 1, 3, 5, 9, 10, 12, 14, 16, 17 y 19. Después, calcula tu afecto negativo sumando los valores de las preguntas 2, 4, 6, 7, 8, 11, 13, 15, 18 y 20.

A menos que seas una persona altamente excepcional que esté justo en la intersección entre lo positivo (cerca de 35) y lo negativo (cerca de 18), terminarás en alguno de los cuadrantes, como se ilustra en la figura 1.[17] Si tanto tu afecto positivo como el negativo se encuentran por encima del promedio, significa que eres un «científico loco», es decir, siempre estás preocupado por algo. Si, por el contrario, te hallas por debajo del promedio tanto en lo positivo como en lo negativo, eres un «juez» sobrio y sereno. Los «porristas», por su parte, suman el afecto positivo por encima del promedio y el negativo por debajo, lo cual indica que celebran lo bueno en cualquier circunstancia y no suelen instalarse en lo malo. Los «poetas», cuyo afecto positivo se encuentra por debajo del promedio y el negativo por encima, tienen dificultades para disfrutar de las cosas y siempre saben cuándo acecha una amenaza.

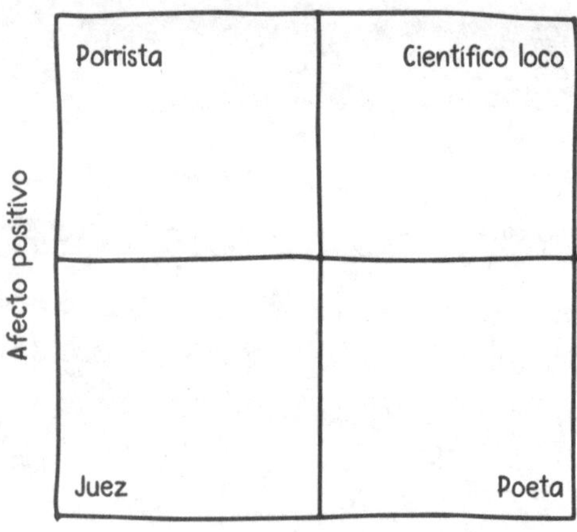

FIGURA 1: Los cuatro tipos de personas, basado en el afecto positivo y negativo.

Sí, lo sabemos: desearías estar en el cuadrante de los porristas. Pero no todos podemos ser porristas; el mundo también necesita de los demás perfiles. En un momento de reflexión, es probable que te percates de que sería una pesadilla si todos vieran solo el lado amable de cualquier circunstancia, porque cometeríamos los mismos errores una y otra vez. Los poetas son valiosos por su perspectiva y creatividad (además, cualquiera luce bien con un cuello de tortuga negro). La vida es más interesante con los científicos locos en la mezcla. Y los jueces nos impiden a todos volar en pedazos por los aires con ideas impulsivas.

Posees un papel único que desempeñar en la vida. Tu perfil es un regalo. Además, sin importar cuál sea, tienes la oportunidad de aumentar la felicidad en tu vida. Para hacerlo, debes entender tu composición natural de felicidad, manejarte a ti mismo y luego aprovechar tus fortalezas. Por ejemplo, digamos que eres un científico loco. Tenderás a reaccionar de forma intensa, tanto positiva como negativamente, ante las situaciones de tu vida. Esto puede convertirte en el alma de la fiesta, pero también puede agotar a tus seres queridos y compañeros de trabajo. Necesitas ser consiente de esto y trabajar para manejar tus emociones y reacciones fuertes.

O tal vez eres una jueza. Eres la serenidad en persona y eres perfecta para trabajos como cirujano o espía (o algún otro en el cual conservar la cabeza sea una ventaja, como criar adolescentes). Sin embargo, con los amigos y los seres queridos puede llegar a parecer que careces de entusiasmo algunas veces. Este conocimiento puede resultarte útil para que trabajes en reunir un poco más de pasión de la habitual, por el bien de los demás.

O quizás eres un poeta. Cuando los demás dicen que todo es maravilloso, tú dices «No canten victoria». Esto es importante porque puede, de modo literal o figurativo, salvar vidas: los poetas ven problemas antes de que los demás lo hagan. Sin embargo, esto puede provocar que seas pesimista y que estar cerca de ti resulte difícil algunas veces. Además, tú puedes tender hacia la molancolía. Nocesitas aprender a alegrar tus aseveraciones y evitar caer en una actitud catastrofista.

Un porrista también necesita gestionarse emocionalmente. A todos nos encantaría ser porristas, pero no olvides que son personas que con probabilidad buscarán evadir las malas noticias y tendrán dificultades al momento de comunicarlas. ¡Eso no siempro os algo bueno! Si perteneces a este perfil, necesitarás trabajar en ello para que puedas transmitir la verdad a las personas, ver las cosas con exactitud y no afirmar que todo estará bien cuando no sea cierto.

Conocer tu perfil PANAS —tu mezcla innata de sentimientos felices e infelices— puede ayudarte a ser más feliz porque indica cómo manejar tu naturaleza; además, al separar ambos lados, también señala con gran claridad que tu felicidad *no* depende de tu infelicidad. La prueba PANAS es empoderadora, porque, al utilizarla, muchas personas logran entenderse a sí mismas por primera vez, y se percatan de que no hay nada extraño ni malo en ellas. Por ejemplo, algunas personas pasan muchos años pensando que son defectuosas porque desarrollan más sentimientos negativos que el resto y se les dificulta demasiado reunir el mismo gran entusiasmo que manifiestan los demás. Pero, de pronto, simplemente aprenden que son poetas. *Y el mundo necesita poetas.*

APRECIAR LOS SENTIMIENTOS NEGATIVOS

¿Cómo deberías pensar en tu infelicidad? Primero que nada, debes estar agradecido por ella. El cerebro humano reserva un espacio específico para procesar las emociones negativas.[18] Y qué gran fortuna: porque esos sentimientos no solo nos ayudan a lograr el disfrute, la satisfacción y el propósito, sino que también nos mantienen vivos. Es más probable que las amenazas nos lastimen a que los premios nos ayuden, razón por la cual seguramente no aceptarías si te propusieran lanzar una moneda al aire para duplicar tus ahorros o irte a una quiebra absoluta. De hecho, si has trabajado duro para reunir cualquier cantidad de dinero para tu retiro, es muy probable que no aceptes siquiera una probabilidad de nueve a uno para esta apuesta, porque la probabilidad de uno a diez de perder todo es una posibilidad demasiado terrible de enfrentar.

Lo anterior significa que estamos mejor preparados para procesar los sentimientos infelices que los felices, y así mantenernos a salvo y alerta para enfrentar cualquier peligro. A esto se le llama «sesgo de negatividad».[19] Las emociones negativas también nos ayudan a aprender lecciones valiosas para evitar cometer los mismos errores una y otra vez. Esa era la hipótesis que planteó la difunta psicoterapeuta Emmy Gut, quien demostró con sus investigaciones que los sentimientos negativos pueden ser una respuesta útil ante los problemas de nuestro entorno, pues nos exhortan a prestar la atención necesaria y encontrar soluciones.[20] En otras palabras, cuando estamos tristes o enojados por algo, podría ser más probable que resolvamos el conflicto. Y a la larga, por supuesto, eso nos lleva a ser más felices.

Por ejemplo, pensemos en el *arrepentimiento*. Nadie disfruta aquello de lo cual se arrepiente en la vida. Algunos declaran que no se arrepentirán de nada (al punto, incluso, de tatuarse «sin arrepentimientos» en el cuerpo) para ser más felices. Es verdad que cuando no se analiza ni se aprende a manejarlo, el arrepentimiento puede envenenar nuestro bienestar. De hecho, el arrepentimiento obsesivo está relacionado con la depresión y la ansiedad, en especial entre las personas que tienden a sobrepensar: aquellas que repasan una y otra vez aquello de lo cual se arrepienten de forma excesiva, abriendo con ello un surco en su vida diaria.[21] Demasiado arrepentimiento puede incluso afectar nuestras hormonas y nuestro sistema inmunológico.[22]

Sin embargo, es peor irse al otro extremo. Extinguir tu arrepentimiento no te coloca en el camino hacia la libertad, sino que te condena a cometer los mismos errores una y otra vez. La verdadera libertad requiere que le atribuyamos al arrepentimiento el lugar que le corresponde en nuestra vida y que aprendamos de él sin permitir que nos abrume.

A pesar de lo incómodo que es, el arrepentimiento es una asombrosa proeza cognitiva. Requiere que retornes a un escenario del pasado, imagines que actuaste de forma distinta para cambiarlo y, con ese nuevo escenario en mente, llegues a un presente ficticio para después compararlo con el que vives en realidad. Por ejemplo: si hoy tu relación de pareja se encuentra deteriorada, tu arrepentimiento podría llevarte mentalmente al año pasado. Recordarías, entonces, tu propia mezquindad y tu irritabilidad para luego imaginarte mostrando más paciencia y siendo más bondadoso en lugar de ser hiriente en momentos clave. Después avanzarías hasta el día de hoy para observar una relación que florece en lugar de languidecer.

Este proceso es la razón por la cual, aunque resulte incómodo, el arrepentimiento nos hace aprender. Como afirma Daniel Pink, autor de un libro entero sobre el tema: «Si consideramos nuestros arrepentimientos de forma correcta, podremos agudizar nuestras decisiones y mejorar nuestro desempeño».[23] En lugar de permitir que el escenario de tu relación fallida te acongoje, el hecho de desear que todo hubiera sido diferente te exhortará a ser honesto contigo mismo sobre qué fue lo que salió mal y utilizar ese conocimiento para establecer mejores relaciones en el futuro.

Otra área de la vida en la cual la infelicidad nos ayuda es la creatividad. Los artistas son conocidos por ser un tanto sombríos y encontrar la inspiración en la oscuridad (por algo el perfil bajo-positivo/alto-negativo se llama el poeta). No es sorprendente que fuera un poeta famoso, John Keats, quien haya escrito: «¿No ves cuán necesario es un mundo de dolores y problemas para educar una inteligencia y convertirla en un alma?».[24]

Los científicos descubrieron que Keats tenía razón. Un estudio midió inclusive el efecto de la infelicidad en la productividad de los artistas. Entre otros tantos, centraron su atención en el compositor Ludwig van Beethoven, quien fue más productivo después de las dificultades con respecto a su salud (quedó sordo de forma progresiva) y su familia (era el tutor de su sobrino Karl, con quien sostenía una pésima relación).[25] La investigación encontró que el aumento de la tristeza en un 37% entre los grandes compositores como Beethoven conllevaba una composición adicional importante.

La razón de ello es que, cuando las personas están tristes, se enfocan en las partes desagradables de su vida. Esto tiende a estimular una zona del cerebro llamada corteza prefrontal ventrolateral, lo cual también nos permite concentrarnos de manera intensa en otros problemas complejos —por ejemplo, idear un plan de negocios, escribir un libro o componer una sinfonía—, así como encontrar la solución para un obstáculo desafiante de la vida.[26]

Algunos psicólogos creen que el mejor objetivo a perseguir es tener la suficiente infelicidad para entrar en un grupo al cual podríamos denominar «el segundo más feliz». En 2007 un equipo de investigadores pidió a estudiantes universitarios que clasificaran su bienestar neto en una escala de «infeliz» a «muy feliz».[27] Como muchos test de bienestar en general, este tenía la intención de medir el parámetro «felicidad menos infelicidad». Para ello, compararon los resultados de dicho test con el desempeño académico de los participantes (el GPA o Grade Point Average, es decir, su promedio, el número de faltas, etc.) y con sus indicadores sociales (cantidad de amigos cercanos, tiempo dedicado a salir con la pareja o con prospectos, etc.). Aunque los participantes «muy felices» gozaban de la mejor vida social, habían obtenido peores resultados en la escuela que quienes simplemente eran «felices».

En una siguiente fase, los investigadores examinaron un conjunto de datos provenientes de otro estudio que clasificaba la «alegría» de estudiantes de primer año de universidad y, casi dos décadas después, realizaron un seguimiento de sus ingresos mensuales. Gracias a ello, descubrieron que los más alegres en 1976 no eran quienes más ganaban en 1995. Ese resultado se replicaba en el grupo que estaba en segundo lugar, el cual había clasificado su alegría como «superior a la media», pero no en el 10% más alto.

Seguramente estarás diciendo: «Bien, las personas más felices no son las que más ganan, puedo aceptarlo». Sin embargo, otras investigaciones sugieren que esto es por falta de precaución, ya que, como dijimos antes, las emociones negativas pueden ayudarnos a evaluar las amenazas, así que es lógico que demasiados buenos sentimientos puedan llevarnos a ignorarlas. De hecho, los niveles más altos de emociones puramente positivas se relacionan con conductas peligrosas como el consumo de alcohol y drogas y los atracones.[28] Buenos sentimientos ahora, malos sentimientos después.

En resumen, esta es la conclusión: sin infelicidad, no sobrevivirías, no aprenderías ni se te ocurrirían buenas ideas. Incluso si *pudieras* deshacerte de tu infelicidad, sería un gran error. El secreto de una vida mejor es aceptar tu infelicidad —para poder aprender y crecer— y manejar los sentimientos que esta conlleve.

AGRADECE POR LAS ABEJAS, NO SOLO POR LA MIEL

Para observar nuestra vida con claridad, poder resolver nuestros problemas y vislumbrar las oportunidades en nuestro futuro, necesitamos comprender la felicidad y la infelicidad de manera diferente a como lo hace la mayoría de las personas: la felicidad no es el objetivo y la infelicidad no es la enemiga (por supuesto, aquí no hablamos de padecimientos como la ansiedad y la depresión. Estas son enfermedades reales que requieren atención y tratamiento. Más bien, nos referimos al sufrimiento y las dificultades cotidianas que todos enfrentamos en la vida).

Nada de lo anterior significa que debamos evitar los buenos sentimientos ni que seamos tontos por querer ser menos infelices. Al contrario: el deseo de sentir mayor alegría y menos tristeza es natural y normal. Sin embargo, convertir la búsqueda de sentimientos positivos —y la contienda por desterrar los negativos— en el objetivo más elevado o único de nuestra existencia es una estrategia costosa y contraproducente. Es imposible lograr la felicidad absoluta (al menos en esta espiral mortal), y perseguirla puede resultar peligroso y mortífero para nuestro éxito. Más importante aún, al hacerlo, sacrificamos muchos de los elementos de una buena vida.

Quizá te preguntes si te estamos sugiriendo que *busques* el sufrimiento. No hay necesidad; él te encontrará, como a todos los demás. El punto es que cada uno de nosotros puede luchar por una vida enriquecedora en la cual no solo disfrutemos de una deliciosa miel, sino que también apreciemos a las abejas responsables de ella. Esto, más que un cambio de mentalidad, es un nuevo estilo de vida, colmado de oportunidades que nunca antes habías contemplado. Al aceptar tu vida sin miedo, podrás gestionar tus emociones. Y una vez que lo hagas, serás libre para construir sobre los pilares que te mostrarán el camino de una vida más feliz.

Es necesario comprender la felicidad y la infelicidad, así que comenzaremos con este tema. Sin embargo, ese solo es el primer paso para construir una vida mejor. El segundo es gestionar nuestras emociones positivas y negativas para incrementar nuestra fuerza e inteligencia y así destinar menos tiempo intentando evadir las partes de la vida que no disfrutamos. Hablaremos de esto en los siguientes tres capítulos.

MANEJAR TUS EMOCIONES

Una nota de Oprah

HE VIVIDO ALGUNOS DE mis momentos más felices sentada bajo un árbol, leyendo un buen libro. O tomando una siesta frente al fuego crepitante de una chimenea, acurrucada con mis perros. O pasando el tiempo en mi cálida cocina un día frío y lluvioso, reuniendo los ingredientes para un abundante guisado. Parte de ese sentimiento positivo es la sensación profunda y poderosa de tener ahí mismo todo lo que necesito. Y esa es la gran lección de este libro: si quieres ser más feliz, debes saber que ya posees todo lo necesario; se encuentra dentro de ti, en cualquier momento, en *este* momento, hoy mismo.

Esta última frase concentra dos lecciones que ya hemos aprendido: la primera es que se trata de ser *más* feliz, es decir, es una condición relativa, contextualizada y fluida, no un ideal perfecto y fijo del nirvana. Y la segunda es que ser más feliz no es un estado del ser, sino un estado del hacer: no es algo que solo debas desear y esperar, sino un cambio alcanzable por el cual debes trabajar activamente.

En lo personal, admiro algo de Arthur como profesor: se esmera demasiado en definir sus términos. Una de las razones por las cuales estoy segura de que este libro te resultará tan útil es que, justamente, te proporciona un lenguaje para hablar sobre la felicidad y, lo que es aún más importante, para pensar en ella. La mayoría de nosotros la considera un concepto abstracto y vago, así que tener un idioma la convierte en una noción mucho más concreta: algo que podemos comprender, observar desde diferentes ángulos, experimentar e, incluso, jugar con ello. A lo largo del libro, aprenderás algunos términos científicos (por ejemplo, *sistema de inhibición conductual*). También resignificarás, en el contexto específico de la felicidad, algunas palabras muy familiares (tales como *optimismo* frente a *esperanza*, o *empatía* frente a *compasión*). Asimismo, te presentaremos varios *arthurismos* (conceptos terriblemente pegajosos que son de gran utilidad, como *cafeína emocional* y *amigos inútiles*).

Sin embargo, las palabras más valiosas que aprenderás —deberás pegarlas con un imán en tu refrigerador o enmarcarlas y colgarlas en alguna pared que veas unas cinco o diez veces al día— son «Tus emociones son señales para la parte consciente de tu cerebro de que está sucediendo algo que requiere tu atención y ejecutar una acción; eso es todo lo que son. La parte consciente de tu cerebro, si eliges utilizarla, es quien decidirá cómo responderás ante ellas». Una vez más, para que quede bien claro: *Tus emociones son solo señales. Tú decides cómo responderás ante ellas*. Las emociones son, entonces, como un toque en el hombro, el empujón de un codo en tu costado. Lo que hagas al respecto es completamente decisión tuya.

Eres consciente de lo que esto significa, ¿verdad? Recuerda todas las veces que te has sentido abrumado por tus sentimientos, que has pensado que eres su prisionero, que pareciera que ellos estuvieran conduciendo el automóvil y lo mejor que puedes hacer es abrocharte el cinturón y agarrarte fuerte: pues ya no tienes que vivir así. Hay estrategias que puedes utilizar para recuperar el volante. Como explicará Arthur, esto no significa que nunca más tendrás que lidiar con la ira, el miedo, los celos, la tristeza o la decepción, pero ese es precisamente el punto: *puedes lidiar* con ellos. Percibes la sensación y luego tomas el volante. *Tú decides cómo responderás.*

Uno de los momentos más difíciles de mi vida fue cuando me llevaron a juicio, en 1998. Quizá te hayas enterado: los productores de carne de res de Texas me demandaron por decir algo sobre las hamburguesas. Para poner esto en perspectiva, no me encontraba en un juicio por mi libertad, es decir, si el veredicto no hubiera resultado a mi favor, no habría tenido que ir a prisión. Aun así, vivir un proceso legal es una experiencia desafiante y agotadora. Fue difícil y estresante; además, ser acusado injustamente nunca se siente bien.

Sin embargo, mirándolo en retrospectiva, diría que, durante esas seis semanas que pasé en la ciudad de Amarillo, tuve motivos para sentirme feliz. Con esto me refiero a *mi* versión de feliz, que es contenta. En el test de personalidad que Arthur compartió en el capítulo anterior, yo soy una jueza: por lo general, no tengo altibajos demasiado pronunciados (por cierto, en caso de que te lo estés preguntando, Arthur es un científico loco. Resulta que esta combinación genera un gran equipo, porque los jueces y los científicos locos se complementan).

Es maravilloso poder sentirse contento en circunstancias difíciles. Es como si tuvieras un libro de contabilidad: sí, en la columna negativa puede haber algo difícil, malo o desagradable, pero también existe una columna positiva. En Amarillo, mi columna positiva contaba con gente amable que me deseaba lo mejor todas las mañanas en la entrada del juzgado. Asimismo, me hospedaba en un hotelito con desayuno incluido que me encantó. Estaba limpio, tenía una cama cómoda, podía tomar un baño caliente todas las noches y había pay en el refrigerador (para mí, el pay significa mucho. No es broma). Además, pude tener ahí, conmigo, a mis queridos *cocker spaniel*, Sophie y Solomon, y seguí trabajando. Continué grabando mi programa todos los días después de las 5 p. m., cuando terminaba la sesión en la corte.

A pesar de mis circunstancias, en ese hotel con desayuno tenía todo lo esencial, incluido aquello que podía haber necesitado más que nada: la gratitud. Es una emoción que recomiendo mucho para cualquiera que esté atravesando por una prueba (cualquiera que pudiera tener la vida para ti) y es una de la que Arthur hablará en la siguiente sección. Mientras la lees, te ofrezco humildemente dos *oprahismos* para tener en mente: el primero es *siente la sensación, luego toma el volante*. Y el segundo: *la capacidad de ser más feliz*.

Dos

El poder de la metacognición

Viktor Frankl, a quien mencionamos en el capítulo anterior, vivió problemas que la mayoría de las personas no puede siquiera imaginar. Psiquiatra judío de Austria, fue arrestado junto con sus seres queridos y deportado por los alemanes a campos de concentración nazis, donde pasó casi cuatro años, hasta el final de la guerra.[1] De toda su familia, fue el único sobreviviente; su padre, su madre, su esposa y su hermano fallecieron. Él mismo estuvo al borde de la muerte muchas veces y sufrió actos de profunda crueldad.

Después de la entrada de los Aliados y de que fuera puesto en libertad, Frankl regresó a su casa en Viena. Tras reflexionar sobre su experiencia, en 1946 publicó sus memorias de la vida en el campo de concentración. Pronto se convirtieron en un éxito de ventas mundial y en una crónica sobre la esperanza en medio del sufrimiento. Inspiró a generaciones de personas a lo largo del mundo con su sencillo mensaje de que la vida puede vivirse con belleza incluso en las peores circunstancias.

No obstante, el mensaje de Frankl no es que la vida será buena de manera automática, porque obviamente no es así. Tampoco que podremos escapar del dolor con algún truco mental. Él reconoce que toda vida conlleva sufrimiento —algunas mucho más que otras—. Además, como psiquiatra, él sabía que reaccionamos al sufrimiento con emociones negativas, lo cual es natural. Sin embargo, tener una mala vida no es nuestro destino, porque tenemos la posibilidad de elegir cómo responder ante nuestras emociones. De acuerdo con Frankl: «Al hombre se le puede arrebatar todo menos una cosa, la última de las libertades humanas: elegir su actitud ante cualquier conjunto de circunstancias; elegir el propio camino».

En otras palabras, no puedes elegir tus sentimientos, pero sí la reacción ante ellos. Lo que él decía era que, si alguien te abandona, *sentirás* tristeza y enojo, pero puedes *elegir* si te amargas como resultado y afectas con ello la velocidad de tu recuperación. Si alguien a quien amas se enferma, *tendrás* miedo, pero puedes *elegir* cómo expresarlo y cómo afectará tu vida.

Ahora bien, en la empresa de tu vida, los sentimientos son como el clima para una constructora. Si llueve, nieva o hace demasiado calor, se verá afectada la capacidad de trabajo. Sin embargo, la respuesta correcta no es intentar cambiar el clima —lo cual sería imposible— ni desear que este fuera diferente —lo cual no ayuda—. Más bien, habrá que establecer planes de contingencia para el mal tiempo, estar preparado y administrar proyectos de acuerdo con las condiciones climatológicas de determinado día.

El proceso de gestionar este clima se llama metacognición. La metacognición (que técnicamente significa «pensar acerca de pensar») es la capacidad de experimentar tus emociones de forma consciente, separándolas de tu comportamiento, para así evitar que te controlen.[2]

La metacognición comienza con entender qué son las emociones y cómo funcionan. A partir de ahí, puedes aprender algunas estrategias básicas para replantear las emociones sobre tu presente y tu pasado. Y con un poco de práctica, serás capaz de impedir que tus sentimientos dirijan tu comportamiento; tu *yo consciente* podrá ser el adulto a cargo.

TU CEREBRO BAJO LA INFLUENCIA DE LOS SENTIMIENTOS

En el capítulo anterior explicamos que la felicidad y la infelicidad no son lo mismo que sentimientos positivos y negativos. Sin embargo, los sentimientos están *asociados* con la felicidad y la infelicidad y son una experiencia que vivimos de manera enérgica y directa todos los días. Si no los manejamos, pueden descontrolarse y provocar que sea difícil o imposible ser más feliz. Piensa en esto utilizando una vez más la metáfora de la comida frente a su *aroma*. La comida es en sí lo más importante, pero si el olor es malo, significa que se echará a perder. Por lo tanto, aunque ya hablamos de las emociones y mediste tus niveles de afecto usando la escala PANAS, profundizaremos aún más en la ciencia de las emociones.

La comprensión básica de estas comienza con lo que el neurocientífico Paul D. MacLean llamó, en la década de 1970, el cerebro triúnico.[3] Si ya habías escuchado este concepto, probablemente sea porque el renombrado astrofísico Carl Sagan hizo famosa la idea en sus libros y en su popular programa de televisión, *Cosmos*, en la década de 1980. Esta teoría propone que los cerebros humanos evolucionaron durante millones de años en tres distintas etapas.

De acuerdo con MacLean, la parte más antigua es el tronco del encéfalo, a veces llamado cerebro reptiliano porque ejecuta funciones que incluso los lagartos hacen, como regular comportamientos instintivos y habilidades motoras. El segundo es el sistema límbico, o cerebro paleomamífero, el cual ha evolucionado de forma más reciente y transforma estímulos básicos en emociones, las cuales nos indican lo que sucede a nuestro alrededor y, por tanto, cómo debemos reaccionar. Finalmente, está la neocorteza. MacLean sugirió que es la parte más nueva: se trata del cerebro más humano o neomamífero. Esta es la zona que gobierna la toma de decisiones, la percepción, el juicio y el lenguaje.

Numerosas investigaciones más recientes sostienen que este modelo tripartito es inexacto porque se desconoce con precisión cuándo evolucionó cada zona; además, las funciones no están delimitadas con claridad.[4] Por ejemplo, aunque el sistema límbico es el principal responsable de los sentimientos que creemos que «nos suceden», la neocorteza también participa de manera compleja en las respuestas emocionales a nuestro entorno, de modo que no solo es analítica.

Sin entrar en controversias técnico-científicas sobre la evolución y las funciones cerebrales específicas, sigue resultando útil pensar en que el cerebro participa en una serie de tres funciones para mantenerte vivo y próspero.

1. **Detección.** Algo sucede en tu entorno. Por ejemplo, un auto —el equivalente moderno de un enorme depredador— acelera hacia ti mientras caminas por una intersección. Antes de que seas consciente de ello, la imagen es procesada por las retinas de tus ojos (¡una parte del cerebro fuera de tu cráneo!), las cuales envían la información a la corteza visual de tu cere-

bro, ubicada en el lóbulo occipital, justo en la zona trasera e inferior de tu cabeza.[5]

2. **Reacción.** Tu amígdala —una parte del sistema límbico en lo profundo de tu cerebro— recibe la señal de que una amenaza atenta contra tu seguridad, lo cual se traduce en la emoción primaria de *miedo*. Esto sucede en algo así como 0.074 segundos.[6] Posteriormente, la amígdala envía otra señal a través del hipotálamo —también parte del sistema límbico— a la glándula pituitaria, un órgano con forma de chícharo que se encuentra en la parte media inferior del cerebro. A su vez, esto le indica a las glándulas suprarrenales —las cuales se hallan junto a los riñones— que secreten hormonas del estrés para provocar que el corazón lata con fuerza y te impulse a apartarte súbitamente del camino. Tu sustancia gris periacueductal, que también recibe una señal de tu amígdala, le indica a tu cuerpo que se mueva.[7]
3. **Decisión.** Mientras tanto, la corteza prefrontal —la gran masa de tejido justo detrás de tu frente— recibe una señal de lo que está sucediendo. Tu tronco encefálico y tu sistema límbico ya te han salvado la vida, pero ahora tienes que decidir de forma consciente cómo reaccionar. ¿Reírte de ello? ¿Alzar con fuerza el puño, enojado? Tú decides, utilizando tu corteza prefrontal. Sin embargo, reconocer los sentimientos en tu cuerpo provocados por las hormonas del estrés puede alterar esa decisión.

En el caso anterior, la emoción del miedo ayudó a salvarte la vida. Recuerda que la infelicidad es importante porque nos permite aprender y mejorar. De forma paralela, las emociones negativas son cruciales porque nos indican cómo reaccionar ante el mundo de modo que podamos sobrevivir y prosperar; además, nos protegen contra amenazas como los depredadores. Por su parte, las emociones positivas nos recompensan por las cosas que necesitamos, como la buena comida. Cuando los neurocientíficos observan al personaje Spock de *Star Trek* (un vulcaniano que es similar a un ser humano, aunque no expresa ni reacciona ante las emociones) se burlan de que estaría muerto en una semana.

Este es el argumento básico para agradecer los sentimientos negativos. La próxima vez que te arrepientas de ellos y desees no haberlos tenido, piensa en esto. No son divertidos, pero ese es el objetivo. Te protegen llamando tu atención e instándote a actuar.

EMOCIONES PRIMARIAS Y COMPLEJAS

Tenemos dos tipos de emociones: las primarias (también llamadas «básicas») y las complejas. Las primeras se pueden sentir solas o en combinaciones que conforman las segundas. Los neurocientíficos no están de acuerdo en cuanto a la clasificación exacta de las emociones primarias positivas —la neurociencia es un campo relativamente nuevo, y aún existen discrepancias entre los especialistas—. Sin embargo, casi todos coinciden en que las principales emociones negativas son tristeza, ira, asco y miedo.[8] Ninguna de estas es divertida, pero son protectoras. El miedo y la ira nos ayudan a responder ante las amenazas con reacciones de lucha o huida. El asco nos alerta sobre los patógenos, previniendo que consumamos algo dañino. La tristeza evita que perdamos las cosas y a las personas que necesitamos (esto explica la aflicción y la angustia psicológica que experimentamos al no poder localizar a un ser querido).

Por supuesto, estas emociones pueden ser mal canalizadas. Por ejemplo, el miedo al rechazo de los demás es un rasgo proveniente de una época en la cual esto significaba ser expulsado de tu tribu, vagar por la tundra helada y morir solo; sin embargo, hoy podrías sentirlo si alguien te critica en Twitter. Si bien el asco es una emoción que ayuda a identificar la comida podrida antes de consumirla, hoy en día un político podría incitarte a sentirlo por alguien que simplemente no está de acuerdo contigo en cuestiones políticas. Por eso necesitamos aprender a gestionar nuestras emociones con la finalidad de vivir una vida mejor.

Por lo general, en las emociones positivas, se incluye la alegría, cuya definición, de acuerdo con los psicólogos, es «un sentimiento de regodeo, deleite o regocijo extremos... que surge de una sensación de bienestar o satisfacción».[9] Es muy placentera, pero fugaz. Sin embargo, muchos pensadores religiosos la conceptualizan de forma diferente, como una experiencia más bien duradera de complacencia interior producto de nuestra relación con Dios. Incluso, los cristianos la definen como un «fruto del espíritu», un bienestar que trasciende nuestras circunstancias terrenales.

Para los neurocientíficos y psicólogos, la alegría es la recompensa por el logro de un objetivo o por conseguir algo que deseas. Su función es exhortarte a que te esfuerces por obtener las cosas que te mantienen vivo, lo cual aumenta las probabilidades de que encuentres pareja. Como puedes notar, esta emoción positiva es similar a las negativas, aunque nos atrae hacia las cosas en lugar de alejarnos de ellas.

Otra emoción primaria positiva que algunos investigadores incluyen en la lista es el interés. Este es placentero. Los humanos *odiamos* lo aburrido y nos *encanta* lo interesante. Por supuesto, los gustos difieren. Algunas personas encuentran interesante el futbol y aburrido el beisbol. A algunas personas les encantan los documentales científicos y a otras les fascinan los programas de cocina. A pesar de las diferencias individuales, la razón de existir de esta emoción radica en que los humanos progresamos y prosperamos al aprender algo nuevo. Así, la evolución favorece a las personas que aman aprender y las recompensa con placer.

Por su parte, las emociones complejas incluyen vergüenza, culpa y desprecio, que son cocteles de las emociones primarias. Por ejemplo, el desprecio es la convicción de que alguien o algo carece totalmente de valor, aunque, en realidad, esto es una mezcla de ira y asco. Dicha emoción podría ayudarte a evitar algo terrible para ti dentro de la sociedad, pero debes percatarte de que tratar a los demás con desprecio debido a, digamos, su religión, podría ser reprobable —por tanto, algo que gestionar—.

METACOGNICIÓN: EL MANEJO DE TUS EMOCIONES

Tus emociones son señales para la parte consciente de tu cerebro de que está sucediendo algo que requiere tu atención y ejecutar una acción; eso es todo lo que son. La parte consciente de tu cerebro, si eliges utilizarla, es quien decidirá cómo responderás ante ellas. Piensa en la metacognición como trasladar la experiencia de una emoción del sistema límbico a tu corteza prefrontal. También podrías compararlo con el proceso de llevar el petróleo del pozo (tu sistema límbico) a una refinería de gas (la corteza prefrontal), donde se convertirá en algo que podrás usar de manera intencional.

Todos conocemos lo que se siente gritarle a alguien cuando estamos enojados y después arrepentirnos de ello o soltar un alarido de miedo ante algo sin pensar y luego avergonzarnos. Podrías argumentar que esto es ser «auténtico», pero, más bien, es no lograr ser metacognitivo. Cuando le dices a tu hijo pequeño, en pleno berrinche: «¡Explícame con palabras qué te sucede!» le estás pidiendo que sea metacognitivo, es decir, que utilice su corteza prefrontal en lugar de solo ceder a su sistema límbico. De manera similar, la metacognición es aquello que te enseñaron a hacer cuando estás enojado: «Antes de decir algo, cuenta hasta diez». Básicamente, eso le otorga tiempo a tu corteza prefrontal para percatarse de tu sistema límbico y así este pueda decidir cómo reaccionar. Los científicos sociales se refieren a quienes actúan automáticamente, sin pensar, como «límbicas», y ahora ya sabes por qué.

Por cierto, el consejo de contar hasta diez puede afinarse un poco más. Thomas Jefferson escribió una vez: «Cuando esté enojado, cuente hasta diez antes de hablar; si está muy enojado, hasta cien».[10] En otras palabras, entre más enojado estés o menor sea tu nivel de autocontrol, incrementa la cuenta.

Otra buena estrategia ideada por los psicólogos es esperar treinta segundos mientras imaginamos las consecuencias de decir lo que tenemos en la cabeza.[11] Supongamos que recibes un correo electrónico insultante de un cliente en el trabajo y quieres dispararle una respuesta indignada. No escribas de inmediato.

En lugar de hacerlo, cuenta lentamente hasta treinta, imagina a tu jefe leyendo el intercambio de mensajes (lo cual es muy probable que suceda) y, por último, piensa que ves a la persona cara a cara después de que ha leído tu respuesta. Así, tu correo electrónico será mucho mejor, porque tu corteza prefrontal, y no tu sistema límbico, habrá respondido.

La metacognición no significa que podrás evitar los sentimientos negativos; más bien, indica que podrás entenderlos, aprender de ellos y asegurarte de que no te conduzcan a reacciones perjudiciales, porque esa es la principal causa de que se conviertan en una fuente de miseria en tu vida. Un momento de miedo no es necesariamente algo muy grave; incluso, puede resultar en algunos datos interesantes. Recuerda que dichos sentimientos son normales y están bien. El miedo se torna un problema cuando provoca comportamientos hostiles o tímidos, lo cual te lastima a ti y a los demás por nada.

Ahora veamos algunas estrategias para aplicar estas ideas en nuestra vida.

CUANDO NO PUEDAS CAMBIAR AL MUNDO, MEJOR CAMBIA TU FORMA DE VIVIRLO

Todos —hasta los más privilegiados entre nosotros— tenemos condiciones de vida que nos gustaría cambiar. Como lo dijo el filósofo romano Boecio a principios del siglo VI: «Uno tiene abundantes riquezas, pero se avergüenza de su nacimiento innoble.

Otro destaca por su nobleza, pero su miseria le apena y preferiría pasar inadvertido. Un tercero, ricamente dotado de ambas cualidades, lamenta la soledad de una vida en soltería».[12]

Algunas veces, es posible transformar tus circunstancias. Si odias tu trabajo, puedes buscar uno nuevo. Si estás en una relación complicada, puedes intentar mejorarla o dejarla. Sin embargo, a veces es impráctico y hasta imposible. Tal vez odies el clima del lugar donde vives, pero tienes familia ahí y un buen trabajo, así que irte no tendría sentido. Quizá te hayan diagnosticado una enfermedad crónica para la cual no existen opciones prometedoras de tratamiento. Tal vez tu pareja romántica te haya dejado contra tus deseos y no es posible persuadirla de lo contrario. Quizá no te gusta alguna parte de tu cuerpo y no hay posibilidades de cambiarla. Incluso, tal vez estás en prisión.

Aquí es cuando la metacognición llega al rescate. Entre las condiciones de tu entorno y tu respuesta ante ellas existe un espacio para pensar y tomar decisiones. En dicho espacio tienes libertad. Puedes elegir intentar remodelar el mundo o empezar por cambiar tu *reacción* ante él.

Transformar la manera como experimentas tus emociones negativas puede ser mucho más fácil que cambiar tu realidad, aunque parezca antinatural. Incluso en las mejores circunstancias, puedes sentir que tus emociones escapan de tu control; peor aún durante una crisis, que es exactamente cuando manejarlas te brindaría el mayor beneficio. En parte, la biología es responsable de esto. Como leíste más arriba, las emociones negativas como la ira y el miedo activan la amígdala, lo cual agudiza la vigilancia ante potenciales amenazas y mejora tu capacidad para detectar y evitar el peligro. En otras palabras, el estrés te hace luchar, huir o congelarte, mas no pensar: «¿Cuál sería la reacción más prudente en este momento? Consideremos las opciones». Esto tiene sentido en lo que a evolución se refiere: hace medio millón de años, tomarte el tiempo para gestionar tus emociones te habría convertido en el almuerzo de un tigre.

Sin embargo, en el mundo moderno, el estrés y la ansiedad suelen ser crónicos, no episódicos.[13] Lo más probable es que ya no necesites tu amígdala para ayudarte a escapar del tigre sin pedirle permiso a la parte consciente de tu cerebro. No obstante, sí la utilizas para intentar gestionar los problemas no mortales que te molestan durante el día. Por ejemplo, tu trabajo te estresa o no te llevas bien con tu pareja. Aun cuando no haya tigres de los cuales debas huir, no puedes relajarte en tu cueva, porque estas situaciones ordinarias te incomodan.

No debe sorprendernos, entonces, que el estrés crónico conduzca con frecuencia a mecanismos de afrontamiento inadecuados en la vida moderna.[14] Entre ellos, destacan el abuso de drogas y alcohol, cavilar sobre las fuentes de estrés, autolesionarse y culparse a uno mismo. Estas respuestas no solo no logran proporcionar alivio a largo plazo, sino que pueden agravar aún más tus problemas con adicciones, depresión y mayor ansiedad. Lo que estas técnicas de afrontamiento intentan es cambiar el mundo exterior, al menos como tú lo percibes. Las personas que abusan del alcohol suelen decir que unos cuantos tragos apagan las ansiedades del día, como lo haría un interruptor. De forma temporal, los problemas parecen menos amenazantes.

En cambio, la metacognición ofrece una solución mucho mejor, más saludable y permanente. Intenta lo siguiente: sopesa las emociones que las circunstancias estimulan en ti. Obsérvalas como si le estuvieran sucediendo a otra persona y acéptalas. Anótalas para asegurarte de que sean completamente conscientes. Después, evalúa cómo podrías elegir reacciones que no procedan de tus emociones negativas, sino de los resultados que prefieres obtener en tu vida.

Por ejemplo, imaginemos que tienes un trabajo que de verdad te incomoda. Digamos que estás aburrido, estresado y que tu jefe es un incompetente. Llegas a casa todos los días, cansado y frustrado, y terminas bebiendo demasiado y viendo muchos programas tontos de televisión para distraer tu mente. Mañana prueba una táctica nueva. Durante el día, tómate unos minutos aproximadamente cada hora y pregúntate: «¿Cómo me siento?». Anótalo. Luego, después del trabajo, escribe a modo de diario qué experiencias y sentimientos tuviste a lo largo del día. También escribe cómo respondiste a dichos sentimientos y qué reacciones fueron más productivas y cuáles menos. Haz esto durante dos semanas y descubrirás que retomas el control y que actúas de manera más productiva. También serás capaz de observar cómo comienzas a manejar mejor tu entorno, tal vez haciendo un cronograma para actualizar tu currículum y pidiéndoles a algunas personas que te brinden consejos sobre el mercado laboral. Posteriormente, podrías empezar a buscar un nuevo empleo (ofreceremos más dinámicas como esta al final del capítulo).

Resulta que el filósofo romano Boecio era un maestro de esta técnica, y en circunstancias mucho peores que las tuyas o las mías. En realidad, las suyas eran más o menos como las de Viktor Frankl. Él escribió las palabras citadas arriba desde una celda mientras esperaba su ejecución en el año 524 d. C., tras ser acusado de conspiración contra el rey ostrogodo Teodorico, un crimen del que probablemente no era culpable, pero por el cual fue ejecutado.[15] Boecio no podía transformar sus injustas circunstancias. Sin embargo, podía cambiar su actitud hacia ellas y así lo hizo. «Es cierto que nada es una desgracia, sino que el pensamiento la convierte en tal», escribió. «Y de manera inversa, es dichosa la suerte del que sabe recibirlo todo con ecuanimidad».[16] Tomar esto en serio y actuar en consecuencia es uno de los mayores secretos para aumentar el bienestar, aunque no tendría por qué ser un secreto. Si Boecio pudo ser metacognitivo, nosotros también podemos serlo.

SI NO TE GUSTA TU PASADO, REESCRÍBELO

Puedes manejar los sentimientos negativos y decidir cómo reaccionar cuando enfrentas circunstancias adversas. Pero ¿qué pasa con los malos *recuerdos*? No los podemos cambiar, ¿verdad? Es incorrecto: la metacognición sí nos brinda ese poder.

«En casa, sueño que en Nápoles... puedo intoxicarme con la belleza y perder mi melancolía», escribió el filósofo estadounidense Ralph Waldo Emerson en su ensayo *Self-Reliance* (*La confianza en uno mismo*) en 1841.[17] «Empaco mi baúl, abrazo a mis amigos, me embarco a la mar, y al fin despierto en Nápoles». ¡Suena maravilloso! Pero luego continúa: «Y allá, a mi lado, está el hecho austero, el yo triste, implacable, idéntico, del que huí». Lo anterior significa que no puedes escapar de tu pasado, porque viaja contigo hacia el futuro, dentro de tu cabeza. Tus recuerdos son lo primero que desempacarás en Nápoles.

No puedes alterar la historia. Sin embargo, puedes cambiar tu *percepción* sobre ella. Lo mejor que puede existir después de una máquina del tiempo es reescribir la historia de tus recuerdos utilizando la metacognición; con ello, el equipaje de tu pasado se aligerará un poco sobre tus hombros a medida que viajes a través del presente y el futuro.

Los humanos somos viajeros en el tiempo por naturaleza; de hecho, los científicos descubrieron que podemos retener recuerdos del pasado precisamente para poder concebir y predecir el futuro.[18] Imagina una playa en España que te gustaría visitar, mas nunca has ido. De forma sospechosa, la imagen en tu cabeza podría parecerse a esa playa de Florida donde estuviste el año pasado. Esta hazaña explica por qué tenemos tanto éxito como especie: los acontecimientos pasados nos otorgan una bola de cristal que podemos utilizar para decidir qué hacer y qué evitar.

La neurociencia moderna ha demostrado que la memoria se relaciona más con la reconstrucción que con la recuperación. Cada vez que evocamos el pasado, varias zonas del cerebro (incluidos el giro angular y el hipocampo) unen varios fragmentos de información almacenada para ensamblar un recuerdo.[19] Este proceso es una maravilla biológica, pero es susceptible de transformarse con el tiempo, como los investigadores han comprobado de diversas maneras a lo largo de las últimas décadas. Por ejemplo, poco después de la explosión del transbordador espacial Challenger en 1986, dos psicólogos pidieron a estudiantes universitarios que contaran detalladamente cómo habían escuchado la noticia del accidente.[20] Treinta meses después, realizaron la misma petición a los mismos estudiantes. En el 93% de los casos, las historias eran inconsistentes, a pesar de que los encuestados rememoraban los detalles de forma vívida y de que se sentían seguros de sus recuerdos. Es posible que hayas tenido una experiencia similar si, digamos, tú y tu hermana difieren en su recuerdo de un Día de Acción de Gracias particularmente polémico.

La razón por la cual tus recuerdos cambian es porque construyes historias de eventos pasados a partir de fragmentos que concuerdan con las narrativas actuales de ti mismo.[21] Miras hacia atrás para descifrar quién eres y por qué haces lo que haces ahora. Para lograr que la información pasada se ajuste a tus circunstancias presentes, tus amigos y tus proyectos, parafraseas tu historia de manera inconsciente.

Lo anterior no significa que tus recuerdos cambiantes sean por fuerza inexactos; más bien, se construyen a partir de un cúmulo de detalles parciales y de otros relativamente exactos que se transforman cada vez que desempolvas un recuerdo. En realidad, puede que todo se deba a que tu hermana y tú rememoran diferentes aspectos de esa cena del Día de Acción de Gracias. Esas perspectivas refuerzan las circunstancias actuales de cada una: por ejemplo, tu hermana asegura que la tía Marge arruinó el día (porque no se habla con ella); tú (que amas a Marge) afirmas que hubo un pequeño desacuerdo en la mesa, pero que nadie resultó lastimado.

Por lo regular, los pormenores que recuperas de eventos pasados corresponden con tu estado emocional actual. Por ejemplo, los investigadores han observado que cuando sentimos miedo, tendemos a construir recuerdos enfocados en las amenazas, entonces, rememoramos el pasado como un conjunto de situaciones específicas que nos lastiman, a diferencia de como lo haríamos en otras circunstancias.[22] En contraste, si hoy te sientes feliz, es probable que tus recuerdos sean más amplios y generales. Ninguna de las dos clases de recuerdos es equivocada; es solo que se reconstruyen de formas distintas, basándose en las emociones actuales.

El hecho de que tus condiciones y sentimientos actuales influyan en la manera como reconstruyes los recuerdos te otorga un gran poder para cambiar tu comprensión del pasado. Reconstruirlo conscientemente de un modo más positivo puede ayudarte a tomar decisiones sobre el futuro: así podrás hacer modificaciones útiles en lugar de transformar tu presente de forma arbitraria con la esperanza de tener una vida mejor.

La próxima vez que quieras hacer un cambio positivo en tu vida, no limites tu imaginación a tu entorno o a la gente de tu alrededor. Comienza con el telón de fondo de tu vida que, probablemente, sea justo lo que más te inquieta. Tal vez desees escapar de la ciudad donde pasaste los tortuosos meses de encierro por el coronavirus —situación que quizá te hizo sentir aislado y solo o perjudicó tus relaciones— y estés considerando mudarte. Sin embargo, antes de entrar al portal de bienes raíces, interroga esos dolorosos recuerdos; no los dejes deambular a sus anchas. Mejor piensa en los momentos dulces que has vivido en tu casa, la bondad que recibiste durante aquellos primeros días inciertos de la pandemia y las lecciones que aprendiste sobre ti mismo.

Quizás, al final decidas marcharte a Nápoles. Así sea que te quedes o te vayas, tu pasado gestionado de forma consciente se convertirá en un buen compañero de viaje.

PRACTICAR LA METACOGNICIÓN

La metacognición requiere práctica, en particular si nunca antes habías pensado en ella. Hay cuatro formas de empezar. La primera es que, cuando sientas una emoción intensa, solo observes tus sentimientos.

Buda enseñó a sus discípulos que, para manejar sus emociones, debían observarlas como si le estuvieran sucediendo a otra persona.[23] Así, podemos entenderlas de forma consciente y dejarlas fluir de manera natural, en lugar de permitir que se conviertan en algo destructivo. Pruébalo cuando, por ejemplo, tengas un fuerte desacuerdo con tu pareja o un amigo y te sientas enojado. Siéntate en silencio y piensa en los sentimientos que percibes en ese momento. Imagínalos trasladándose físicamente desde tu sistema límbico hacia tu corteza prefrontal. Ahí observa la ira como si estuviera experimentándola otra persona. Luego di para ti mismo: «Yo no soy esta ira. No me controlará ni tomará decisiones por mí». Esto te hará sentir más tranquilo y empoderado.

La segunda es que, como ya mencionamos brevemente, escribas un diario de tus emociones. Quizás hayas notado que si escribes sobre lo que estás experimentando cuando estás molesto, de inmediato te sientes mejor. Llevar un diario es, de hecho, una de las mejores formas de lograr la metacognición, porque te obliga a traducir sentimientos incipientes en pensamientos específicos, una acción que involucra a la corteza prefrontal.[24] Esto, a su vez, genera conocimiento y regulación emocional, lo cual proporciona una sensación de control. Investigaciones recientes lo han mostrado con claridad. Por ejemplo, en un estudio, aquellos estudiantes universitarios a quienes se les asignó la tarea de llevar un diario reflexivo y estructurado sobre ellos mismos fueron más capaces de comprender y regular sus sentimientos acerca de la escuela.[25]

Por ejemplo, si te sientes frenético por todas las cosas que necesitas hacer, sin metacognición no habrá forma de organizar el problema en tu mente. Tu sistema límbico está diseñado para activar las alarmas, no para hacer listas de pendientes. En un día ajetreado, comienza con tu café y escribe con calma todo lo que necesitas hacer, en orden de importancia. En ese momento, tu corteza prefrontal se pondrá al mando y sentirás que tienes mucho más control. También tendrás la claridad mental para decidir qué haces hoy, qué dejarás para mañana y qué podrías decidir, incluso... nunca hacer.

Pensemos en otro ejemplo. Supongamos que estás en una relación que se está desmoronando, contra tus deseos. No reacciones con una confrontación (límbica) inmediata. Mejor tómate unos días para registrar lo que está sucediendo y lo que estás sintiendo con la mayor precisión posible. Después, escribe diferentes formas en las cuales podrías reaccionar de manera constructiva, según las posibles respuestas de la otra persona. Descubrirás que estás más tranquilo y eres más capaz de afrontar la situación, aunque parezca irreparable.

La tercera técnica es que tengas una base de datos de recuerdos positivos, no solo negativos. El estado de ánimo y la memoria interactúan en un circuito de retroalimentación: los recuerdos desagradables conducen a sentimientos negativos, lo cual, a su vez, te lleva a reconstruir recuerdos desagradables. Cuando te encuentras en un estado límbico elevado, es posible que tu mente afirme que todo es terrible y siempre lo será, aunque sin duda está equivocada. Sin embargo, si de forma intencional evocas recuerdos más felices, podrás interrumpir este ciclo catastrofista. Los investigadores han demostrado que pedirles a las personas que piensen en situaciones felices de su pasado puede mejorar su estado de ánimo.[26] Puedes obtener beneficios similares de manera sistemática escribiendo un diario de recuerdos felices para repasarlo cuando te sientas cabizbajo o fuera de control.

Finalmente, la cuarta técnica es buscar significado y aprendizaje en las partes difíciles de la vida. Cada existencia contiene auténticos recuerdos negativos. No estamos sugiriendo que intentes reconstruir un pasado que los borre o los pinte de rosa. En algunos casos, eso sería imposible: son demasiado dolorosos. Además, algunos recuerdos terribles pueden llevarnos a aprender y progresar o evitar que repitamos errores.

De manera metódica, intenta observar cómo esos recuerdos dolorosos podrían ayudarte a aprender y crecer. Los académicos han demostrado que cuando la gente reflexiona acerca de las experiencias difíciles con el objetivo explícito de encontrar significados y progresar en sus vidas, tienden a dar mejores consejos, a tomar decisiones más acertadas y resolver problemas de manera más efectiva.[27]

En tu diario, reserva una sección para las experiencias dolorosas, y escríbelas inmediatamente después de que hayan ocurrido. Deja dos líneas en blanco bajo cada entrada. Después de un mes, regresa al diario y escribe en el primer espacio en blanco lo que aprendiste de esa mala experiencia en el periodo transcurrido. Tras seis meses, escribe en la segunda línea los aspectos positivos que al final derivaron de ello. Te sorprenderá cómo este ejercicio cambia tu perspectiva sobre tu pasado.

Por ejemplo, digamos que te ignoran para un ascenso en el trabajo. Es comprensible que estés decepcionado y lastimado, y quieras desahogarte con tus amigos o sacártelo de la mente. Antes de elegir cualquiera de las dos opciones, escribe: «No me consideraron para un ascenso» en tu diario, con la fecha. En un mes, regresa a esa frase y registra algo constructivo que hayas aprendido, tal como «En gran medida, superé la decepción después de solo cinco días». Luego, cuando hayan pasado seis meses, regresa y escribe algo benéfico, como «Empecé a buscar un nuevo trabajo y encontré uno que me gusta más».

AHORA ELIGE LAS EMOCIONES QUE QUIERES

Cuando se trata de nuestras emociones, la mayoría de las personas tiene más poder del que piensa. No tenemos que dejarnos controlar por nuestros sentimientos. No tenemos que albergar la esperanza de que mañana sea un día feliz para que podamos disfrutar nuestra vida, y tampoco temer nuestros sentimientos negativos porque harán que nuestra felicidad sea imposible. La manera como nos afectan nuestras emociones, así como nuestra reacción ante ellas, puede ser *nuestra* decisión.

No obstante, nuestra toma de decisiones no tiene por qué detenerse ahí. Con frecuencia, tenemos la opción de elegir las emociones en sí, porque existe más de una forma razonable de sentirse acerca de la situación que enfrentamos. Esto, por supuesto, no significa que podamos ni debamos sentirnos felices cuando muere alguien a quien amamos, lo cual sería inapropiado. Más bien, muchas veces hay dos opciones emocionales que coinciden con las circunstancias que vivimos, y una es mejor que la otra para nuestra felicidad (y la de los demás). En el siguiente capítulo abordaremos cómo discernir la opción más adecuada y escogerla.

Tres

Elige una mejor emoción

Lo más probable es que seas un consumidor habitual de cafeína de alguna forma. La mayoría de los estadounidenses lo es.[1] La cafeína es, por mucho, la droga más consumida en nuestra sociedad.

¿Alguna vez te has detenido a preguntarte cómo funciona? Cuando ingieres cafeína, esta ingresa rápidamente al cerebro, donde compite con una sustancia química llamada adenosina. La adenosina es un neuromodulador que envía una señal de una parte del cerebro a otra. Una neurona la dispara y luego el receptor de otra neurona, del tamaño perfecto para la molécula de adenosina, la absorbe para obtener información sobre cómo se supone que uno se siente.[2]

El trabajo de la adenosina es hacerte sentir cansado cuando se conecta a sus receptores. Al final de un largo día, produces una gran cantidad de adenosina; entonces, sabes que se acerca la hora de relajarse y acostarse. Si no descansaste lo suficiente (o aunque lo hayas hecho), todavía tendrás un poco por la mañana, lo cual te hará sentir adormilado. Ahí es donde entra la cafeína. Esta molécula es prácticamente idéntica a la adenosina, por lo cual encaja en los receptores de esta. Así, cuando la adenosina aparece para darte sueño o mantenerte cansado, no se puede conectar porque la cafeína ya está ahí. En realidad, la cafeína no te despierta, solo evita que te sientas somnoliento. Cuando ingieres suficiente, casi no hay adenosina conectada, por lo que pierdes toda fatiga y te sientes nervioso.

La mayoría de las personas consume cafeína porque no está satisfecha con la forma como se siente naturalmente y quiere obtener mejores resultados en su estado de ánimo y en su trabajo. Entonces, sustituye una molécula por otra.

La cafeína es una buena metáfora del siguiente principio de la autogestión emocional: muchas veces no tienes que aceptar la emoción que surge ante determinado estímulo. De hecho, puedes sustituirla por una mejor que tú desees.

En todo momento, tus sentimientos son producidos para brindarte un efecto que tu cerebro considera apropiado. Por ejemplo, alguien te corta el paso en el tráfico y tu cerebro lo interpreta como una buena razón para enojarte, así que estimula tu amígdala y te prepara para pelear —o al menos para insultar al otro conductor o conductora—.

Sin embargo, tal vez no quieras actuar de esa manera. No deseas arruinar tu mañana o que tus hijos te vean perder los estribos. Incluso, sabes que más tarde te avergonzarás de ti mismo.

Entonces, quieres tranquilizar ese sentimiento y actuar de una forma diferente. Esa nueva reacción puede resultar menos natural, pero te llevará a un mejor resultado. Con respecto al conductor grosero, no significa que vayas a detenerlo y darle un beso; más bien, podrías tomar con calma la situación en lugar de enojarte.

No obstante, recuerda: deshacerte de las emociones negativas no es posible ni deseable. Necesitas ira, tristeza, miedo y asco, tanto como necesitas la adenosina para poder conciliar el sueño por la noche y relajarte durante el día. Es solo que a veces querrás sustituir parte de tu adenosina por cafeína, así como reemplazar algunas de tus emociones negativas de la misma manera: ocupando temporalmente tus receptores emocionales con algún sentimiento que también encaje, sea más constructivo y te permita actuar como *quieres*, no como te *sientes*.

Este capítulo te ofrece cuatro formas de hacerlo. Debemos aclarar aquí que hacer esto no es *tan* fácil y simple como tomar una taza de café. Al principio no nos parecerá natural elegir una emoción. Hemos aprendido desde la infancia que, cuando nos golpeamos el dedo del pie, decimos «¡Ay!» y no «Gracias». La sustitución emocional es una habilidad que requiere práctica; no solo la intención de cambiarlo todo en un instante. Con práctica y dedicación, puede volverse bastante automático y te encantarán los resultados.

FELIZ DÍA DE ACCIÓN DE GRACIAS

Piensa en la última vez que recibiste una evaluación sobre tu desempeño en el trabajo o en la escuela. Quizá fue positiva: muchos elogios y palmaditas en la espalda. Pero luego estaba esa crítica leve... una pequeña espina entre las rosas. Te enfocaste en ella, ¿cierto? Sabías que los resultados eran satisfactorios, pero ese pequeño comentario de tu jefe o tu profesor lo puso todo en duda. Eras consciente de que era una tontería, pero te molestó durante varios días.

Fue así porque la Madre Naturaleza te otorgó un pequeño regalo llamado sesgo de negatividad: una tendencia a enfocarse en la información negativa en vez de la positiva.[3] La razón es simple: los elogios son lindos, pero no pasa nada si los ignoramos. Sin embargo, si ignoramos la crítica, es bajo nuestro propio riesgo. Hace un par de miles de años, eso podría haber significado ser expulsado de la tribu. Hoy puede significar perder el trabajo o tener un pleito con un amigo. Por eso, de manera natural, nos enfocamos en la información negativa.

Para un hombre de las cavernas, esta podría haber sido una buena manera de mantenerse con vida; no obstante, en general, hoy día es una distorsión de la realidad. Puedes sentarte en primera clase en un avión y sentirte molesto porque el café está demasiado frío. Piensa en todas las formas en que la vida es mejor ahora que cuando eras niño y nota cómo todavía parece que siempre nos estamos quejando.

Además, las personas somos terriblemente malas para discriminar entre la información negativa importante y la que no lo es. Emocionalmente, percibes la misma sensación cuando, al azar, una persona te insulta en el tráfico (lo cual no importa) que cuando recibes una notificación de Hacienda (lo cual puede importar mucho). Esto se debe a que la «sensibilidad» de tu sesgo de negatividad es demasiado alta. Necesitas poder reducirla para que seas capaz de observar la diferencia entre las distintas señales negativas y prestar atención solo a las pocas que importan.

La mejor manera de percibir la realidad de las cosas buenas de la vida y reducir el ruido que impide distinguir las amenazas reales de las insignificantes es ocupar algunos de los receptores de emociones negativas con un sentimiento diferente y positivo. El más efectivo de estos es la gratitud.

Muchas personas comprenden la gratitud como algo supeditado a sus circunstancias, lo cual provoca que la consideren fuera de su alcance en los momentos difíciles. Esa es la forma equivocada de abordarla. La gratitud no es un sentimiento que se materializa como respuesta a tu contexto. Es una práctica de vida. Y aunque pienses que tienes poco que agradecer por ahora, puedes —y deberías— practicarla. Los investigadores han demostrado que puedes sentirla si eliges enfocarte en aquello por lo cual estás agradecido (todos tenemos algo) en lugar de los aspectos negativos de tu vida. Por ejemplo, en un artículo de 2018, cuatro psicólogos dividieron de forma aleatoria una muestra de 153 individuos en dos grupos: a los primeros se les asignó recordar algo por lo que estuvieran agradecidos y los segundos debían pensar en algo no relacionado.[4] El resultado fue sorprendente: el grupo que recordaba con gratitud tuvo cinco veces más emociones positivas que el grupo de control.

Los científicos que han investigado por qué la gratitud genera emociones positivas de manera tan confiable han encontrado varias explicaciones. En primer lugar, cabe resaltar que estimula la corteza prefrontal medial, la cual es parte del circuito de recompensa del cerebro.[5] Asimismo, puede tornarnos más resilientes y ayudarnos a optimizar nuestras relaciones, pues fortalece los vínculos románticos, refuerza las amistades y crea vínculos familiares que perduran en tiempos de crisis.[6] También regula muchos indicadores de salud, como la presión arterial y la dieta.[7]

Además, la gratitud nos hace mejores personas. Hace aproximadamente dos mil años, el filósofo romano Cicerón escribió que la gratitud «no solo es la más grande, sino también la madre de todas las demás virtudes».[8] Las investigaciones modernas han mostrado que probablemente tuviera razón. La gratitud puede tornarnos más generosos con los demás, más pacientes y menos materialistas.[9]

Piensa en cómo tratas a los demás cuando estás agradecido y lo verás de inmediato. Por ejemplo, después de que te aumentan el sueldo u obtienes un ascenso en el trabajo, entras a una cafetería y eres muy amable con el barista.

La mejor manera de empezar a practicar la gratitud es incluyéndola en el diario que utilizas para ser más metacognitivo. En particular, tu diario debe enumerar las cosas del pasado por las cuales estás agradecido (por ejemplo, la amabilidad y el amor de los demás) para así no olvidar estos gestos. Un estudio realizado en 2012 entre casi tres mil personas concluyó que la gente que se encontraba de acuerdo con las afirmaciones «tengo tanto en la vida por lo cual estar agradecido» y «estoy agradecido por una amplia variedad de personas» experimentaba emociones positivas y menos síntomas de depresión.[10] Regresa a leer estas declaraciones de agradecimiento con regularidad (cada día o al menos cada semana) para recordar y entrenar a tu mente con la finalidad de automatizar esta práctica en momentos difíciles.

Una advertencia: no finjas estar agradecido por las cosas por las cuales en realidad no lo estás. Tampoco es necesario bajar la ventanilla y agradecerle al conductor grosero por ser tan desagradable. Mucho menos debes escribir «Doloroso caso de herpes» en tu lista de agradecimientos; eso solo demostrará que estás intentando sentirte agradecido *a pesar de* eso. La gratitud forzada puede socavar tu motivación para la práctica. Piensa en las veces que te obligaron a decir «gracias» o a escribir notas de agradecimiento cuando eras niño, y reflexiona si en realidad te sentías así en esos momentos.[11] Finalmente, acepta aquello por lo que en verdad no estás agradecido y reconoce aquello que sí agradeces con sinceridad.

La gratitud es una buena técnica en general, pero también puedes aplicarla en momentos de negatividad aguda para obtener un alivio inmediato, en especial si estás por enfrentarte a una situación que temes. Digamos, por ejemplo, que tienes una reunión familiar que será difícil de sobrellevar. Destina un tiempo para contemplar todo aquello por lo cual estás realmente agradecido y que carece de relación alguna con la reunión. Enfócate en las amistades que más aprecias, en tener un trabajo que disfrutas o en el hecho de que gozas de buena salud. Esto te ayudará a colocarte en una actitud mental de agradecimiento —y, por ende, más feliz—, y así lograrás que sea mucho más fácil disfrutar la ocasión.

Una forma de optimizar el efecto de la gratitud es a través de la oración o la meditación. Algunos investigadores han notado que orar con frecuencia está fuertemente asociado con la gratitud, incluso entre personas que no son religiosas devotas.[12] Si no quieres intentar con ello, un ejercicio contemplativo similar puede ayudar, como una caminata tranquila en la cual repitas la frase «Estoy bendecido y bendeciré a otros».

Otra técnica para aumentar la gratitud es contemplar tu muerte. No, en serio. Los investigadores descubrieron en 2011 que, cuando las personas imaginaban su deceso de manera vívida, su sentido de gratitud incrementaba 11% en promedio.[13] Los investigadores de la felicidad rara vez atestiguan intervenciones específicas con un efecto como este. Entonces, si tienes dificultades para generar gratitud y la necesitas con urgencia, dedica unos minutos a pensar en todas las formas en que podrías perecer. Cuando te percates de que no has muerto, te sentirás bastante agradecido. No importa lo desagradable que sea esa reunión familiar, ¡al menos estás vivo para presenciarla!

A continuación, te proponemos un ejercicio para aumentar la gratitud en tu vida.

1. El domingo por la noche, destina treinta minutos y escribe los cinco elementos de tu vida por los cuales te sientas verdaderamente agradecido. Está bien si pare-

cen triviales o tontos. Casi todos los demás también tienen cosas ridículas en sus listas de gratitud. Solo asegúrate de que uno o dos se relacionen con personas a quienes amas.

2. Cada tarde o noche durante la semana, saca tu lista y estúdiala durante cinco minutos, un minuto para cada elemento. Hazlo también por la mañana, si tienes tiempo.
3. Actualiza tu lista cada domingo, agregando uno o dos elementos.

Al cabo de cinco semanas, anota los cambios que has observado en tu actitud y en tus niveles de afecto negativo. Es probable que compruebes lo que los investigadores casi siempre encuentran: una mejora significativa. La razón es que tu sesgo de negatividad no posee suficientes «receptores» para mantenerte deprimido. Incluso los verdaderos problemas parecerán menos graves, porque comenzarás a tratarlos de manera más metacognitiva y menos límbica.

ENCONTRAR UNA RAZÓN PARA REÍR

En las décadas de 1960 y 1970, casi todo el mundo leía la revista *Reader's Digest*, la cual contenía una sección de chistes titulada «La risa, la mejor medicina». Consistía en algunas páginas de chistes cursis y quejas que a veces eran tan malas que te reías de lo terribles que eran. Sin embargo, era cierto: mucha gente leía eso porque quería sentirse mejor. Y, a decir verdad, el humor es una excelente cafeína emocional.

Empecemos por comprender la ciencia. Lee la siguiente oración:

> Cuando muera, quiero irme de forma tranquila, mientras duermo, como mi abuelo... no gritando de terror, como sus pasajeros.

Si te reíste de ese chiste es porque ocurrieron tres cosas en tu cerebro en una rápida sucesión, como un rayo. Primero, detectaste una incongruencia: imaginabas a un abuelo acostado plácidamente en su cama, pero entonces te percataste de que en realidad estaba conduciendo un autobús (o pilotando un avión). En segundo lugar, resolviste la incongruencia: el abuelo estaba dormido al volante. En tercer lugar, la región del giro parahipocampal de tu cerebro te ayudó a darte cuenta de que la afirmación no era seria, por lo que experimentaste una sensación de diversión.[14] Y todo eso te brindó un poquito de alegría, la cual bloqueó cualquier mal presentimiento que hubieras tenido.

Después de ese análisis, la medicina ya no funciona y ya no te ríes. «El humor se puede diseccionar, como con una rana», explicaba el escritor E. B. White, «pero la cosa muere en el proceso y las entrañas son desalentadoras para cualquiera que no sea una mente científica pura».[15] Los chistes no son graciosos la segunda vez, o cuando los explicas, porque se ha esfumado la sorpresa. Sin embargo, el humor es una gran herramienta para bloquear los afectos negativos, por ello vale la pena comprender la explicación científica.

Consumir humor —es decir, disfrutar los chistes— produce alegría y alivia el sufrimiento. Tu cerebro no te creerá si intentas convencerlo de que estás alegre cuando en realidad te sientes triste. Sin embargo, encontrar el humor es lo suficientemente opuesto al sufrimiento como para deslizarse directo hacia el receptor de la negatividad.

Los investigadores han descubierto que esto funciona con una fiabilidad asombrosa. En un estudio de 2010, un grupo de personas mayores recibió «terapia de humor» (bromas diarias, ejercicios de risa, historias divertidas y cosas similares) durante ocho semanas[16] y un segundo grupo no. Cuando el estudio dio inicio, ambos grupos reportaron una felicidad similar. Al final del experimento, las personas del primer grupo informaron sentirse un 42% más felices que al principio. Eran un 35% más felices que el segundo grupo y, además, tuvieron una disminución del dolor y la soledad.

Ser gracioso, sin embargo, es una dimensión del sentido del humor que no parece aumentar la felicidad, lo que a veces se denomina la «paradoja del payaso triste». En un experimento realizado en 2010, los investigadores pidieron a personas que escribieran subtítulos para dibujos animados y que inventaran chistes como respuesta a situaciones cotidianas frustrantes.[17] No encontraron relación significativa alguna entre ser gracioso (según fue juzgado por críticos externos) y sentirse más feliz. Otro estudio halló que los comediantes profesionales obtienen puntuaciones superiores a las normas de la población en escalas que miden la anhedonia (la incapacidad de sentir placer).[18]

Considera que el humor no solo bloquea tu adenosina emocional, sino que también bloquea la de los demás. El humor tiene una cualidad casi anestésica, pues disminuye nuestra concentración en el dolor y nos permite recordar las alegrías de la vida juntos, incluso en los peores momentos. De hecho, a lo largo de la historia, ha habido casos de personas que utilizan el humor para sobrellevar tragedias masivas terribles. Por ejemplo, el escritor italiano Giovanni Boccaccio concluyó su libro *El Decamerón* alrededor del año 1353, cuando la peste negra asolaba Europa y mataba probablemente a casi un tercio de la población.[19] El libro consta de cien historias cómicas contadas por diez jóvenes amigos ficticios –siete mujeres y tres hombres– que estaban en cuarentena juntos en una finca con el objeto de evitar la pestilencia. Fue enormemente popular, ya que atenuaba el miedo a la enfermedad y el tedio del aislamiento entre la gente de toda Europa a medida que la plaga se propagaba. El libro no evita los temas de la enfermedad y la muerte, pero tampoco los enfatiza. El punto era que la vida puede ser bastante cómica, incluso en condiciones deplorables, pero apreciarla de esa forma depende de nuestra actitud.

Y así es hoy día. La vida tiene tristeza, tragedia y frustración en abundancia. Encuentra las partes divertidas y todos estarán mucho mejor. Aquí hay tres pasos prácticos que puedes poner en marcha.

Primero, rechaza la desesperanza. Puede parecer que el mundo nos presenta desafíos abrumadores. Algunos sienten que la alegría es inapropiada cuando nos preocupan las crisis y la injusticia. Es un error pensar así, ya que que lo sombrío no es atractivo para los demás y, por lo tanto, no ayuda a atraer personas a tus esfuerzos por hacer que el mundo sea mejor. Por supuesto, hay casos en los que el humor está fuera de lugar (recuerda, el contexto lo es todo), pero son menos de los que crees. Algunos de los mejores discursos fúnebres son los de corte jocoso.

Los investigadores han descubierto que una ideología particularmente carente de humor es el fundamentalismo en las creencias personales: «Yo tengo razón y tú eres malvado».[20] Por lo tanto, no es una sorpresa que el clima ideológico actual en Estados Unidos (y en muchos otros países) no recurra al humor, o que los extremistas políticos estén tan dispuestos a atacarlo como parte de sus armas de campaña. Para ser más feliz y hacer más felices a los demás, sin importar cuál sea tu postura política, no participes en la guerra contra las bromas.

En segundo lugar, no te preocupes por ser gracioso. Algunas personas no pueden contar chistes para salvar su vida, ya sea porque nunca logran recordar el remate de la broma o porque comienzan a reírse tan fuerte que nadie tiene idea de cuál es el final. Está bien; para la felicidad, es mejor consumir humor que proporcionarlo. También es mucho más fácil. Las personas divertidas tienden a poseer características neurológicas innatas particulares y una inteligencia inusualmente alta.[21] En cambio, las personas que disfrutan las situaciones divertidas solo dan prioridad al humor, cultivan el gusto por el mismo y se dan permiso de reír. Para obtener los beneficios del humor en términos de felicidad, deja que otros cuenten los chistes; tú escucha y ríe.

En tercer lugar, mantente positivo. El tipo de humor que consumes y compartes importa. El humor, cuando no menosprecia a otros o cuando te hace reír de tus circunstancias, se asocia con la autoestima, el optimismo y la satisfacción con la vida, así como con una disminución de la depresión, la ansiedad y el estrés.[22] El humor que ataca a otros o te incita a menospreciarte a ti mismo sigue el patrón exactamente opuesto: si bien puede resultar satisfactorio por un momento, no bloquea los sentimientos negativos (¡es como el café descafeinado!).

ELIGE LA ESPERANZA

Una de las peores enfermedades emocionales que puede padecer cualquiera de nosotros es el pesimismo. Todos conocemos a quienes son como Igor [de Winnie the Pooh]: personas que siempre asumen que les sucederá lo peor. Esto va más allá de ser un simple poeta, que detecta amenazas reales; los pesimistas las *inventan*. Muchas veces no es divertido estar cerca de ellos, además de que tienden a aislarse. Para colmo de males, el pesimismo en general ni siquiera es una visión útil del mundo. Por el contrario, los investigadores han encontrado que suele causar evasión y un comportamiento pasivo ante los desafíos.[23] Entonces, si caes presa del pesimismo, te vuelves menos proactivo y, probablemente, tu apreciación respecto al problema sea incorrecta.[24]

¿Cuál es la emoción opuesta, la que necesitamos reforzar para bloquear nuestros receptores de pesimismo? Podrías decir: «Eso es obvio: el optimismo». Pero no es del todo correcto.

Durante la Guerra de Vietnam, un vicealmirante de la Marina estadounidense llamado James Stockdale —quien estuvo preso durante más de siete años en una cárcel del norte de Vietnam— notó una tendencia sorprendente entre sus compañeros reclusos. Algunos de ellos sobrevivieron a las terribles condiciones; otros no. Estos últimos tendían a ser los más optimistas del grupo. Como Stockdale le dijo más tarde a Jim Collins, autor de libros de negocios: «Eran los que decían: "Saldremos para Navidad". Y la Navidad llegaba y luego se iba... Y venía la Pascua, y se iba también. Y después Acción de Gracias, y luego volvía a ser Navidad. Entonces, murieron porque se les rompió el corazón».[25]

Existe una versión menos extrema de este patrón que quizás hayas notado durante la pandemia de coronavirus. Quienes más batallaron fueron los optimistas que siempre predecían un regreso a la normalidad solo para quedar decepcionados a medida que la crisis sanitaria se prolongaba. Algunas de las personas que mejor pudieron lidiar con ello eran francamente pesimistas respecto al mundo, pero prestaron menos atención a las circunstancias externas y se centraron más en lo que podían hacer para perseverar.

Tenemos una palabra para expresar la creencia de que se puede mejorar la situación sin distorsionar la realidad y no es *optimismo*, sino *esperanza*. La gente tiende a utilizar *esperanza* y *optimismo* como sinónimos, pero eso es inexacto. En un estudio de 2004, dos psicólogos utilizaron datos de una encuesta para analizar ambos conceptos.[26] Determinaron que «la esperanza se centra de forma más directa en el logro personal de objetivos específicos, mientras que el optimismo se enfoca en la calidad esperada de los resultados futuros desde una perspectiva más amplia». En otras palabras, el optimismo es creer que las cosas saldrán bien; la esperanza, por su parte, no asume tal supuesto, sino que es la convicción de que uno puede actuar de alguna manera para mejorar la situación.

La esperanza y el optimismo pueden estar juntos, pero no es necesario. Puedes ser un optimista empedernido que se siente impotente en lo personal, pero asume que todo saldrá bien. O puedes ser un pesimista esperanzado que hace predicciones negativas sobre el futuro, pero confía en que puede mejorar las cosas en su vida y en la de los demás.

A continuación, te daré un ejemplo que podría ayudarte a comprender esto. Digamos que tienes un gran problema de salud que no pone en peligro tu vida, pero que preferirías solucionar, si fuera posible. Tu médico dice que lo más probable es que tendrás que vivir con la enfermedad y tú le crees. Sin embargo, te habla de un par de estrategias que puedes probar (tal vez algunos ejercicios o un nuevo medicamento), así que te entregas por completo a ello para lograrlo. Si bien confías en el pronóstico (que no es optimista), haces lo que está a tu alcance para mejorar (lo cual es esperanzador).

Tanto el optimismo como la esperanza pueden hacerte sentir mejor, pero esta última es mucho más poderosa. Un estudio demostró que, aunque ambos reducen las probabilidades de sufrir una enfermedad, la esperanza ejerce mayor impacto que el optimismo.[27]

La esperanza implica acción personal, lo cual se traduce en una sensación de poder y motivación. En un estudio que definía la esperanza como «tener la voluntad de encontrar el camino», los investigadores hallaron que los empleados con un alto nivel de esperanza tenían un 28% más de probabilidades de alcanzar el éxito laboral y un 44% más de probabilidades de gozar de buena salud y bienestar.[28] Otro estudio realizado durante varios años con estudiantes de dos universidades del Reino Unido que medía la esperanza a través de las respuestas de sus autoevaluaciones —por ejemplo, en incisos como «Persigo mis metas enérgicamente»— descubrió que predecía el logro académico con mayor precisión que la inteligencia, la personalidad o incluso resultados positivos anteriores.[29]

Para el bienestar, no solo es bueno tener esperanza, sino que carecer de ella puede ser desastroso. En 2001 se realizó un estudio entre estadounidenses mayores que respondieron una encuesta entre 1992 y 1996.

El 29% de aquellos a quienes los investigadores habían clasificado como «desesperanzados» debido a sus resultados había muerto para 1999. En contraste, solo el 11% de los que tenían esperanza falleció (este resultado perduró incluso después de corregir por edad y estado de salud autoevaluado).[30]

Algunas personas podrían argumentar que tener esperanza es, más que nada, un asunto de suerte: naces con ello. Esto podría ser relativamente cierto en el caso del optimismo, ya que un estudio reveló que es 36% genético.[31] Sin embargo, las investigaciones aún no encuentran un vínculo genético con la esperanza. Esto se debe a que, como enseñan muchas tradiciones filosóficas y religiosas, se trata de una elección activa. De hecho, en el cristianismo es una virtud teológica que implica acción voluntaria, no solo una feliz predicción. Para construir un mundo mejor para los demás, *deberías* tener esperanza.

No obstante, puede parecer que convertirse en una persona más esperanzada depende de nuestras circunstancias. «¿Y si estas son desesperadas?» podrías preguntar. Bueno, tus circunstancias nunca son desesperadas. Además, la esperanza se puede practicar y aprender siguiendo tres pasos.

Primero, imagina un futuro mejor y detalla qué lo hace así. Cuando te sientas algo desesperanzado, empieza a cambiar tu perspectiva. Digamos, por ejemplo, que un ser querido no está responsabilizándose de su futuro, está descuidando su educación y quizás está tomando decisiones personales destructivas que lo conducirán a obtener resultados negativos en la vida y un futuro poco prometedor. Con facilidad, podrías concluir que se trata de un caso perdido, pero puedes hacer más por la felicidad de tu ser querido (y la tuya propia) si, por el contrario, imaginas cómo sería un estilo de vida mejor y realista.

En lugar de disfrutar del brillo de una «mejor» situación amorfa y detenerte ahí, haz una lista de los elementos específicos que habrán cambiado. Por ejemplo, imagina que tu ser querido regresa a la escuela y desarrolla amistades más saludables, o que conoce a una buena pareja romántica y deja de consumir sustancias.

En segundo lugar, imagínate tomando medidas al respecto de forma activa. Si dejas las cosas en el primer paso y solo te convences de que se avecinan tiempos mejores, habrás entrado en el optimismo, pero todavía no en la esperanza. Imaginar ese futuro no hará que este llegue por sí solo, aunque puede ayudar al mundo cuando, al hacerlo, cambia nuestro comportamiento personal de la queja a la acción. Por lo tanto, el segundo paso de este ejercicio es imaginarte auxiliando a tu familiar de alguna manera plausible, aunque sea a escala microscópica.

Para continuar con el caso anterior, imagínate estableciendo un contacto más regular con esa persona, de forma amistosa y sin regaños, para demostrarle que te gusta apoyarla, que te importa y que no solo la juzgas en el ámbito moral. Piensa que le pides que te cuente sobre sus esperanzas de un futuro mejor y que tú le ofreces ayuda voluntaria en la medida de tus posibilidades, por ejemplo, invitándola a quedarse en tu casa cuando no tenga adónde ir; llevándola a la escuela o a una entrevista de trabajo. Evita la ilusión de ser el salvador invencible; mejor imagínate realizando actos pequeños y tangibles.

Ahora, revestido de esperanza, puedes dar el paso más importante de todos: la acción. Reúne tu visión de un futuro mejor y tu humilde ambición de ser parte de ella para actuar en consecuencia. Lleva tus ideas a la práctica para ayudar de persona a persona.

CONVERTIR LA EMPATÍA EN COMPASIÓN

A veces no son tus propias emociones negativas las que más interfieren en tu vida. Más bien, son las de alguien cercano a ti. Un familiar, un cónyuge o tal vez un amigo está sufriendo; entonces, esto se convierte en el foco de tu relación y te arrastra en ello. Aunque no quieras ser insensible, en algún momento necesitarás un poco de cafeína emocional para bloquear *su* adenosina en *tu* cerebro. Como veremos más adelante en este libro, la negatividad en una familia puede transmitirse como un virus, si así lo permites. Podrías pensar que la mejor emoción que puedes elegir es la empatía, pero hacerlo no es del todo correcto. Al contrario, esta puede empeorar las cosas para ti.

Cuando la palabra *empath* [empático] se incorporó al léxico inglés, no era un elogio. El término fue acuñado en un cuento de ciencia ficción de 1956 sobre seres que podían sentir las emociones de los demás y las utilizaban para explotar a los trabajadores.[32] Desde entonces, la palabra ha adquirido connotaciones más positivas, y cuando hoy día la gente se llama a sí misma empática, por lo general significa que se preocupan por los demás y son lo bastante bondadosos como para sentir el dolor ajeno. En la cultura contemporánea, la empatía parece una virtud pura, de aquellas que uno se esforzaría por personificar.

Sin embargo, en lo que respecta a las virtudes, la empatía está sobrevalorada. Utilizada en exceso y por sí sola, puede dañar por igual tanto a quienes la sienten como a quienes son el objeto de ella.

La empatía no es sentir lástima por alguien que sufre dolor físico o emocional; eso es simpatía.[33] Más bien, es ponerse mentalmente en el lugar de la persona que sufre para sentir su dolor. Es la diferencia entre «Que te mejores pronto» y «Me imagino cuánta incomodidad debes sentir en este momento». Algunos investigadores incluso plantean la hipótesis de que los empáticos poseen neuronas espejo hiperreactivas, que son células cerebrales que imitan a las de los demás al observar su comportamiento.[34] Es la razón por la cual, por ejemplo, alguien siente deseos de llorar cuando ve a otra persona hacerlo.

La evidencia sugiere que la empatía verdaderamente puede aliviar el pesar de otras personas. Se descubrió que los participantes de una serie de experimentos documentados en 2017 sentían un alivio significativo del dolor físico cuando escuchaban a otra persona expresar empatía, pero no cuando recibían comentarios poco empáticos o neutrales.[35] De manera similar, los pacientes afrontan mejor las malas noticias médicas si sus doctores son empáticos, es decir, si demuestran que sienten y entienden de forma personal lo que está atravesando el paciente.[36]

No obstante, este alivio tiene un costo para la persona empática. En 2014, los investigadores demostraron que desarrollar la empatía en los participantes tendía a aumentar sus sentimientos negativos como respuesta a la angustia de los demás.[37] Esto tiene sentido: si asumes el dolor de los otros, tendrás más dolor en tu propia vida.

Asimismo, la empatía puede acabar dañando a otras personas. En su libro *Against Empathy: The Case for Rational Compassion* (*Contra la empatía: el caso de la compasión racional*), el psicólogo Paul Bloom, de la Universidad de Toronto, sostiene que la empatía «puede conducir a decisiones políticas irracionales e injustas».[38] Por ejemplo, los políticos podrían brindarles ventaja a personas de su propia raza o grupo religioso y, por tanto, comportarse de forma injusta con los demás. Bloom señala incluso que la empatía puede «convertirnos en peores amigos, padres, esposos y esposas», porque a veces un acto de amor implica hacer algo que provoca dolor en lugar de aliviarlo, como confrontar una verdad muy dura.

Seguramente recuerdas casos de tu propia vida en los cuales haber sido demasiado empático te impidió a ti o a otra persona brindar el «amor duro» que alguien podía haber necesitado. Volviendo al ejemplo de la sección anterior, si en lugar de ayudar al ser querido que piensas que está tomando malas decisiones en su vida, solo eres empático, aliviarás su sufrimiento de forma breve, pero no estarás contribuyendo a enderezar su camino.

Para hacer de la empatía una virtud en todo el sentido de la palabra y convertirla en cafeína emocional protectora, se requiere agregar algunos comportamientos complementarios que la conviertan en *compasión*. Un estudio exhaustivo sobre esta la definió como la capacidad de reconocer el sufrimiento, comprenderlo y sentir empatía por quien sufre; sin embargo, también consiste en tolerar los sentimientos incómodos que tanto el empático como el doliente están experimentando y, fundamentalmente, actuar para aliviar el sufrimiento.[39]

Así, la compasión ayuda tanto al que sufre como al que auxilia. En el estudio realizado en 2014 que demostró que desarrollar la empatía empeoraba el estado de ánimo de las personas, en lugar de entrenarse en ella, algunos participantes trabajaron la compasión.[40] A diferencia del entrenamiento de empatía, el de compasión bloqueó sus sentimientos negativos y, por ende, mejoró su estado de ánimo general aun después de presenciar el dolor de los demás. La compasión también beneficia a quien sufre; por ejemplo, los médicos que se sienten más cómodos cerca de pacientes con dolor pueden tener más éxito al administrar un tratamiento igualmente doloroso, como la acupuntura.[41] Aprender a observar el malestar de los demás de forma analítica y brindar ayuda puede transformar la carga de otra persona en una oportunidad para que ambos se sientan mejor.

De manera natural, la compasión resulta más fácil para algunas personas que para otras. Las investigaciones han demostrado que la compasión es, hasta cierto punto, genética y que podemos sentirnos inherentemente atraídos hacia personas con este rasgo.[42] Sin embargo, numerosos estudios muestran que la compasión también se puede aprender.[43] La clave es utilizar las facultades conscientes para trascender tus sentimientos. Trabaja por fortalecerte ante el dolor y te beneficiarás a ti mismo, así como a los otros. No existe una etiqueta como la de *empático* para alguien que se ha vuelto compasivo, pero lo sabrás cuando lo logres, y los demás igual.

Para convertirte en una persona más compasiva (y, por ende, más feliz), empieza por trabajar en tu fortaleza. Ser más fuerte ante el dolor ajeno no significa sentirlo menos. Más bien, consiste en aprender a experimentarlo sin que te impida actuar. Si alguna vez conoces a un infante de marina que haya pasado por un centro de entrenamiento militar, te dirá que enfrentó rigores que superaban con creces cualquier situación que hubiera experimentado antes en la vida; que quería renunciar todos los días. Después de estar en el centro, los infantes de marina pasan un par de años en muchas rondas de entrenamiento de combate, pero cada una parece volverse más fácil que la anterior. Esto se debe a que están aprendiendo a actuar en circunstancias extremas. El dolor, del cual nunca estará exento un infante de marina, ya no lo desconcierta tanto.

Las personas compasivas son como los marines después del entrenamiento: tienen la misma probabilidad de sentir dolor que cualquier otra persona, pero son capaces de soportarlo y continuar en funciones. Los médicos empáticos alivian el dolor con sus atenciones; sin embargo, los médicos compasivos podrán operar tranquilamente al paciente. Los padres empáticos sufren con sus hijos adultos cuando estos tienen dificultades en la universidad; no obstante, los padres compasivos podrán resistir la tentación de llamar al coordinador o conducir hasta la escuela y tratar a sus jóvenes adultos como niños.

Más allá de ser fuertes, las personas compasivas están orientadas a la acción. Muchas veces, cuando la gente siente dolor, se resiste a una cura eficaz porque será, temporalmente, aún más dolorosa. Una persona podría caminar durante años con una rodilla torcida porque no puede soportar la idea de una operación y la recuperación (de hecho, las investigaciones demuestran que la gente suele sobreestimar el dolor de las cirugías).[44] De manera similar, las personas permanecen en relaciones tóxicas porque lidiar con salirse de ellas les parece demasiado terrible.

Los ejemplos anteriores subrayan un punto fundamental: necesitamos elegir la compasión sobre la empatía con *nosotros* mismos, no solo con los demás. Una gran parte del cuidado empático de uno mismo implica sentir el propio dolor, pero todo concluye cuando resolverlo conlleva hacer algo difícil. En cambio, ser compasivo con uno mismo significa hacer lo necesario, aunque sea duro, pese a tus sentimientos; por ejemplo, someterte a una cirugía de rodilla o enfrentar de forma directa un problema de relación. En resumen, podríamos decir que la empatía es límbica mientras que la compasión es metacognitiva.

Los empáticos no pueden ayudar a otros a comprometerse con las resoluciones difíciles, porque sus atenciones se detienen ante los sentimientos de la víctima. Sin embargo, las personas compasivas, fortalecidas para actuar, pueden emprender aquellas soluciones complicadas que quien sufre tal vez no quiera o no le guste considerar, pero que le otorgarán bienestar. La compasión puede parecer un amor duro, como brindar un consejo honesto difícil de escuchar, despedir a un empleado que no es adecuado, o decirle que no a un niño decepcionado. No obstante, esto puede iniciar un círculo virtuoso, en el cual el receptor de la compasión se vuelva un poco más resiliente y más capaz de, a su vez, mostrar compasión.

HACER UN MUNDO MEJOR PARA LOS DEMÁS

Además de desplazar parte del afecto negativo que podemos llegar a sentir, la estrategia de autocontrol basada en la cafeína emocional que expusimos en este capítulo posee una enorme cualidad. Lo que en realidad hacemos es reemplazar dicho afecto con emociones que anhelamos de forma genuina: gratitud, humor, esperanza y compasión. Las deseamos porque no solo son emociones, son *virtudes*.

A medida que las cultives, notarás algo adicional: cada vez estarás más centrado en otras personas de una manera productiva y generosa en vez de enfocado en ti mismo. Y este es, precisamente, el siguiente principio de la autogestión emocional.

Cuatro

Enfócate menos en ti mismo

En 2020, los psicólogos Adam Waytz, de la Universidad Northwestern, y Wilhelm Hofmann, de la Universidad de Colonia, en Alemania, se propusieron responder una pregunta: ¿me siento más feliz cuando me concentro en mis propios deseos o cuando me concentro en hacer algo por los demás?[1]

Comúnmente, pensamos en el equilibrio entre el cuidado de uno mismo y el de los demás como un balance entre sentirse bien y hacer lo que es moralmente superior. Si te tomas la tarde libre y vas de compras, lo disfrutarás. Si, en cambio, eres voluntario en una organización benéfica local, te perderás esa diversión, pero serás una mejor persona. Es obvio que este intercambio tiene límites; necesitas cuidarte para ayudar a los demás, y esto último puede ser agradable para ti. En general, así es como vemos la elección entre «yo frente a los demás».

Sin embargo, los investigadores pusieron en duda si en realidad existía ese intercambio. Se preguntaron si, tal vez, enfocarse en los otros generaba más felicidad para *ti* que el cuidado de ti mismo. Para explorar esta hipótesis, dividieron a 263 participantes en tres grupos, cada uno con un conjunto diferente de instrucciones.

1. **Grupo de acciones morales:** Hoy nos gustaría que hicieras al menos un acto moral por los demás. Por «acto moral por los demás» nos referimos a hacer algo que beneficiará a otra persona o a un grupo de personas. Esto podría ser donar a una organización benéfica, recoger basura (para ayudar a la comunidad), darle dinero a una persona en situación de calle, ayudar a alguien con su trabajo, dedicarle a alguien un cumplido, auxiliar a un miembro de la familia o mostrar amabilidad hacia un extraño. Cualquier acción que beneficie a otra persona, ya sea de forma directa o indirecta, se considera un acto moral.
2. **Grupo de pensamientos morales:** Hoy nos gustaría que tuvieras al menos un pensamiento moral hacia los demás. Por «pensamiento moral hacia los demás» nos referimos a pensar en otra persona o grupo de personas de manera positiva, tener buenos pensamientos en su nombre o pensamientos afortunados sobre ellos, orar por ellos, desear que tengan éxito o pensar en cuánto te importan. Cualquier pensamiento que sea positivo hacia otra persona o grupo de personas se considera un pensamiento moral.
3. **Grupo de darse un capricho:** Hoy nos gustaría que hicieras al menos una cosa positiva para ti. Por «cosa positiva para ti» nos referimos a hacer algo que te beneficie. Esto podría ser comprarte un regalo, ir a que te den un masaje, salir al cine, pasar tiempo con un amigo que te hará feliz, darte un respiro para relajarte o disfrutar de una comida deliciosa. Cualquier acto que

te beneficie, ya sea de forma directa o indirecta, se considera algo positivo.

Los tres grupos siguieron las instrucciones y registraron su bienestar en 11 rubros todas las noches durante diez días. Al final, los investigadores recopilaron los resultados. No es de sorprender que, en cierto modo, todas las estrategias resultaran beneficiosas; por ejemplo, los tres grupos sintieron más satisfacción. Sin embargo, en la mayoría de los casos, los resultados fueron disímiles. El grupo de acciones morales reportó puntuaciones más altas en un área de bienestar que el grupo de pensamientos morales, y ambos obtuvieron un puntaje má alto que el grupo de darse un capricho. Quienes se preocupaban por los demás percibieron, de forma activa, un mayor propósito en la vida y una sensación de control, mientras que los demás no. También fueron los únicos que experimentaron menos ira y aislamiento social.

Los resultados finales fueron claros y consistentes, pues arrojaron una gran cantidad de datos que muestran que centrarte menos en ti mismo y en tus deseos te hará más feliz. Esto no significa que debas dejar de cuidarte o de prestar atención a tus propias necesidades. Como dicen en las aerolíneas, cuando se trata de felicidad, debes «ponerte primero tu propia máscara de oxígeno» para poder ayudar a los demás a ser más felices. Eso es diferente a pensar en uno mismo *en lugar de* pensar en los demás y en lo que sucede alrededor.

De hecho, enfocarte más en la vida exterior (observar el mundo y preocuparte por otras personas sin darle tanta importancia a tu propia vida) es una de las mejores maneras de aumentar tu propio bienestar y es el tercer principio de la autogestión emocional. Esto significa ser bueno con los demás del modo más desinteresado posible (como sugiere el experimento anterior, por supuesto), pero, de forma más sutil, te invita a desviar el reflector constante que apunta hacia ti mismo y tus deseos, es decir, mirarte menos en el espejo, olvidarte un poco de tu imagen en las redes sociales, prestar menos atención a lo que piensan de ti los demás y luchar contra el sentimiento de envidia hacia las personas por lo que ellas poseen y tú no.

Esta parte de la autogestión emocional no persigue la intención de regañarnos ni hacernos sentir como si fuéramos unos ególatras centrados en nosotros mismos. De hecho, hacer esto último es lo más normal del mundo; sin embargo, no nos ayuda a ser más felices. Si bien no siempre será fácil, esforzarnos para actuar contra esta tendencia natural nos brindará un alivio de la comedia de situación que se repite sin fin en nuestra cabeza y que es nuestra vida centrada en nosotros mismos. Con conocimiento y práctica, enfocarnos hacia la vida exterior nos otorgará importantes recompensas relacionadas con la felicidad.

EN REALIDAD, ERES DOS PERSONAS

Posiblemente has notado que, cuando te miras en un espejo, luces más normal. En cambio, una foto siempre se ve menos natural, casi como si fueras otra persona. De hecho, los filósofos dicen que, en realidad, eres dos personas diferentes: una que ve y otra que es vista. Comprender esto puede ayudarnos en gran medida a enfocarnos menos en el interior y más en el mundo exterior.

El filósofo estadounidense William James exploró esta idea de los dos «yo» a profundidad. Él creía que, para sobrevivir y prosperar, debías observar las cosas que te rodean; sin embargo, también debes hacerlo contigo mismo, así como ser observado por los demás para tener un sentido consistente de tu autoconcepto y tu autoimagen.[2] Sin observar hacia el exterior, te atropellaría un coche o morirías de hambre. Sin ser observado, no tendrías memoria, historia ni certeza del porqué haces lo que haces. Cuando conduces hacia el trabajo, observas el tráfico y a las otras personas para mantenerte a salvo y llegar a tu destino. Pero una vez que estás ahí, prestas más atención a cómo te ven los demás, lo cual te ayuda a saber si estás haciéndolo bien.

Cuando eres el observador, se le llama ser el «ser» (el que ve las cosas que le rodean). Cuando eres observado, o cuando te miras y reflexionas sobre ti mismo, eso se llama el «yo» (el que es visto). Ninguno de los dos es un estado mental permanente. El truco para el bienestar es equilibrar tu «ser» y tu «yo». Eso significa aumentar el primero y disminuir el segundo, porque la mayoría de las personas pasa demasiado tiempo siendo observadas y no el suficiente observando. Constantemente pensamos en nosotros mismos y en cómo nos ven los demás; nos miramos en cada espejo; revisamos nuestras menciones en las redes sociales; nos obsesionamos con nuestras identidades.

Esto acarrea problemas. Como mencionamos en la sección anterior, centrarse más en el mundo exterior está relacionado con una mayor felicidad, mientras que enfocarse en uno mismo y en cómo nos ven los demás puede provocar estados de ánimo inestables.[3] Tu felicidad sube y baja como un yoyo dependiendo de si te percibes a ti mismo de modo positivo o negativo en determinado momento. Esta inestabilidad es difícil de soportar; no es de extrañar que el ensimismamiento esté asociado con la ansiedad y la depresión.[4]

Verte a ti mismo como un objeto (cuando miras hacia adentro) en lugar de como un sujeto (cuando miras hacia afuera) también puede disminuir tu desempeño en las tareas ordinarias. En experimentos de aprendizaje, los investigadores han descubierto que es menos probable que las personas prueben cosas nuevas cuando se concentran en ellas mismas.[5] Esto tiene sentido: cuando te prestas demasiada atención, ignoras muchas cosas del mundo exterior. Te sientes menos libre cuando te preocupas por «¿Cómo lo estaré haciendo?» y «¿Qué piensan los demás de mí?». Los niños pequeños a veces nos inspiran con su naturalidad, porque solo son ellos mismos. A menudo permanecen mucho tiempo en el estado del «ser», solo observando, actuando y disfrutando.

La idea de que deberías dedicar más tiempo a pensar en el mundo que en ti mismo es anterior a la ciencia y la filosofía modernas. En realidad, se trata de un concepto medular del budismo zen, el cual consiste, básicamente, en una actitud de observación exterior pura. «La vida es un arte», escribió el maestro zen D. T. Suzuki en 1934, «y, como el arte perfecto, debería olvidarse de sí misma».[6] Robert Waldinger, profesor de psiquiatría en Harvard y sacerdote zen, lo explica de esta manera: «Cuando estoy consciente del "yo" al que llamo "Bob", soy "yo" en relación con el mundo. Cuando eso desaparece (durante la meditación o cuando estoy asombrado frente a una cascada), la sensación de un "yo" que está separado de todo lo demás también se esfuma y son solo sonidos y sensaciones».[7]

En algunas tradiciones, el «ser» no solo es un boleto a la felicidad, sino una conexión con lo divino. Los hindúes buscan revelar su *atman*, el cual se caracteriza por un estado innato de conciencia en el que uno es testigo del mundo, pero no se involucra en él. El *atman* es considerado un vínculo directo con *Brahman*, la realidad divina suprema. La enseñanza de Jesús de que «el que quiera seguirme debe negarse a sí mismo» por lo general se interpreta como enfocarse en Dios y en otras personas, pero hacerlo también requiere un mayor énfasis en el «ser».

Por supuesto, nunca erradicarás a tu «yo», pero sin duda puedes aumentar tu felicidad adoptando prácticas conscientes que reduzcan la cantidad de tiempo que pasas en un estado objetivado. Los siguientes tres hábitos conscientes te pueden ayudar.

Primero, evita tu propio reflejo. Los espejos son inherentemente atractivos, como lo son todos los fenómenos parecidos a ellos, por ejemplo, las menciones en las redes sociales. Nos sentimos atraídos como imanes hacia todo esto. Sin embargo, los espejos no son tus amigos. Animan, incluso a las personas más sanas, a objetivarse a sí mismas, y para quienes viven con enfermedades relacionadas con la autoimagen, pueden ser una auténtica miseria. En 2001, unos investigadores estudiaron a personas con trastorno dismórfico corporal (es decir, aquellas que piensan de forma obsesiva en los defectos percibidos en su cuerpo) y descubrieron que los participantes pasaban hasta 3.4 más tiempo observando su reflejo (es decir, concentrándose en la fuente de su angustia) en comparación con la sesión más larga frente al espejo de quienes no padecían el trastorno.[8]

Para cumplir este primer hábito, toma medidas para reducir las probabilidades de que aparezca frente a ti la versión de ti mismo que el mundo ve. Podrías considerar quitar literalmente todos los espejos de tu casa, menos uno o dos, y establecer la regla de no mirarte más de una vez en la mañana. Un modelo de *fitness* que se había obsesionado demasiado con su cuerpo y estaba desesperado por regresar a una vida más sana y normal pasó un año entero evitando los espejos. Incluso llegó a bañarse en la oscuridad para dejar de observar y juzgar su propio físico.[9]

Es aún más fácil deshacerse de los espejos virtuales que de los literales. Basta con desactivar las notificaciones de tus redes sociales, adoptar la prohibición absoluta de buscarte en Google, desactivar tu propia vista en Zoom y no tomarte ni una *selfie*. Al principio, esto resulta difícil porque todas estas prácticas de autoobservación nos brindan una pequeña y fiable dosis de dopamina, el satisfactorio neuromodulador. No obstante, con la práctica se torna más fácil, en especial cuando comienzas a experimentar la relajación de no estar mirándote constantemente.

En segundo lugar, evita juzgar las cosas que te rodean. Juzgar podría parecer un mero ejercicio de observación, pero en realidad no lo es. Es interiorizar aquello que observas del exterior y terminar hablando de ti. Por ejemplo, si dices: «Este clima es horrible», estarás expresándote sobre tus sentimientos, no sobre el clima. Además, asignas un estado de ánimo negativo a algo que está fuera de tu control.

Emitir juicios sobre el mundo es normal y necesario; debemos hacerlo para tomar decisiones tras analizar el costo-beneficio. Sin embargo, muchos de ellos son inútiles y gratuitos. *¿De verdad* necesitas decidir que la canción que acabas de escuchar es estúpida? En lugar de hacerlo, intenta observar más a tu alrededor sin considerar tus opiniones. Comienza por describir los objetos o situaciones en lugar de valorarlos. Reformula «Este café es terrible» por «Este café tiene un sabor amargo». Al principio, será muy complicado, porque resulta que estamos demasiado acostumbrados a juzgarlo todo. No obstante, una vez que lo domines, sentirás un gran alivio por no tener que emitir un juicio constantemente. Dejarás de intervenir en debates políticos y expresarás menos opiniones; esto te mantendrá más tranquilo y con mayor paz interior.

En tercer lugar, dedica más tiempo a maravillarte del mundo que te rodea. En sus investigaciones, el psicólogo Dacher Keltner, de la Universidad de California, Berkeley, se ha enfocado en la experiencia del asombro, el cual define como «la sensación de estar en presencia de algo vasto que trasciende tu comprensión del mundo».[10] Entre sus numerosos beneficios, Keltner descubrió que el asombro disminuye el sentido del «yo». Por ejemplo, en un estudio, él y sus colegas solicitaron a las personas que consideraran ya fuera una experiencia en la naturaleza que hubiera sido hermosa o un momento en que hubieran sentido orgullo.[11] Aquellos que pensaron en la naturaleza tenían el doble de probabilidades de decir que se sentían pequeños o insignificantes en comparación con quienes pensaron en el orgullo. Asimismo, fueron casi un tercio más propensos a declarar que habían experimentado la presencia de algo más grande que ellos mismos.

Dedica, entonces, más tiempo a disfrutar las cosas que te sorprenden. La especialista en felicidad Gretchen Rubin visita el Museo Metropolitano de Arte casi a diario, por ejemplo. Incorporar el asombro a tu cotidianidad podría significar ver la puesta de sol con tanta frecuencia como te sea posible, estudiar astronomía, o hacer aquello que *a ti* te asombre profundamente.

Por último, en un día libre, podrías probar este ejercicio: sal a pasear. De acuerdo con un famoso *koan* zen (esto es, una historia que requiere una interpretación filosófica), un monje joven ve a uno mayor caminando y le pregunta adónde va.[12] «Estoy en peregrinación», dice el monje mayor. «¿Adónde te lleva la peregrinación?», pregunta el joven. «No lo sé», responde el mayor. «No saber es lo más íntimo».

El monje mayor simplemente observaba por dónde caminaba, sin intención ni juicio. Algunas de las experiencias más profundas e íntimas de la vida se producen cuando contemplas tu viaje sin fijar un destino o esperar una recompensa externa. Intenta dedicar solo un día a ser como el monje mayor. Comienza la mañana diciendo: «No sé lo que me deparará la vida hoy, pero lo aceptaré». Atraviesa el día concentrándote en cosas ajenas a ti, resistiéndote a los juicios y evitando todo lo que te refiera a ti mismo. Si deseas dar el siguiente paso, puedes incluso subirte a tu coche y realizar una excursión de un día sin un itinerario definido.

DEJA DE FIJARTE EN LO QUE PIENSAN *LOS DEMÁS*

Existe un versículo bíblico muy conocido que dice: «No juzgues, para que no seas juzgado».[13] Enfocarte de manera saludable en los demás y en el mundo exterior te facilitará la primera parte, la de «No juzgues». Ahora bien, nuestra siguiente lección abordará la segunda parte de dicho versículo: la de no ser juzgado o, al menos, evitar prestar atención a la opinión de los demás. Para ello, será fundamental darle menor importancia a lo que piensen sobre ti.

Es importante aclarar que preocuparse por los demás y prestarles atención es muy diferente a preocuparse por lo que piensen *acerca de ti*. Lo primero es útil y bueno; lo segundo es, con frecuencia, egocéntrico y destructivo. De hecho, para gestionar nuestras emociones, prácticamente todos necesitamos trabajar con miras a disminuir la importancia que otorgamos a lo que los demás piensan de nosotros. Sin embargo, eso es incluso más difícil que deshacerse de todos los espejos. Solo recuerda la última vez que una persona al azar te criticó (alguien a quien en absoluto invitarías a tu casa para conversar, pero a quien sí le brindaste acceso a tu cabeza al preocuparte por su crítica). Tal vez fue un comentario sarcástico en las redes sociales o uno despectivo en el trabajo. Te castigaste incluso por el hecho de que te importara... aunque, de cualquier modo, te importó. En efecto, para la mayoría de las personas, la opinión de los demás es una fuente de estrés. A muchos los lastiman profundamente las críticas, así que hacen todo lo posible por granjearse la admiración de extraños y pasan las noches despiertos preguntándose qué opinarán los demás sobre ellos.

¿Por qué ocurre esto? Una vez más, es la Madre Naturaleza quien nos dificulta la vida. Estamos programados para preocuparnos por lo que los demás piensan sobre nosotros y obsesionarnos con ello. Como apuntó el filósofo estoico romano Marco Aurelio hace casi dos mil años: «Todos nos amamos a nosotros mismos más que a otras personas, pero nos preocupa más su opinión que la nuestra»; ya sea la de amigos, extraños o enemigos.[14] Entonces, en cuanto a la felicidad, pensar en las opiniones ajenas es incluso peor que obsesionarnos directamente con nosotros mismos.

Sin embargo, prestar atención al juicio de los demás es comprensible y, hasta cierto punto, racional. Confías en tus propias opiniones, las cuales se encuentran impregnadas y moldeadas por las de aquellos que piensan similar a ti; por ende, confías en las suyas, lo quieras o no.[15] Es por ello que, si uno de tus compañeros de trabajo comenta que algún programa de televisión es en verdad genial, probablemente mejorará tu apreciación al respecto, un poco al menos, y quizá decidas verlo.

Como decíamos arriba, solemos preocuparnos demasiado por la opinión que los demás tienen sobre nosotros y la evolución nos explica por qué: prácticamente, a lo largo de toda la historia de la humanidad, la supervivencia de los humanos ha dependido de la pertenencia a clanes y tribus muy unidos. Antes de las estructuras modernas de la civilización, tales como la policía y los supermercados, ser expulsado de un grupo significaba una muerte segura por frío, hambre o depredadores. Esto puede explicar con facilidad por qué nuestra sensación de bienestar incluye la aprobación de los demás, así como por qué nuestro cerebro ha evolucionado para activar la misma región tanto cuando experimentamos dolor físico como cuando enfrentamos el rechazo social: la corteza cingulada anterior dorsal o CCAd[16] (por cierto, los neurocientíficos han notado que los medicamentos de venta libre para aliviar el dolor físico dirigidos a la CCAd [por ejemplo, el paracetamol o Tylenol] ¡también pueden reducir los sentimientos negativos asociados con la exclusión!).[17]

Por desgracia, el instinto para buscar la aprobación social está tristemente mal adaptado a la vida moderna. Antes habrías sentido, con toda justificación, el terror de ser expulsado solo al bosque; sin embargo, hoy podrías sufrir un ataque de ansiedad agudo si personas extrañas del mundo virtual te «cancelaran» por un comentario desfavorable o si un grupo de transeúntes te tomaran una foto por una mala elección de moda y se burlaran de ello en Instagram para que todos lo vieran.

Esta puede ser una tendencia natural; no obstante, podría dañarte si lo permites. Si fueras un ser lógico a la perfección, entenderías que tus miedos acerca de lo que piensan los demás son exagerados y que rara vez vale la pena preocuparse por ellos. Pero ninguno de nosotros es lógico a la perfección, de modo que hemos caído en este hábito desde que tenemos memoria.

En el peor de los casos, la ansiedad por la aprobación de los demás puede llegar a convertirse en un miedo debilitante, una condición psicológica llamada «alodoxafobia».[18] No te preocupes: es rara. Sin embargo, al margen de ello, preocuparse por las opiniones ajenas puede reducir tu competencia básica para tareas ordinarias, como la toma de decisiones. Cuando piensas en qué hacer ante una situación particular, por ejemplo, hablar en público, una red cerebral que los psicólogos llaman «sistema de inhibición conductual» (SIC) se activa de forma natural, lo cual te permite evaluar la situación y decidir cómo actuar (con especial atención en los costos de hacerlo inapropiadamente).[19] Cuando uno posee suficiente conciencia situacional, el SIC se desactiva y el sistema de activación conductual (SAC), que se centra en las recompensas, entra en acción. Sin embargo, las investigaciones muestran que la preocupación por las opiniones de los demás puede mantener activo el SIC, lo cual perjudica la capacidad para actuar.[20] Si tiendes a sobrepensar una y otra vez una interacción, repasando lo que deberías haber dicho pero que no hiciste, puede ser un indicativo de que la preocupación sobre el juicio de los demás influye negativamente en ti.

Una razón por la cual solemos temer las opiniones ajenas es porque las valoraciones negativas conducen a la vergüenza, que es el sentimiento de ser considerado inútil, incompetente, deshonroso o inmoral, entonces, debido al peso que les otorgamos a las percepciones de los demás, comenzamos a sentirnos así sobre nosotros mismos. Temer la vergüenza tiene sentido, porque la investigación muestra con claridad que sentirla es, a la vez, un síntoma y un desencadenante de la depresión y la ansiedad.[21]

En el *Tao Te Ching*, el antiguo filósofo chino Lao Tse escribió: «Preocúpate por la aprobación de la gente y serás su prisionero».[22] Sin duda, su intención era ofrecer una advertencia extrema, pero, más que eso, se trata de una promesa y una oportunidad. La prisión de la aprobación de los demás es, en realidad, una que tú construiste, mantienes y custodias. Podríamos agregar un verso complementario al original de Lao Tse: «Evita considerar lo que piensan los demás y la puerta de esa cárcel se abrirá». Si estás atrapado en la prisión de la vergüenza y el juicio, anímate: tú tienes la llave de tu propia libertad.[23]

Recuerda, el objetivo aquí es enfocarte en los demás, no en su opinión sobre *ti*. Una forma de hacerlo es recordar que *a nadie le importa*. Lo irónico de sentirte mal contigo mismo por lo que la gente podría pensar de ti es que los demás opinan menos sobre tu vida (tanto positiva como negativamente) de lo que imaginas. Los estudios muestran que, en realidad, todos sobreestimamos cuánto piensa la gente sobre nosotros y nuestros fracasos, lo cual inhibe nuestras acciones y disminuye por mucho nuestra calidad de vida.[24] Quizá tus seguidores o vecinos tendrían una peor opinión sobre ti si pensaran en ti, pero es muy probable que ni siquiera lo hagan. La próxima vez que te sientas cohibido, percátate de que estás pensando en ti; así, podrás asumir con total seguridad que quienes te rodean están haciendo prácticamente lo mismo.

Segundo, rebélate contra tu vergüenza. Con frecuencia, el miedo a la vergüenza esconde una preocupación excesiva por las opiniones de los demás, de modo que debes confrontarla directamente. A veces, un poco de vergüenza es saludable y está justificada, por ejemplo, cuando decimos algo hiriente a otra persona por despecho o impaciencia. Sin embargo, el resto del tiempo es francamente ridículo sentirnos avergonzados por, digamos, traer el cierre abierto de forma accidental o por no haber logrado acomodarnos el cabello tal como nos gusta.

En definitiva, no recomendamos que camines con el cierre abierto a propósito, pero pregúntate: *¿qué escondo que me da un poco de vergüenza?* Proponte dejar de ocultarlo; con ello, dominarás la vergüenza inútil que te frena. Prometemos que una vez que reconozcas de manera metacognitiva la fuente de tu vergüenza y decidas no dejarte frenar por ella, te sentirás empoderado y mucho más feliz.

NO RIEGUES LA HIERBA DE LA ENVIDIA

Otra forma como nos enfocamos en nosotros mismos es permitiéndonos sentir el pecado mortal de la envidia. Cuando envidiamos, nos obsesionamos con aquello que tenemos o no. Una vez más, puede parecer que nos centramos en el exterior, pero, en realidad, se trata de lo que desearíamos tener. Esta situación arruina nuestras relaciones, nos hace peores ante los ojos de los demás y nos imposibilita disfrutar la vida.

En el canto decimotercero del «Purgatorio» de la *Divina comedia* de Dante, el poeta italiano del siglo XIV describe el castigo máximo que recibían quienes habían sido víctimas de la envidia durante su vida. Los pecadores se encuentran encaramados al borde de un acantilado y, como la envidia comienza con la vista, sus ojos están cerrados con alambres. Para no caer, deben apoyarse unos en otros, algo que nunca hicieron en vida.[25] Este es un castigo bastante severo.

Tal vez estés menos preocupado que Dante por las consecuencias en el más allá; sin embargo, existen numerosas pruebas de que la envidia, es decir, el resentimiento por lo que otra persona posee, puede convertirse en un pequeño infierno aquí y ahora. Todos sabemos cómo se siente la envidia: cómo amarga nuestro amor y seca nuestra alma; cómo nos obliga a pensar no solo en nosotros mismos, sino, de forma específica, en lo que *no tenemos* y otros sí; y cómo saca a relucir los feos y rencorosos fantasmas que llevamos dentro, los cuales se alegran ante el sufrimiento ajeno por la única razón de que la buena suerte del resto nos instiga a sentir que, en comparación, la nuestra es insuficiente. Como el ensayista Joseph Epstein escribió: «De los siete pecados capitales, solo la envidia nunca es divertida en absoluto».[26] En resumen, la envidia mata a la felicidad.

Por desgracia, también es completamente natural y nadie escapa de ella por completo. Las posibles explicaciones de sus raíces evolutivas son fáciles de deducir. La comparación es la herramienta que poseemos para calibrar nuestra posición relativa en la sociedad. Gracias a ella sabemos en qué esforzarnos para continuar siendo competitivos y destacarnos en los procesos de apareamiento. Cuando nos percatamos de que nos rezagamos en comparación con el resto, nos invade un dolor que muchas veces nos impulsa a reconstruirnos —o a derribar a los demás—. Todo esto habría acarreado complicaciones de vida o muerte en la época cavernícola; sin embargo, hoy día es obsoleto. Es poco probable que mueras solo porque tus publicaciones en las redes sociales gocen de menor popularidad que las de otros. No obstante, el dolor puede seguir percibiéndose igual de agudo.

La forma como actúan las personas ante este dolor ha llevado a algunos académicos a distinguir entre la *envidia benigna* y la *envidia maligna*.[27] Ambas son miserables, pero la primera resulta en un deseo de superación personal y de emular a la persona envidiada. En contraste, la envidia maligna conduce a acciones puramente destructivas, como pensamientos y comportamientos hostiles con la intención de dañar a la otra persona. La envidia benigna se produce cuando crees que la admiración por el otro es merecida; por el contrario, la envidia maligna aparece cuando consideras que no lo es.[28] Es por ello que puedes envidiar a un héroe de guerra famoso pero no desearle ningún mal, mientras que disfrutas la noticia de que una estrella de televisión acaba de ser arrestada.

La envidia, en especial cuando es maligna, es terrible para ti. Para empezar, el dolor que experimentas es real. Los neurocientíficos descubrieron que envidiar a otras personas estimula la CCAd de tu cerebro, la cual, como ya sabemos, procesa el dolor.[29] Por si fuera poco, también puede arruinar tu futuro. En 2018, unos investigadores estudiaron a 18 000 personas seleccionadas al azar y descubrieron que sus indicadores de envidia eran un poderoso predictor de deterioro para su salud mental y su bienestar en el futuro.[30] A medida que envejecemos, normalmente fortalecemos nuestra área psicológica; sin embargo, la envidia puede frenar esta tendencia.

Ahora bien, las personas experimentamos esa sensación por cosas diferentes. Por ejemplo, algunas investigaciones sugieren que lo que envidiamos tiende a cambiar con la edad.[31]

A diferencia de las personas mayores, los jóvenes pueden sentir más envidia por el éxito educativo y social, la buena apariencia y la fortuna romántica. Por lo general, los mayores se encogen de hombros ante estos logros, pero suelen envidiar a las personas con dinero. Probablemente, esto tenga sentido: al principio, es natural que anheles aquello que crees que te brindará la oportunidad de vivir bien y formar una familia; más adelante, buscas seguridad financiera.

Para sentir envidia, es necesario exponerse a personas que parezcan ser más afortunadas que tú. Esto es bastante simple en interacciones ordinarias; sin embargo, las condiciones explotan si la exposición abarca una amplia gama de extraños, quienes, como una suerte de curadores de su propia vida, la muestran lo más feliz, glamurosa y exitosa posible. Evidentemente, esta es una referencia a las redes sociales. De hecho, los académicos han acuñado el término *envidia de Facebook* para describir las fértiles condiciones que las redes sociales crean para desarrollar esta emoción destructiva.[32] En varios experimentos, los académicos han demostrado que incluso el uso pasivo de Facebook (aunque sin duda esto no se limita a esta red social) disminuye de manera medible el bienestar de las personas al potenciar su envidia.[33]

Entonces, ¿cuál es el remedio para reducir la envidia a niveles manejables en tu vida? El famoso mercader del siglo XV, Cosme de Médici, comparó la envidia con una mala hierba que crece de forma natural.[34] La tarea no es tratar de erradicarla, lo cual sería inútil; mejor, como él enseñaba, *simplemente no la riegues*. Aquí te compartimos tres formas de hacerlo.

Primero, concéntrate en las partes ordinarias de la vida de los demás. La principal forma en que regamos esa terrible maleza es con nuestra atención. Nos enfocamos demasiado en las cualidades que anhelamos pero que nos faltan. Por ejemplo, podrías envidiar la fama y la riqueza de un actor e imaginar cómo esas cualidades harían tu vida mucho más fácil y divertida. No obstante, piensa a profundidad. ¿*De verdad* crees que la vida de ese actor es tan estupenda? ¿Su dinero y su fama le aportan un matrimonio saludable? ¿Eliminan su tristeza y su ira? Probablemente no; incluso, tal vez es al contrario.

Los psicólogos han demostrado que puedes utilizar esta técnica para mitigar tu envidia. En 2017, unos investigadores solicitaron a un grupo de personas que pensara en gente con rasgos demográficos similares y condiciones excepcionalmente buenas de vida, de acuerdo con su percepción. Descubrieron que centrarse solo en este aspecto conducía a los participantes a una dolorosa comparación con su propia vida, la cual, por ende, culminaba en envidia.[35] Sin embargo, cuando se les solicitó que reflexionaran sobre los altibajos cotidianos que estas personas también atravesaban, la envidia disminuyó.

En segundo lugar, apaga la máquina de la envidia. Las redes sociales desencadenan esta sensación porque provocan tres cosas: por un lado, te muestran la vida de personas más afortunadas que tú; por otro, facilitan el hecho de que cualquiera pueda alardear de su buena suerte ante las masas; y, por último, te posicionan en una comunidad virtual de personas que, en estricto sentido, no forman parte de tu vida real, lo cual ocasiona que te compares con ellas.[36] Las publicaciones de celebridades y personas influyentes son una fuente de envidia particularmente potente e innecesaria. La solución no es deshacerse de las redes sociales, sino dejar de seguir a desconocidos, cuyas publicaciones solo miras porque poseen lo que tú anhelas.

En tercer lugar, revela tu «yo» poco envidiable. Esto es similar a rebelarse contra la vergüenza, para lo cual, como decíamos, debemos enfocarnos en priorizar el exterior en lugar del interior. Mientras trabajes para reducir tu envidia por los demás, evita buscar que te envidien. Querer mostrar tus fortalezas y ocultar tus debilidades ante los extraños es natural, y aunque esto puede parecer bueno, en realidad es un error. Ocultar la verdad para ti mismo y para los demás es un camino hacia la ansiedad y la infelicidad. Tal como demostraron unos investigadores en un estudio de 2019, cuando las personas son honestas no solo acerca de lo que hicieron bien, sino también respecto a cómo fallaron en el camino, los observadores sienten menos envidia maligna.[37] Sin embargo, ten cuidado: tus fracasos deben ser auténticos. La llamada «presunción humilde», en la cual la jactancia se disfraza de humildad, puede percibirse a un kilómetro de distancia y te vuelve menos agradable para los demás.[38]

PREPÁRATE PARA LA SIGUIENTE ETAPA: CONSTRUIR LA VIDA QUE ANHELAS

El tema de los tres capítulos anteriores fue aprender a alejarse de la percepción de que el mundo debe cambiar para que la vida mejore; en su lugar, debes adoptar una en la que trabajes activamente para transformarte a ti y a tus emociones.

Una vez más, lo anterior no significa erradicar las emociones, incluidas las negativas. Los sentimientos negativos como respuesta a circunstancias difíciles de la vida no son divertidos; nunca lo son. Son duros, y para algunas personas, mucho más que para otras. También son necesarios y gestionables, así que con dedicación y práctica puedes utilizar la metacognición para manejarlos. Puedes aprender a emplear la sustitución emocional y obtener un enorme alivio al enfocarte menos en ti mismo.

Todo esto requiere práctica, porque no es fácil. Este es el «Nivel de maestría» de la gestión emocional. No serás perfecto y tendrás días buenos y malos, porque estas cosas son difíciles. Sin embargo, es absolutamente posible lograrlo y tú podrás hacerlo. A medida que avances, te sentirás más feliz, al igual que quienes te rodean. Además, la autogestión emocional te liberará de las distracciones que todos utilizamos para adormecer nuestro malestar y te preparará para concentrarte en lo que realmente importa.

Y lo que de verdad importa para construir tu vida será el siguiente tema a desarrollar.

CONSTRUIR LO QUE IMPORTA

La autogestión emocional, el tema de los tres capítulos anteriores, incrementa tu felicidad como persona, porque te libera del control que ejercen tus sentimientos. Funciona como un entrenamiento integral para optimizar tu condición física, la cual mejora tu estado de ánimo y tu salud. Sin embargo, ponerse en buena forma física conlleva más que eso: te permite realizar muchas cosas nuevas para disfrutar aún más de la vida, por ejemplo, volverte más activo y sociable. De manera similar, la autogestión emocional te prepara para tomar medidas importantes y positivas con la finalidad de construir una vida más feliz.

Como aprendimos en el capítulo 1, la felicidad consiste en los macronutrientes disfrute, satisfacción y propósito. Para construir la felicidad, necesitamos crecer en estos tres elementos, de manera consistente y consciente.

Cuando aún no implementamos las habilidades de autogestión emocional (metacognición, sustitución emocional y adopción de un enfoque externo), tendemos a dedicar mucho tiempo a situaciones que nos impiden obtener estos macronutrientes. La razón es que nuestros impulsos, amplificados por el consumismo, el entretenimiento y las redes sociales, nos instigan a enfocarnos no en lo que importa, sino en trivialidades y distracciones: dinero y objetos, poder o estatus social, placer y comodidad, así como fama o atención excesiva de los demás. Por supuesto, no existe nada nuevo en dichas distracciones. El filósofo y teólogo del siglo XIII santo Tomás de Aquino enumeró lo que llamaba ídolos que ocupan nuestros días y desperdician nuestra vida: dinero, poder, placer y prestigio.

Estos ídolos obstaculizan el disfrute, la satisfacción y el propósito. Sustituyen el disfrute con el placer; configuran nuestra caminadora hedonista en la altura máxima para hacer que la satisfacción sea más difícil de alcanzar y mantener; y desvían nuestra atención hacia aspectos evidentemente triviales, no significativos. En resumen, dichos ídolos provocan que sea más difícil ser feliz.

Entonces, ¿por qué los perseguimos? Por la misma razón por la cual siempre emprendemos acciones autodestructivas cuando nos sentimos infelices e incapaces de transformar nuestras circunstancias: por distracción. Piensa en la última vez que estuviste sentado en un aeropuerto esperando un vuelo que se retrasó durante horas. Frustrado y sin manera de arreglar la situación, probablemente empezaste a juguetear con tu teléfono para distraerte y pasar el tiempo.

De manera similar, los cuatro ídolos son distractores que adormecen aquellas circunstancias emocionales que nos desagradan y nos parecen incontrolables. ¿No te gusta cómo te sientes acerca de tu matrimonio? Haz una «terapia de compras» para distraer a tu mente por unos minutos. ¿El trabajo te deprime? Desplázate por las redes sociales o videos tontos de YouTube durante una hora para olvidarlo. ¿Te sientes solo? Un pequeño chisme de celebridades te distraerá. Convenientemente, estamos rodeados de millones de opciones comerciales para darnos gusto con esas distracciones (no es de extrañar que las personas infelices sean grandes consumidoras).

Estas distracciones son un anestésico temporal, no una cura para nuestros problemas. Y aunque nos distraen de los sentimientos incómodos, también lo hacen de realizar algún progreso. Peor aún, pueden convertirse en adicciones que exacerben el efecto de las emociones que nos controlan.

Por su parte, la autogestión emocional reduce el atractivo de estas distracciones. Si pudieras llamar a alguien y solucionar el retraso del vuelo, lo harías de inmediato en lugar de malgastar tu vida con el teléfono. Así, cuando poseemos las herramientas para gestionar nuestras emociones, las monerías del mundo y todo aquello que nos invita a perder el tiempo ya no nos atrae tanto; incluso, carecemos del tiempo para desaprovecharlo en ellas. Ya no estamos estancados. Por el contrario, estamos dispuestos y somos capaces de construir para el futuro en lugar de desperdiciar nuestro tiempo en el presente.

Lo anterior plantea la siguiente gran pregunta: *entonces, ¿en qué deberíamos enfocarnos exactamente para no hacerlo en los ídolos?* Si queremos construir vidas más felices —y ahora tenemos el tiempo y la energía para hacerlo—, ¿cuáles son los pilares sobre los cuales deberíamos fincarlas?

Existen miles de artículos académicos sobre esta cuestión y muchos más escritos por gurús de la superación personal. Podrías compilar una lista de diez mil pequeñas prácticas para aumentar tu felicidad de forma gradual. Asimismo, puedes encontrar en internet miles de dudosos «trucos» que podrías adoptar (por una suscripción mensual, por supuesto).

Por fortuna, si analizamos en conjunto las mejores investigaciones en ciencias sociales, destacan por mucho solamente cuatro grandes pilares de la felicidad. Estos son los elementos más importantes en los cuales debemos enfocarnos para construir la vida más feliz que cada uno de nosotros pueda tener. Se trata de una inversión en nosotros y en nuestros seres queridos, por lo tanto, dichos pilares merecen la mejor parte de nuestra atención. A esto debemos destinar el tiempo, el interés y la energía liberada por la autogestión emocional.

Los cuatro pilares son la familia, las amistades, el trabajo y la fe.

- **Familia.** Son las personas que la vida nos otorga y a quienes, por lo general, no elegimos (a excepción de nuestros cónyuges).
- **Amistades.** Son personas a quienes amamos de forma profunda, pero que no son nuestros parientes.
- **Trabajo.** Representa nuestro esfuerzo para ganarnos el pan de cada día, para crear valor en nuestra vida y en la de los demás. Puede ser remunerado o no, en el exterior o en casa.
- **Fe.** Este término no refiere a una religión en específico, sino a una visión trascendente de la vida y a la forma de abordarla en consonancia con ello.

Estos son los pilares sobre los cuales se edifica una buena vida. No estamos insinuando que el resto no sea importante. Es obvio que debes cuidar tu salud, necesitas divertirte, dormir, administrar con inteligencia tus finanzas y así sucesivamente. Sin embargo, familia, amigos, trabajo y fe son las cuatro grandes columnas sobre las que se cimenta casi todo lo demás.

Por supuesto, estas áreas de la vida están colmadas de desafíos y algunos de ellos son verdaderamente difíciles. Incluso, constituyen aquellos de los cuales buscamos evadirnos a menudo. Pero ahora, con nuestras habilidades emocionales y nuestra creciente determinación, estos desafíos en la familia, las amistades, el trabajo y la fe serán nuestras oportunidades para aprender y crecer en el amor y la felicidad. A eso nos abocaremos en los siguientes cuatro capítulos.

Una nota de Oprah

GRAN PARTE DE LO que sé acerca de ser más feliz proviene de la experiencia, de la mía y la de muchos otros. Arthur, en cambio, aborda la felicidad a través de la investigación. Es una distinción que suele diferenciarnos en general: cuando se trata de explicar o señalar algo, yo siempre tengo una historia; él siempre tiene un estudio (o la cita de un filósofo antiguo). Somos distintos en eso.

Y luego está Stedman, mi pareja y compañero de vida durante los últimos treinta años. Una vez, los dos impartimos juntos una clase sobre liderazgo en la Kellogg School of Management, de la Universidad del Noroeste, y nuestros alumnos se sorprendieron de lo diferentes que somos. Él es un planificador, un estratega. No hace nada sin antes establecer una visión del resultado, ya se trate de jugar golf o hablar con empresarios en China. Yo soy todo lo contrario: opero en el momento, guiada por la intuición y el instinto para dar el siguiente paso correcto. Él nunca se preocupa por lo que puedan pensar los demás; yo, en cambio, he trabajado gran parte de mi vida adulta para anular mi necesidad de agradar a la gente.

Y luego está mi mejor amiga, Gayle King. De acuerdo con la prueba de personalidad del capítulo 1, yo soy jueza y Gayle es porrista. Yo permanezco tranquila, ella se emociona. A mí me gusta conducir en silencio, a ella le encanta encender la radio (y Dios mío, cómo disfruta cantar). Cuando salimos juntas de un evento, yo digo: «Uf, muero de ganas de llegar a casa», en cambio, Gayle declara: «¡Yo podría haberme quedado toda la noche!». Resulta que mi forma de ser respecto a las de Arthur, Stedman y Gayle son complementarias: se trata de personalidades diferentes que encajan bien. Y, para felicidad de todos nosotros, las investigaciones señalan que eso es lo que determina las relaciones más fuertes y perdurables.

Justamente, el tema de la siguiente sección de este libro será los diferentes tipos de relaciones. Comenzaremos a corta distancia: tú y la forma como lidias con tu familia. Después, nos alejaremos de manera progresiva para incluir a tus amigos, tu empleo y las personas con quienes trabajas. Al final, abordaremos tu vínculo con «las majestades del universo», es decir, la expresión de tu espiritualidad, cualquiera que sea la adecuada para ti.

A medida que avances en la lectura, comenzarás a percatarte de lo que yo llamo la «paradoja interior-exterior»: como vimos antes, la forma más segura de sanar tu mundo interior es centrándote en el exterior, porque la felicidad interior proviene de mirar hacia afuera. No digo que la felicidad *dependa* de circunstancias externas; ya hemos dicho que esperar a que alguien o algo te haga feliz es perder el tiempo. Mi punto es que nuestra vida transcurre en constante conexión: con otras personas, con nuestro trabajo, con la naturaleza y lo divino; así que, cuanto más hagamos para optimizar esas conexiones, mejor estaremos. Por ello, en los siguientes capítulos te dedicarás a pensar en con quién y con qué interactúas, y cómo podrías mejorar esos vínculos. ¿De quién y de qué te rodeas? ¿Qué puedes hacer frente al conflicto? ¿Cómo puedes involucrarte de manera más consciente y significativa?

Estas preguntas conducen, a su vez, a otra paradoja —tal vez, en el contexto de la felicidad, esta sea *la* paradoja—: la que yo llamo apego desapegado. He aprendido a vivir mi vida apegada a mi trabajo, a aquello que busco crear y a las personas que me importan, pero sin que eso implique expectativas. Es una lección que aprendí de la manera más dura, después de que saliera la película *Beloved* (*Amada*), en la cual trabajé durante diez años para darle vida a partir de una novela que veneraba. Cuando fracasó en taquilla, me hundí con ella.

Aunque en ese momento parecía que la situación podría aplastarme, lo que sucedió con *Beloved* al final me liberó. Hoy en día, todo lo que hago, aquello que creo, cualquier sugerencia o consejo que doy, todo es solo una ofrenda. Si funciona, funciona. Si se acepta, se acepta. Si no, no perdí nada porque no estaba apegada a un resultado particular. Esto ha hecho que mi vida sea mucho, pero mucho más feliz, y deseo lo mismo para ti. De hecho, únicamente puedo desearlo; lo que hagas con ello dependerá de ti.

Cinco

Construye tu familia imperfecta

«Soy la más feliz cuando estoy en casa con mi familia», informa Angela, de 40 años. Está casada desde hace 14 años, es madre de tres hijos de 4 a 12 años y considera que su familia es la parte más importante de su vida. Trabaja medio tiempo, pero, definitivamente, su carrera profesional se encuentra en segundo plano frente a su vida familiar.

¿Y cuándo es más *infeliz*? Cuando se le pregunta esto, piensa por un momento y luego confiesa, con media sonrisa: «Supongo que cuando estoy en casa con mi familia».

La experiencia de Angela no es única. La familia puede conducirnos por los altibajos más extremos. Por un lado, existen pocas cosas tan profundamente satisfactorias como la armonía familiar. La mayoría de las personas, tanto en Estados Unidos como en el resto del mundo (en 14 de los 17 países desarrollados encuestados por el Pew Research Center en 2021), considera que su familia es la mayor fuente de significado para su vida.[1] Por otro lado, existen pocas situaciones que nos produzcan mayor malestar que los conflictos familiares, los cuales pueden desestabilizar incluso a los seres más inalterables. Los temores en cuanto a la salud y la mortalidad de los seres queridos corresponden a la segunda y cuarta causa de sufrimiento más común entre los estadounidenses[2] (la primera son los funcionarios gubernamentales corruptos y la tercera es la guerra nuclear, por si tenías curiosidad de saberlo). Al implicar riesgos tan altos, cimentar este primer pilar para una vida más feliz es una de las mejores y más confiables formas de garantizar el bienestar.

La mayoría de las personas afirma que desea tener una «familia feliz», pero ¿qué significa eso? Por «familia», generalmente nos referimos a las personas con las cuales vivimos y estamos relacionados, ya sea por sangre, adopción o matrimonio: hijos, padres, hermanos y cónyuges. Hasta ahora, todo va bien. La parte más difícil es definir cómo podría toda una familia considerarse «feliz», si acaso esto es posible. Si retomáramos algunas pistas de la televisión (lo que casi siempre es mala idea), podríamos pensar que el objetivo es ser como los personajes de *Leave It to Beaver* (*Déjalo en manos de Beaver*) o *The Brady Bunch* (*La tribu Brady*). Sin embargo, esas familias no existen en la vida real.

Quizá la felicidad de una familia dependa de los niños. Después de todo, como dice un viejo refrán, «eres tan feliz como tu hijo más infeliz». Uno de los sentimientos más desesperantes para los padres es ver sufrir a un hijo y no poder ayudarle. Por lo tanto, tal vez una familia feliz sea aquella que no tenga niños infelices. Buena suerte con eso. ¿O acaso será una en la cual los padres viven un matrimonio perfecto, nunca sufren por desempleo ni luchan contra enfermedades? Nunca lo he visto.

A decir verdad, las familias realmente «felices» existen solo en la mente de los guionistas de los programas de televisión. No figuran en la vida real. En ella, las familias están formadas por una revoltura de personas, lo cual puede resultar en el amor más místico posible: aquel que no elegiste pero que te fue otorgado. De manera inevitable, también significa que habrá abundantes conflictos. Incluso en la mejor de las situaciones, la tensión entre los miembros de la familia es normal y las crisis son justo lo que podría esperarse. En palabras de un par de investigadores, los vínculos familiares están desgastados por «el estira y afloja entre la autonomía y la dependencia, la preocupación y la desilusión».[3] Esta es la forma académica de afirmar que «la vida familiar puede ser un gran desastre».

Existen cinco desafíos comunes que complican la vida familiar, los cuales abarcaremos en este capítulo. Cada uno guarda similitudes con los problemas que ocurren en nuestra cabeza, ya abordados en la primera mitad del libro, por tanto, como cabría esperar, la solución para cada uno implica utilizar las mismas herramientas básicas. Lo importante y que debemos recordar es que, en realidad, dichos desafíos son oportunidades para aprender a crecer en la única y poderosa área del amor, siempre y cuando utilicemos las técnicas desarrolladas con anterioridad.

Desafío 1

CONFLICTO

«Todas las familias felices son iguales; cada familia infeliz lo es a su modo».

Esta es la famosa frase inicial de la novela *Anna Karenina*, de León Tolstoi.[4] La historia comienza en un momento caótico para la familia Oblonsky, pues acaban de descubrir que el padre tiene una aventura. Como los padres estaban distraídos y angustiados, los niños «corrían como locos por toda la casa» y todos los miembros de la familia pensaban que ya no tenía sentido vivir juntos.

Aunque tu familia nunca se haya visto precisamente afectada por el conflicto de los Oblonsky, es probable que sí la hayan dañado muchos otros problemas que pudieron provocar una intensa infelicidad en tus seres queridos. Tal vez pensaste que ello era evidencia de que estabas haciendo todo mal. A decir verdad, la infelicidad familiar debida a conflictos es una señal de que algo importante está justo donde debe estar. Si te sientes molesto, es porque tu familia te importa; si esto no fuera así, sentirías lo mismo que si el problema aquejara a una familia de la cuadra vecina: te asaltaría una ligera preocupación y te mostrarías comprensivo, pero, en definitiva, no abatido.

Además, ahora sabes muy bien que intentar evitar la infelicidad nunca es la forma correcta de mejorar la vida. Piensa que el conflicto es como la cuenta de un restaurante tras una deliciosa comida: la única manera de que esté en ceros es no ordenar nada. Así, el conflicto es el costo de un amor abundante. El objetivo no es hacer que desaparezca, sino manejarlo de manera metacognitiva; reemplazarlo, cuando sea posible, con emociones positivas y atenuarlo conforme sea necesario.

¿Qué provoca el conflicto familiar? En general, ocurre cuando no existe concordancia entre la manera como los miembros de la familia conciben sus relaciones y los roles que cada uno desempeña; en otras palabras, son expectativas que no coinciden. Por ejemplo, los padres tienden a considerar los beneficios de los vínculos familiares en términos de amor compartido; por su parte, los niños suelen comprender el beneficio en términos de intercambios de asistencia. De acuerdo con varios estudios, los padres reportan niveles más altos de involucramiento en la relación de lo que perciben sus hijos.[5] De modo similar, los niños tienden a pensar que hacen más para ayudar de lo que creen sus padres.[6] Todo esto crea resentimiento, lo cual es natural cuando las personas a las que amas no logran satisfacer tus expectativas y se agrava cuando la otra parte ni siquiera parece darse cuenta.

También son comunes otra serie de expectativas insatisfechas. Ante los ojos de los padres que batallaron por ganar lo suficiente para cubrir sus gastos básicos a temprana edad, sus hijos pueden parecer poco ambiciosos.

Es posible que los niños no se esfuercen lo suficiente en la escuela y que, como adultos jóvenes, decidan no casarse o no tener hijos para decepción o desaprobación de sus padres. De manera similar, los padres pueden retirar el apoyo económico a los hijos ya grandes de una forma que parece egoísta o que sugiere que están más interesados en su propia vida que en las de sus hijos y nietos. Asimismo, puede que los hermanos no se apoyen entre sí.

La insatisfacción de expectativas más extrema es la ruptura de los valores familiares, es decir, cuando un miembro rechaza alguna de las creencias fundamentales de los demás. Un ejemplo de esto es un hijo que reniega de la religión de sus padres o que declara inmorales las creencias de estos. Todo el tiempo escuchamos historias de jóvenes adultos que regresan a casa en vacaciones de la universidad y les reprochan a sus padres que están completamente equivocados en todo.

Algunos conflictos terminan en la ruptura de la relación. En 2015, unos investigadores descubrieron que alrededor del 11% de las madres de entre 65 y 75 años de edad con mínimo dos hijos adultos estaban alejadas por completo de al menos uno de ellos.[7] Asimismo, encontraron que la ruptura de valores era la raíz de muchos de estos distanciamientos, mientras que la violación a las normas de comportamiento (por ejemplo, no practicar su fe) por lo general no lo era (tómate un momento y reflexiona sobre esto: en general, a los miembros de tu familia les importa menos tu forma de vida y más lo que dices sobre lo que ellos creen).

Reconocer los conflictos familiares es sano porque mejora la comunicación y brinda oportunidades para resolver los problemas. Por el contrario, negarlos no ayuda en absoluto, porque, por lo general, dichos conflictos no mueren de viejos. Al contrario, las investigaciones muestran que, si estos no se trabajan, las relaciones entre padres, hijos y hermanos continuarán siendo tensas a medida que todos los involucrados envejezcan.

Este es un fenómeno parcialmente explicado por una teoría conocida como «hipótesis de la escisión del desarrollo».[8] En conclusión, es recomendable aceptar el hecho de que tu familia es como casi todas las demás y aprovechar la oportunidad para mejorar la situación. A continuación, presentamos tres formas de hacerlo.

Primero, no intentes leer la mente de nadie. Con el paso de los años, muchas familias caen en el error de asumir que la comunicación no tiene por qué ser verbal, como si todos pudieran entenderse sin necesidad de hablar. Esta es una invitación a la falta de comunicación. La evidencia muestra que es mejor implementar una política familiar clara que fomente hablar y escuchar a los demás.[9] Una forma de hacerlo es a través de reuniones regulares, en las cuales cada uno de los miembros pueda externar temas que le preocupen antes de que estos se conviertan en un problema importante o un malentendido.[10] Si esto te resulta demasiado incómodo, programa reuniones periódicas en parejas para los temas más delicados. La clave no es pedirles a los demás que cambien sus reacciones ante tus actos o tus sentimientos; es darles la oportunidad de escuchar tu versión de las cosas y de que ellos puedan contestar antes de que tú asumas cuál será su respuesta.

En segundo lugar, vive *tu* vida, pero no les pidas que cambien *sus* valores. El distanciamiento dentro de las familias es una tragedia, tal vez inevitable en casos de abuso, pero evitable en numerosos enfrentamientos por orgullo. Tú mismo debes decidir si se justifica el rompimiento, aunque, como sugieren las investigaciones, los miembros de la familia (en especial los padres) tienen más probabilidades de aceptar diferentes estilos de vida con los que no estén de acuerdo que aceptar valores distintos, lo que podrían percibir como un rechazo personal.[11]

Quizás esto suene inconsistente en el terreno de la moral o hasta hipócrita, pero no lo es. Muchas personas enarbolan valores que no comparten con sus seres amados; sin embargo, pueden coexistir de forma permanente con estas diferencias de opinión sin sentirse lastimados ni enojados, precisamente porque no esperan que alguien cambie de opinión. Y como no insisten en llegar a un acuerdo, no hay razón para sentirse agraviados.

En tercer lugar, no te relaciones con tus seres queridos como si fueran cajeros automáticos emocionales. Cuando las personas tratan a su familia como una válvula unidireccional de ayuda y consejo (por lo general, los padres dan y los hijos reciben), el resentimiento tiende a ir, de forma irónica, en ambas direcciones; las pláticas, visitas y llamadas se convierten en entrevistas aburridas y repetitivas en lugar de conversaciones. Nuestra creencia es que esto se debe a un retraso en el desarrollo de la relación. Por ejemplo, si eres un adulto joven, quizá mamá y papá todavía te traten como a un adolescente. Y tal vez tú, por tu parte, rara vez o nunca les preguntas sobre su vida ni muestras un verdadero interés humano por ellos.

En lugar de esperar que los miembros de tu familia sean fuentes inagotables de ayuda y sabiduría, o que dejen de darte consejos no solicitados, toma la iniciativa y trátalos como lo haces con tus amigos, brindándoles apoyo emocional con generosidad y aceptándolo con gratitud. Las investigaciones muestran que el vínculo puede mejorar mucho cuando los hijos adultos y sus padres se relacionan como individuos con historias pasadas y limitaciones; en otras palabras, como personas reales.[12]

Desafío 2

COMPLEMENTARIEDAD INSUFICIENTE

En algunas relaciones familiares es de esperar, en cierta forma, que haya una dosis importante de fricciones, por ejemplo, entre los adolescentes y sus padres. Sin embargo, en otras la confrontación parece una amenaza real, porque nuestra cultura nos dicta que es mala.

El mejor ejemplo de esto es el conflicto entre cónyuges o parejas románticas. Casi nunca pensamos que la discordia entre ellos sea algo positivo; más bien, la consideramos una evidencia de que algo anda mal.

Pero ¿cómo evitar los conflictos con tu cónyuge o pareja? De acuerdo con la sabiduría convencional sobre la vida romántica, dependerá de si son altamente compatibles. La idea es que habrá menor cantidad de incomodidad y conflictos si tu pareja se parece mucho a ti. Si encuentras a alguien compatible, la atracción será mayor y la relación será más exitosa; por lo menos así lo dicta este razonamiento.

Sin embargo, está equivocado. Basta con analizar la evidencia científica sobre las personas que están libres. Las aplicaciones de citas —que casi toda la gente utiliza— han hecho de la compatibilidad algo cada vez más fácil de encontrar. Antes de conocer a alguien en persona, puedes clasificarlo bajo cualquier cantidad de características para aumentar las probabilidades de que «coincidan» mejor. Menos dolor, más que ganar. No obstante, aquí hay algo extraño: la mayoría de las personas que sale en citas, es decir, quienes no están comprometidas en una relación pero les gustaría tenerla o quienes salen sin un compromiso, no la están pasando muy bien.[13] En una encuesta de 2020, el 67% afirmó que su vida amorosa no marchaba como pretendía.[14] Tres cuartas partes revelaron que encontrar con quien salir era difícil.

El hecho es que a mayor compatibilidad, más difícil resulta encontrar y mantener el amor. De 1989 a 2016, la proporción de personas de veintitantos años que estaban casadas decreció del 27 al 15%.[15] Y en caso de que pienses que eso solo ocurre con el matrimonio tradicional, la misma encuesta muestra que el porcentaje de personas de 18 a 29 años que no había mantenido relaciones sexuales en casi un año se triplicó de 2008 a 2018, del 8 al 23 por ciento.[16]

Buscar a alguien que coincida demasiado contigo se llama «homofilia» y es algo natural. Como criaturas egoístas, tendemos a calificar a quienes son similares a nosotros como más atractivos (tanto en lo social como en lo romántico), a diferencia de aquellos que no lo son.[17] Consideremos el caso de las tendencias políticas. De acuerdo con el sitio de citas en línea OkCupid, el 85% de los *millennials* que respondieron a una encuesta en 2021 dijo que la ideología política de su prospecto de pareja es «extremadamente o muy importante» para ellos.[18] Y entre los estudiantes universitarios, el 71% de los demócratas y el 31% de los republicanos afirmaron que no saldrían en una cita con alguien que votara por el candidato presidencial de la oposición.[19]

Los efectos de la homofilia son aún más determinantes cuando se trata de la educación. Los investigadores han descubierto que el nivel educativo es el criterio de citas más importante para los *millennials*, y supera, incluso, los ingresos, los atributos físicos y las afiliaciones políticas y religiosas.[20] También encontraron que el 43% de las personas con maestría que se citan juzga a sus parejas potenciales según la universidad a la cual asistieron.

Sin duda, cierta similitud en los valores básicos es benéfica para una relación, pero demasiada trae consigo enormes costos. El amor romántico requiere complementariedad, es decir, diferencias. Un sociólogo llamado Robert Francis Winch propuso esta idea en la década de 1950, al entrevistar a parejas y evaluar los rasgos de personalidad de quienes tenían éxito y quienes no.[21] Descubrió que las parejas más felices tendían a completar la personalidad del otro: un extrovertido con un introvertido, por ejemplo.

Las investigaciones han descubierto que, al reunir a gente desconocida para realizar una tarea en parejas, las personas sienten mayor afinidad entre sí cuando sus personalidades son complementarias que cuando son similares.[22] En un estudio, los participantes describieron a sus parejas románticas ideales como similares a ellos; sin embargo, los rasgos de personalidad de sus parejas reales no coincidían con los propios.[23] Podemos pensar que anhelamos parejas como nosotros, pero, en realidad, terminamos buscando relaciones a largo plazo con quienes son diferentes.

La fuerza de atracción entre personas distintas podría tener raíces biológicas. Por ejemplo, los científicos saben desde hace tiempo que los niños heredan una variedad de defensas inmunológicas más amplia cuando sus padres difieren demasiado en un grupo de genes llamado «complejo mayor de histocompatibilidad» (CMH). Ninguno de nosotros puede ver a una pareja potencial y decodificar su CMH a primera vista, pero existe evidencia de que percibimos sus componentes a través del olfato aunque no nos percatemos, porque nuestras neuronas olfativas funcionan por debajo del nivel de conciencia, de modo que nos atraen más las personas cuyos genes «huelen» diferente a los nuestros.[24] En 1995, zoólogos suizos pidieron a mujeres que olieran camisetas que habían sido utilizadas durante dos días seguidos por hombres a quienes no conocían.[25] Las mujeres preferían las camisetas malolientes que habían portado los hombres cuyos genes CMH eran más diferentes de los suyos. Posteriormente, investigaciones en diferentes poblaciones han encontrado el mismo resultado.[26]

A pesar de toda esta evidencia de que en verdad no deberías buscar una versión de ti mismo cuando quieres conocer a alguien, las formas más comunes en que los estadounidenses encuentran pareja hoy en día —por medio de sitios web y aplicaciones— son mezclas heterogéneas de igualdad.[27] Los algoritmos permiten hallar a personas similares con una brutal eficiencia.[28] Podrías lograr menos disputas, pero, al buscar a tu doble, es posible que pases por alto a quienes te complementan psicológica e incluso físicamente.

Esta búsqueda de compatibilidad se ha extendido al modo como se perciben a sí mismas las parejas de más tiempo. Si has estado en una relación durante bastante tiempo y estás luchando por mantener la calma, quizás hayas asumido que no son lo suficientemente compatibles. Esto es posible, por supuesto; cada pareja necesita algunos rasgos en común. Lo más probable es que el verdadero problema sea que tú y tu pareja no han estado trabajado para convertir sus diferencias en la complementariedad que necesita una relación sana.

Para lograr una mayor complementariedad en tu vida amorosa, te compartimos tres estrategias que puedes poner en práctica. Primero, busca diferencias en la personalidad y los gustos. Por ejemplo, si estás pensando con quién salir, hazlo con alguien que no sea tu doble en la dimensión de introversión-extroversión. Aprenderán mucho uno del otro (como verás en el próximo capítulo) si intentan mostrarse mutuamente el placer de ir a fiestas una noche y estar solos a la siguiente. Esto ampliará el grupo de parejas potenciales y hará que la vida sea más divertida. Si llevas mucho tiempo casado, haz una lista de las diferencias entre tu pareja y tú. Por ejemplo, si tú sueles preocuparte mucho y tu cónyuge no, es posible que te haya vuelto loco pensar que a él o ella «no le importan lo suficiente» todos los problemas de la vida. En lugar de ello, comienza a considerar a tu cónyuge como tu entrenador personal en el arte de relajarte (tú puedes ser su detector personal de amenazas).

En segundo lugar, céntrate más en lo que en realidad importa. Demasiadas parejas se obsesionan con diferencias que, para ser francos, son ridículas, como las cuestiones políticas. Si es necesario, hagan una lista de las diez cosas que ambos consideran más importantes en su vida. Si tienen hijos, es probable que ellos ocupen el puesto número uno. Sus familias, su fe y su trabajo estarán cerca de los primeros lugares. La política y otros temas de discordia estarán bastante abajo, si es que acaso llegan a figurar. Ahora, en su tiempo juntos, decidan enfocarse en lo realmente importante.

En tercer lugar, si quieres salir con alguien, permite que los humanos te consigan pareja en lugar de las máquinas. En las últimas tres décadas, las cifras de citas concertadas por amigos han disminuido visiblemente a la hora de conocer parejas potenciales. Más de la mitad de las personas de 54 a 64 años ha tenido una cita a ciegas (es decir, un encuentro concertado por otros, donde los involucrados no se conocen) en su vida, según DatingAdvice.com, frente a solo el 20% de los adultos de 18 a 24 años.[29] A primera vista, esto parece tener cierto sentido: ¿por qué desperdiciar una cena entera intentando conocer a una persona recomendada por un amigo cuando un partido mucho más afín podría estar a solo unos clics de distancia?

Si has leído hasta aquí, sabes el motivo: por lo general, las citas a ciegas tradicionales las organizan personas que te conocen y ya pensaron si tu personalidad concuerda con la de quien conocerás. Mientras menos exclusiva sea tu dependencia a un perfil para citas por internet, estarás más libre de prejuicios filosóficos; así, podrás confiar en mecanismos más primitivos, como tu nariz. Por supuesto, esta estrategia solo funciona cuando tus amigos conocen a candidatos elegibles con quienes emparejarte. Si les pides ayuda y constantemente aparecen sin candidatos, puede ser evidencia de que necesitas expandir tu círculo social.

Desafío 3

EL VIRUS DE LA NEGATIVIDAD

Una familia sana no posee aversión a los conflictos. No obstante, el conflicto es diferente de la negatividad crónica, la cual puede arruinar la vida familiar.

La cultura ambiental en una familia o en cualquier grupo de lazos estrechos determina la capacidad de los miembros para resolver problemas. Piensa en ello como la temperatura ambiente. Si la temperatura de tu casa asciende a 38 °C y sientes demasiado calor, no importará, en realidad, de cuánta ropa te quites, continuarás acalorado. De manera similar, una cultura negativa en una familia puede hacer imposible la resolución de problemas, por lo cual no existe crecimiento ni aprendizaje, solo una infelicidad crónica. Con frecuencia, esto ocurre por contagio emocional, que los psicólogos han estudiado de modo considerable.[30] No hay un problema en particular por resolver, sino una actitud de «todo apesta», la cual migra de un miembro de la familia a otro.

Escapar de emociones negativas contagiosas puede ser difícil; sin embargo, lo más importante es que, cuando amamos realmente a alguien más que está sufriendo (en especial a nuestra familia), no *queremos* evitar su tristeza, frustración, miedo o ansiedad. Queremos ayudarles y eso es bueno. Así como no debemos deshacernos de nuestros propios sentimientos negativos si queremos crecer y resolver nuestros problemas, también podemos ayudar a nuestros seres queridos aceptando sus emociones. No obstante, en el proceso no tenemos por qué asumir su infelicidad.

El contagio emocional no es del todo negativo, por supuesto. Quizás haya personas en tu vida con las que siempre pareces estar sonriendo y otras que te hacen sentir calidez y generosidad. Los investigadores han estudiado el contagio emocional positivo y han descubierto que vivir a menos de un kilómetro de distancia de un amigo o familiar que está comenzando a ser más feliz te hace 25% más propenso a ser más feliz también.[31] Sin embargo, la infelicidad es más contagiosa y se propaga con mayor velocidad.[32] Por ejemplo, un estado de ánimo negativo en una reunión puede infectar todo el espacio en segundos.

Las emociones brincan entre las personas por medio de una serie de mecanismos.[33] El más obvio es la conversación, porque en ella se transmiten y asumen las emociones de los demás a través de expresiones faciales, el tono de voz y la postura. Es probable que hayas descubierto que cuando interactúas con determinadas personas, te ríes más de lo normal, incluso cuando las cosas no son divertidas; con otras, en cambio, te quejas demasiado de aspectos que no son un problema.

Los virus emocionales negativos también pueden transmitirse del colegio o del trabajo a la casa, lo que se debe, paradójicamente, a la confianza. Si tienes (o tuviste) niños pequeños, sabes que a veces están bien durante todo el día en la escuela, pero, cuando vas a recogerlos y te ven, rompen a llorar y no te cuentan otra cosa que un horror tras otro. Esto se debe a que confían en ti y se guardan los acontecimientos difíciles todo el día para cuando estén contigo. Se siente como un castigo, pero en realidad es amor (los adultos hacemos lo mismo, por cierto, cuando sonreímos todo el día en el trabajo y luego nos quejamos toda la noche en casa).

Además, puedes «captar» las emociones de los demás de modo fisiológico, al menos en parte. En un experimento, se observó que a quienes inhalaban un olor desagradable y a quienes veían un videoclip de una persona con expresión de asco se les activaban las mismas zonas cerebrales.[34] Como explicamos antes, se han encontrado resultados similares en la experiencia del dolor: el cerebro puede sentirlo con solo ver a otra persona que está sufriendo.[35] Esto es especialmente cierto para las personas que viven juntas.[36]

La idea del contagio emocional no es nueva en absoluto. Hace más de 1800 años, como emperador de Roma, el filósofo estoico Marco Aurelio abordó el contagio emocional durante la temida peste antonina.[37] El virus mataba a dos mil personas al día;[38] aun así, Marco Aurelio escribió: «La corrupción de la mente es una plaga mucho peor que cualquier miasma y vicio del aire que respiramos a nuestro alrededor. Esta última es una pestilencia para los seres vivos y afecta la vida de estos; pero la primera lo es para los seres humanos y afecta su humanidad».[39] Muchas personas pudieron identificarse con esto después del confinamiento durante la pandemia de COVID-19, cuando todos los miembros de la familia permanecieron encerrados, juntos. Muchas veces, la peor parte fue cuando algunos de ellos comenzaron a propagar una actitud terrible que los contagió a todos. Del mismo modo, tal vez prefieras que un resfriado enferme a cada uno de tus familiares mientras están de vacaciones a que el mal humor estropee toda la diversión. Para mucha gente, la forma de evitar el contagio emocional negativo es eludir a la persona infeliz, como lo harías con cualquier enfermedad transmisible. Sin embargo, cuando el amor trasciende el problema (por ejemplo, si se trata de tu cónyuge, tu padre, tu hijo o tu hermano) y eliges permanecer en la misma casa, la investigación arroja cuatro lecciones sobre cómo puedes ayudar sin permitir que la negatividad impregne la cultura ambiental familiar.

Para iniciar, como hemos mostrado a lo largo de este libro, «primero debes colocarte tu propia mascarilla de oxígeno». Trabaja en tu propia felicidad e infelicidad antes de intentar cambiar la de tu familia. Esto podría parecer contradecir las investigaciones que dictan que deberías prestar más atención a los demás. Sin embargo, en este caso es diferente: necesitas protegerte precisamente para *poder* ayudarlos. Digamos que vives con o cerca de un padre o madre infeliz. Comienza cada día ocupándote de tu propia higiene de la felicidad: haz ejercicio, medita, llama a un amigo. Si puedes, tómate una o dos horas de distancia de la persona infeliz y concéntrate en lo que disfrutas y por lo que estás agradecido. Esto te dará las reservas de felicidad necesarias para animar a la otra persona.

En segundo lugar, si puedes, evita tomar la negatividad como algo personal. Sea que haya conflicto o no, pensar que la infelicidad de otra persona está dirigida específicamente hacia ti es algo humano. La personalización de la negatividad y el conflicto es una de las formas más poderosas como se propaga la infelicidad. Los psicólogos que estudian esta tendencia han descubierto que considerar la negatividad como algo personal puede llevarte a sobrepensar, lo cual daña la salud física y mental y arruina las relaciones porque te alienta a evitar a los demás y buscar la venganza.[40]

Si cuidas a un familiar infeliz, o solo pasas algún tiempo en la misma habitación con él, recuerda cada día: «No es mi culpa y no me lo tomaré como algo personal». Considera la infelicidad de la misma manera como lo harías con una enfermedad física. La persona afligida podría atacarte y culparte por pura frustración, pero lo más probable es que tú no aceptes esta culpa a menos que seas tú quien la haya lastimado.

En tercer lugar, rompe la cultura negativa con una sorpresa. Ayudar a otros a ser felices no es sencillo. Decir «¡Anímate!», por ejemplo (lo que los psicólogos llaman «reencuadre») suele ser contraproducente[41] (solo imagina que alguien te lo dice cuando estás de mal humor). Es mucho mejor lograr que la persona infeliz se involucre en una actividad que sabes que le gusta. Las investigaciones han demostrado que realizar una actividad agradable mejora el estado de ánimo más que no hacer nada, reprimir el mal humor o imaginar los buenos tiempos.[42]

No obstante, existe una complicación: los investigadores también han descubierto que pedir a las personas infelices que imaginen actividades felices (un paso necesario para planificarlas con anticipación) las vuelve menos propensas a participar en ellas. Esto se debe a que el estado de ánimo que se les exhorta a imaginar les parece difícil de alcanzar, lo cual provoca que la actividad feliz también parezca difícil. Incluso si normalmente te gusta andar en bicicleta, puede parecer una tarea ardua cuando estás triste o deprimido. Sin embargo, si de pronto un miembro de la familia aparece para dar un paseo espontáneo, es posible que solo digas que sí —y que probablemente lo disfrutes—.

Por último, evita la propagación. Hasta ahora, el consejo se ha dirigido a quien quiere ayudar a un miembro infeliz de la familia. Si tú eres ese miembro, recuerda que tus seres queridos solo quieren ayudar. Lograrlo podría hacerlos más felices. De forma más concreta: las personas que te aman no quieren que sufras. Aislarte o fingir que eres feliz solo para hacer que los demás estén más cómodos no beneficiará a nadie. En lugar de ello, comunícate de manera activa con ellos para ayudar a mantener relaciones saludables. Quizás esto signifique decirle a tu hermano: «Quiero que sepas que, aunque ahora estoy pasando por un momento difícil, no es culpa tuya». O tal vez implique una evitación estratégica durante determinado horario del día, si es que tiendes a sentirte deprimido en momentos específicos. La conclusión es que, si bien es posible que no logres mejorar tus sentimientos, puedes elegir cómo hablas y tratas a los demás, lo cual les otorgará más energía a tus seres queridos para ayudarte cuando lo necesites.

Desafío 4

PERDÓN

¿Alguna vez has oído hablar de la trampa para monos del sur de la India?[43] Consiste en un coco ahuecado con algo de arroz en su interior, encadenado a una estaca. El coco tiene un agujero en la parte superior lo suficientemente grande como para que un mono pueda introducir su mano, pero no tan grande como para extraer un puñado de arroz. Mientras los aldeanos observan a la distancia, un mono hambriento se aproxima y queda atrapado. El animal permanece ahí, sin poder o querer ceder su puñado a cambio de su libertad; entonces, los aldeanos se acercan y se lo llevan.

Antes de decir algo desagradable sobre el «mono tonto», pregúntate si estás haciendo más o menos lo mismo cuando se trata de los conflictos en tu vida familiar. ¿Desearías que la cultura ambiental fuera más cálida, pero te frena una ira no resuelta? Si es así, estás atrapado en una trampa emocional para monos.

Sin embargo, no estás solo; todos enfrentamos esta situación de vez en cuando en nuestras familias, y no solo en los casos obvios en los cuales nos aferramos a sentimientos negativos y nos negamos de manera rotunda a perdonar. Algunas veces saboteamos la libertad que anhelamos inclusive cuando decimos que hemos perdonado a otras personas, ya sea porque todavía albergamos resentimiento en el fondo o porque nos aferramos a ciertas ofensas para utilizarlas más tarde contra quienes nos han dañado. Para alcanzar una felicidad y una libertad más plenas, todos debemos abandonar esta clase de perdón parcial.

En 2018, un grupo de académicos identificó cuatro estrategias exitosas de perdón que los miembros de la familia utilizan para sanar una relación después de una transgresión o un conflicto: la discusión («Hablemos de esto para que pueda liberar el dolor»); el perdón explícito («Te perdono»); el perdón no verbal (como mostrar afecto después de una pelea); y la minimización (que implica restarle total importancia a la transgresión y solo elegir ignorarla).[44] Los investigadores descubrieron que dichas estrategias pueden ser efectivas, y que la elección suele depender de la gravedad de la falta.[45] Por ejemplo, la discusión se utiliza con mayor frecuencia para las peores ofensas, como la infidelidad en el matrimonio. Por su parte, la minimización y el perdón no verbal se emplean para los asuntos menos problemáticos, como llegar tarde a cenar. El perdón explícito probablemente sea la mejor opción para los conflictos que se encuentren en algún punto intermedio.

Ahora bien, hablar sobre un problema o decirle a alguien «Te perdono» requiere mucho esfuerzo, lastima tu orgullo y podría significar renunciar a algo que deseas, así que, a veces, las personas prueban utilizar atajos que *parecen* buenas maneras de resolver un conflicto, pero que al final no funcionan.

Los investigadores han escrito sobre el *perdón condicional*, en el cual se posterga la reivindicación y se restringe a estipulaciones («Te perdonaré cuando hagas A y B»), y el *pseudoperdón*, es decir, cuando un miembro de la pareja decide reprimir o ignorar un problema sin perdonar en verdad (lo cual no debe confundirse con la minimización, que es diferente).[46]

El perdón condicional puede brindar lo que los estudiosos llaman «protección emocional» (esto es, una sensación de seguridad) a la pareja lastimada; sin embargo, suele mantener la herida abierta. Por su parte, el pseudoperdón puede prolongar un vínculo familiar infeliz porque no se perdona realmente, lo cual, según muestra la evidencia científica, es un mal augurio para la sobrevivencia de una relación.

Por varias razones, el perdón condicional y el pseudoperdón pueden parecer atractivos para un familiar agraviado. El perdón condicional le ofrece a la víctima poder sobre el transgresor: es una manera de lograr un comportamiento deseado al ofrecer el anzuelo del verdadero perdón. El pseudoperdón, por su lado, no resuelve nada y puede alimentar un rencor que se aprovecha en momentos de irritación. Ambos son trampas para monos: cada uno es un puñado de arroz emocional que elegimos en lugar de liberarnos de la ira y la amargura.

Para evitar la trampa emocional del mono, deberás decidir no caer en ella de modo deliberado. Soltar el arroz requiere paciencia y autocontrol. Primero, cuando elijas perdonar, recuerda que resolver un conflicto no es caridad: te beneficia a *ti* principalmente. La metáfora de la trampa para monos deja esto claro, al igual que la sabiduría de todos los tiempos. El sabio budista del siglo V, Buddhaghosa, escribió que, al permitirte sentir ira y negarte a perdonar, «eres como un hombre que quiere golpear a otro y toma una brasa encendida… entonces, primero se quema él mismo».[47] Abundantes investigaciones modernas respaldan esta idea, y muestran que el perdón beneficia al perdonador de forma física y mental.[48]

En segundo lugar, amplía tu repertorio de resolución de conflictos, en especial cuando lo que ya has intentado no funciona. Tal vez seas un minimizador natural, que se apresura a perdonar a los miembros de su familia porque sueles ignorar con facilidad sus agravios. Sin embargo, la persona con la que tienes un conflicto podría creer que la gravedad de la situación es demasiado grande para resolverse de esta manera. Si alguien te hirió, elévalo al perdón explícito. Si el problema es mutuo, intenta conversar y solucionarlo.

Y tercero, no descartes la minimización demasiado rápido. En muchos casos, la solución perfecta es abandonar un conflicto en lugar de intentar resolverlo. Pregúntate si tu argumento es en verdad lo suficientemente importante como para, digamos, perder el contacto con tu ser querido, y actúa en consecuencia.

Desafío 5

DESHONESTIDAD

¿Hay algo que no te atreverías a contarle a tu familia? Existe un gran número de buenas y lógicas razones para no decir lo que piensas, en especial cuando otras personas disienten de forma contundente. Se siente horrible ofender a los demás y puede tener consecuencias desagradables. No decir la verdad o asentir aunque no estés de acuerdo puede parecer práctico, a pesar del hecho de que estés gritando tu inconformidad por dentro.

Sin embargo, podría ser que el verdadero acto de amor sea dejar de evitar los problemas y no hacer más que mirar hacia afuera y decir lo que ves (es decir, ser valiente y trabajar para tener una familia que pueda soportarlo).

En la década de 1990, el escritor y psicoterapeuta Brad Blanton argumentó justo esto en su libro *Honestidad radical*. Cuando la verdad es difícil de aceptar, decirla puede implicar costos, incluidas las relaciones desgastadas en casa.[49] No obstante, Blanton sugirió que la honestidad íntegra (sin mentiras piadosas y sin excepciones) bien vale las consecuencias porque puede reducir el estrés, profundizar la conexión con los demás y disminuir la reactividad emocional.

Si perteneces a la generación «no hablemos de eso» de las relaciones familiares, este argumento podría despertar tu escepticismo. No obstante, las investigaciones favorecen la honestidad. Las familias en que las personas reprimen sus sentimientos y creencias no se encuentran en su mejor versión, porque sus miembros no pueden participar con todo su ser en el disfrute. Para evitar la infelicidad que provoca el conflicto, terminan privándose de la felicidad que proviene de una mayor intimidad y comprensión.

¿Por qué ocultamos la verdad a nuestros seres queridos (o incluso les mentimos)? Por mucho que nos gustaría decir que estamos protegiendo a los demás, lo que en realidad nos motiva es un enfoque excesivo en nosotros mismos. Queremos reforzar su opinión sobre nosotros («La escuela va bien»), evitar conflictos («Estoy de acuerdo con tus opiniones políticas») o proteger a los demás («Te ves genial, papá»).[50] Y luego está la pereza pura. Cuando mamá pregunta «¿Te gustó la cena?», es posible que no tengas la energía para explicarle que estaba demasiado salada.

Algunas mentiras pueden hacer que la vida sea más fácil, pero como la mayoría de los comportamientos centrados en uno mismo, no necesariamente hacen la vida *más feliz*. Cuando se descubre una mentira, por lo general se daña la confianza. Incluso las pequeñas mentiras piadosas pueden tener este efecto en la vida familiar. Cuando les contamos a los miembros de la familia cosas que creemos que quieren escuchar, los tratamos como si fuéramos extraños evitando conflictos. Imagínate saber que a tu cónyuge le resultó más fácil solo seguirte la corriente. Lo más probable es que eso te moleste demasiado. Para ser más feliz, la cercanía supera a la armonía momentánea.

La importancia de la honestidad es que sientes suficiente amor por los demás como para ser exactamente quien eres, con total transparencia, aunque sea difícil para ambas partes. Por supuesto, es más fácil decirlo que hacerlo, en especial si tu familia posee una larga historia de guardárselo todo. Por fortuna, las investigaciones psicológicas pueden ayudarte a empezar.

Primero, antes de ser transparente, solicita y acepta la honestidad de los demás. Algunas personas están bastante dispuestas a ser sinceras con todo el mundo, sin importar quién se ofenda, pero cuando se les revelan verdades que les resultan difíciles de aceptar, entonces se vuelven irritables. La tendencia a repartir críticas sin ser capaz de aceptarlas es uno de los rasgos clásicos de los narcisistas y, para decirlo de manera menos académica, es el estilo de los imbéciles hipersensibles, que se ofenden y se enojan por todo lo que se les dice.[51] Tal comportamiento no es una expresión de amor.

Comprometerte con la honestidad comienza con el compromiso de ser honesto contigo mismo y hacer un esfuerzo por buscar y aceptar la honestidad de los demás, en especial la de los seres queridos. Pídeles a las personas que te digan la verdad tal como ellos la ven, empezando por las más cercanas a ti, y asume el compromiso de no ofenderte cuando lo hagan. Considera que las opiniones de los otros no son hechos, lo cual significa que debes usar tu criterio para evaluar si permites que esa verdad afecte tus acciones. Además, algunas veces, lo que escuches tendrá la intención de ofenderte y casi siempre podrás optar por no sentirte así.

En segundo lugar, ofrece la verdad para sanar, nunca para dañar. Lo que por lo general frena nuestra capacidad de persuadirnos unos a otros es que utilizamos nuestras opiniones como arma en lugar de brindarlas como un regalo. El mismo principio aplica, y con mayor fuerza, cuando se trata de la verdad. Si tú te guardas la verdad convenientemente y la usas para lastimar a los demás cuando te sientes herido (como lo hacemos con frecuencia en discusiones emocionales con familiares), entonces tu honestidad no es una expresión de amor. Busca en los demás las virtudes más que las imperfecciones. Si haces esto, la mayor parte de las verdades que pronuncies serán apreciaciones honestas y elogios.

En tercer lugar, haz que la verdad sea atractiva. Si de pronto necesitas ofrecer una evaluación poco positiva, piensa cómo puedes replantearla como una oportunidad de crecimiento. Entonces, en lugar de decirle a alguien: «Estás equivocado», mejor di: «Existe una forma diferente de abordar este problema». Por supuesto, tus comentarios honestos no siempre serán apreciados, pero se puede suavizar el golpe.

Tal vez tu familia es de tal temperamento que asumir la política de la honestidad te parezca una verdadera locura. Empieza poco a poco y explícales a los miembros de tu familia que eso es lo que deseas hacer para que puedan entenderse mejor. Poco a poco resultará más fácil, todos se protegerán menos a sí mismos y serán más generosos. Lo mismo sucede con el ejercicio: tal vez tome un tiempo, pero al final se convertirá en un hábito y luego lo sentirás como una necesidad. A medida que desarrolles este músculo, podrás expandir la honestidad hacia amigos y extraños. Sin embargo, recuerda siempre practicarla de tal manera que no pierdas de vista la intención de sanar; asimismo, plantéala de modo atractivo, para que siga siendo un acto de amor.

NO TE RINDAS

La vida familiar puede brindarte una alegría tan especial que ningún otro pilar para construir una vida más feliz puede desplazarla. Sin embargo, hasta las familias mejor adaptadas enfrentan desafíos, en especial en lo que respecta al conflicto, la compatibilidad, la negatividad, el perdón y la honestidad. En resumen, aquí te presentamos las principales lecciones para hacer de cada desafío una fuente de crecimiento.

1. No evites el conflicto, porque es la oportunidad que tiene tu familia de aprender y crecer si descubres dónde se origina y lo manejas de manera adecuada.
2. Normalmente, asumes que la compatibilidad es clave para el éxito de una relación y que la diferencia genera conflicto. En realidad, necesitas suficiente compatibilidad para funcionar, pero tampoco tanta. Lo que en verdad necesitas es complementariedad, es decir, que tu pareja te complete como persona.
3. El ámbito familiar puede enfermarse con el virus de la negatividad. Este es un tema básico de la gestión emocional, pero aplicado a un grupo en lugar de a ti como individuo.
4. El arma secreta en todas las familias es el perdón. Casi todos los conflictos no resueltos se deben a un resentimiento latente, por lo que perdonarse unos a otros de forma explícita e implícita es en extremo importante.
5. El perdón explícito y casi todos los temas difíciles de tratar requieren una política de honestidad. Cuando las familias se guardan la verdad, sus miembros no pueden estrechar los vínculos.

Un último punto: si la relación con tu familia es especialmente difícil, a veces puede parecer que no tiene caso trabajar para mejorarla. Es fácil darse por vencido. De hecho, casi todos los días escuchamos a personas de todo el mundo que se sienten atrapadas en problemas familiares que, en apariencia, carecen de solución. Tal vez has dicho: «Solo quiero irme, dejar atrás a estas personas y seguir con mi vida».

Rendirse casi siempre es un error, porque «esas personas», de manera mística, son *tú* también. Tu cónyuge es una realización de ti como persona. Tus hijos te brindan una visión poco común de tu propio pasado. Tus padres son una imagen de tu futuro. Tus hermanos son una representación de cómo te perciben los demás. Renunciar a eso significa perder la posibilidad de observarte a ti mismo; es desaprovechar la oportunidad de ampliar tu autoconocimiento y progresar como persona. Si es posible, nunca renuncies a las relaciones que no elegiste.

Pero ¿y qué ocurre con las relaciones que *sí* elegiste? Estas son tus amistades, y ese es el siguiente pilar de nuestra vida que debemos construir.

Seis

La amistad que es profundamente real

«Desde la hora de mi niñez, nunca he sido como los demás», comienza Edgar Allan Poe su inquietante poema de 1829, «Solo».[1] Ahí detalla su incapacidad para establecer una conexión emocional con otras personas, para compartir alegrías y tristezas. «Todo lo que amé, lo amé solo».

Poe no era una figura solitaria en particular; creció en una familia bastante normal, asistió a la escuela e hizo su servicio militar. Sin embargo, a pesar de todo, nunca estableció conexiones humanas profundas, más allá, quizá, de su prima Virginia, con quien se casó cuando ella tenía 13 años (él tenía 27), pero que murió de tuberculosis unos años más tarde.

Según su obituario, Poe «tenía pocos amigos o ninguno».[2] La mayoría de las personas simplemente no merecía su tiempo. Y no es que no hubiera quien quisiera su compañía; era *él* quien no deseaba tanto la de *ellos*. De nuevo, su obituario: «Había tomado una decisión sobre las innumerables complejidades del mundo social, y todo el sistema para él era una impostura». Su soledad fue autoimpuesta.

Aun así, Poe sufría de modo terrible su falta de amigos; con alcohol y juegos de azar buscaba aliviar su dolor. Antes de morir a los 40 años en circunstancias que posiblemente implicaran una intoxicación etílica, confesó su problema. «No fue en la búsqueda de placer que puse mi vida, mi reputación y mi razón en peligro», afirmó. Más bien, era «una sensación de soledad insoportable».[3]

La amistad es el segundo pilar para construir una vida más feliz, ya que los amigos pueden aligerar la carga de los días más pesados. Existen pocas alegrías en la vida tan maravillosas como ver a un amigo cercano después de una larga separación. Sin amigos, nadie puede prosperar. Esta es la conclusión clara de décadas de investigación.[4] La amistad representa casi el 60% de la diferencia en felicidad entre individuos, sin importar cuán introvertidos o extrovertidos sean.[5] Una vida con amigos cercanos puede ser feliz incluso cuando muchas otras cosas marchen mal. Una vida sin amigos cercanos es como una casa en invierno (en Massachusetts) sin calefacción.

Es lamentable que este último caso sea cada vez más común en nuestra sociedad. En encuestas, los científicos sociales suelen hacer preguntas como «¿Cuándo fue la última vez que tuviste una conversación privada en la que compartiste información, sentimientos o problemas personales?». En las últimas tres décadas, el porcentaje de estadounidenses que respondía «nunca» casi se duplicó.[6] Asimismo, el porcentaje de quienes afirman tener menos de tres amigos cercanos se ha duplicado desde 1990.[7]

Las razones de esto se parecen muchísimo al síndrome de Poe, pero a escala masiva. Estamos descuidando intencionadamente las amistades, e incluso alejándolas. Nuestra fijación por las pantallas y las redes sociales hace que sea más fácil que nunca estar solo, y muchos jóvenes incluso confiesan que hacer amigos en persona ahora les resulta incómodo o aterrador. Nuestra venenosa guerra cultural ha roto también buenas amistades: los datos de las encuestas demuestran que cerca de uno de cada seis estadounidenses ha dejado de hablar con un amigo o familiar desde 2016 debido a la política.[8]

Y luego, por supuesto, está el COVID-19. Si tu vida no volvió a la «normalidad» del 2019, no estás solo. En una encuesta realizada en marzo de 2022, el 59% de los participantes afirmó que todavía no había regresado por completo a sus actividades anteriores a la pandemia.[9] Lo más grave para la felicidad es que ahora muchas personas otorgan menos prioridad a socializar por diversión que en el «pasado». En una encuesta realizada mucho después de que terminara el confinamiento, el 21% de los participantes expresó que socializar se había vuelto más importante para ellos desde el brote del coronavirus, pero el 35% comentó lo contrario.[10] Muchos se sienten ansiosos por socializar. La razón principal es «no saber qué decir o cómo interactuar»,[11] es decir que muchos de nosotros simplemente hemos olvidado cómo hacer amigos.

La buena noticia es que nunca es demasiado tarde para volver a aprender habilidades de la amistad y retomar viejas relaciones. Con la información adecuada, es posible afrontar casi todos los retos. En este capítulo abordaremos los cinco desafíos más frecuentes y cómo el hecho de gestionarlos puede convertirlos en valiosas oportunidades de crecimiento.

Desafío 1

TU PERSONALIDAD

Según todos los indicios, Edgar Allan Poe era introvertido. Quizá también tú lo seas y consideres que eso es un factor inhibidor en tu capacidad de hacer más amigos y acercarte a las personas. Sin embargo, no tiene por qué ser así. De hecho, lo que podría parecer un gran impedimento para forjar más amistades en realidad podría ser tu fortaleza, si lo utilizas correctamente.

Una manera fácil de medir la salud de la amistad es observar la cantidad de amigos que tienes. Leerás aquí o allá que necesitas tres, cinco o algún otro número específico para ser feliz. Esto es arbitrario, y no contempla tu personalidad específica. Esta es la regla general: necesitas al menos un amigo cercano además de tu cónyuge. El límite máximo es, quizá, de diez amistades a las cuales puedes dedicar, de manera realista, suficiente tiempo para considerarlas cercanas. El número exacto depende de ti y, en especial, de si eres introvertido o extrovertido. Ninguno es mejor o peor que el otro si se gestiona de forma correcta, pero cada personalidad puede acarrear sus propias dificultades.

Los psicólogos consideran la extroversión/introversión como una de las grandes cinco dimensiones de la personalidad, junto con la amabilidad, la apertura, escrupulosidad y neurotismo.[12] La teoría de los cinco grandes rasgos ha sido un elemento básico de la psicología desde la década de 1980, pero el sistema binario introversión/extroversión fue popularizado por primera vez en 1921 por el psiquiatra suizo Carl Jung, quien postuló que ambos grupos poseen distintos objetivos primarios de vida.[13] De acuerdo con Jung, los primeros buscan establecer autonomía e independencia; en cambio, los segundos procuran la unión con los demás. Estos estereotipos han persistido hasta el día de hoy.

El psicólogo Hans Eysenck, nacido en Alemania, desarrolló aún más la teoría de Jung en la década de 1960, argumentando que nuestra genética determina nuestra relativa extroversión.[14] Él consideraba que era más difícil lograr la excitación cortical (es decir, el nivel de alerta del cerebro) para los extrovertidos que para los introvertidos; por ello, los primeros buscan estimulación constante en la compañía de otros, idealmente, compañía fresca de gente nueva.[15] Investigaciones posteriores han arrojado resultados mixtos sobre la teoría específica de Eysenck, pero han encontrado claras diferencias cognitivas entre ambos grupos.[16]

En general, los extrovertidos son más felices que los introvertidos. En 2001, un conjunto de académicos de Oxford dividió una muestra de encuestados en cuatro grupos: extrovertidos felices, extrovertidos infelices, introvertidos felices e introvertidos infelices.[17] Los extrovertidos felices superaban en número a los introvertidos felices en una proporción de dos a uno. Por lo regular, la diferencia de felicidad entre introvertidos y extrovertidos se explica a través de estereotipos como los de Jung y Eysenck: los humanos son animales inherentemente sociales, por lo que el contacto les brinda felicidad y, dado que los extrovertidos lo buscan, son, por ende, más felices.

Asimismo, los extrovertidos poseen una ventaja natural en cuanto a entusiasmo («un estado mental apasionado», de acuerdo con un famoso psicoanalista de la década de 1960), pues es un elemento de la personalidad asociado de forma estrecha con la felicidad.[18] El entusiasmo por los acontecimientos de la vida conduce a un mayor disfrute y un mejor humor. También reduce la tendencia a retraerse socialmente.

El hecho de que los introvertidos prefieran la soledad y a menudo tengan dificultades con la sociabilidad no significa que no necesiten amigos. Más bien, indica que puede ser complicado forjar nuevas amistades para ellos. Por su parte, los extrovertidos enfrentan un desafío diferente: profundizar. Suelen revolotear entre muchas personas a las que conocen poco y pueden encontrar un vacío en sus vidas cuando ocurre una crisis y no tienen a nadie a quien recurrir que realmente los conozca y los ame.

Ya seas introvertido o extrovertido, tu personalidad no tiene por qué obstaculizar las amistades reales, siempre y cuando te autogestiones. Una buena manera de hacerlo es aprendiendo de tu opuesto. Por ejemplo, una fuente de felicidad para casi todo el mundo es la esperanza por el futuro, un sentido de propósito de la vida y la autoestima.

A los extrovertidos les encanta hablar con los demás sobre el futuro, sus sueños, su propósito de vida. Como los psicólogos han demostrado durante un largo tiempo, tendemos a actuar según los compromisos que hemos externado con las otras personas, por lo que el hábito extrovertido de contarles a tus recién conocidos sobre tus objetivos hace que sea más probable que los alcances y, por lo tanto, que seas más feliz.[19] A los introvertidos les resulta incómodo platicar sobre sus esperanzas y sueños personales con gente extraña. Entonces, el consejo sería hablar de sus castillos en el cielo con sus seres cercanos y amistades de forma individual.

Por su parte, los extrovertidos deberían aprender de los introvertidos cómo establecer y mantener algunas amistades profundas. Esto no resulta tan fácil para ellos debido a su amor por las multitudes, el público, el contacto nuevo y la emoción. Las investigaciones muestran que suelen tener muchas amistades superficiales con personas de igual carácter,[20] de modo que, cada año, deberían fijarse la meta de profundizar en una amistad. Para ello, tendrán que organizar su vida social, de forma específica, con el fin de sostener conversaciones uno a uno sobre asuntos profundos, en lugar de insistir en congregarse en grupos. Deben evitar temas triviales como pasatiempos y política, y mejor elegir temas trascendentales como la fe, el amor (y la felicidad). Esto fortalecerá algunas de esas amistades y, en otros casos, les mostrará rápidamente si deberían buscar vínculos profundos en otra parte.

Desafío 2

UTILIDAD EXCESIVA

¿Te resultan útiles tus amigos? «Eso espero», podrías decir. Pero ese es un error para la felicidad.

Haz una lista de los primeros diez amigos que se te ocurran.

A algunos les enviarías mensajes de texto con cualquier tontería; a unos más los llamas solo un par de veces al año; a otros los respetas demasiado; los demás te agradan, pero no los admiras como tal. De igual forma, la gente te clasifica dentro de estas categorías. Tal vez le resultes útil a una persona y seas un confidente para otra. Obtienes cosas distintas de diferentes relaciones, lo cual está muy bien.

Sin embargo, existe un tipo de amigo que casi todas las personas tienen: aquel del que necesitas o quieres algo. No necesariamente *utilizas* a esa persona (el beneficio puede ser mutuo), pero la conexión principal de la amistad rebasa la camaradería. Él o ella es *útil*.

Estas constituyen lo que algunos científicos sociales llaman «amistades por conveniencia» (personas que podríamos considerar «amigos de trato»). Representan, probablemente, el tipo de amistad más común entre la mayoría de nosotros.[21] El adulto promedio tiene cerca de 16 amigos, según una encuesta de 2019 llevada a cabo entre dos mil estadounidenses.[22] De todos ellos, alrededor de tres son «amigos para toda la vida» y cinco son personas que de verdad les agradan. No obstante, con las otras ocho no pasarían tiempo a solas. Por lógica, podemos inferir que estas amistades no son un fin en sí mismas, sino que resultan fundamentales para algún otro objetivo, como avanzar en la carrera profesional o facilitar una dinámica social.

Las amistades por conveniencia pueden ser una parte placentera (y, en definitiva, útil) de la vida, pero no suelen brindar alegría ni consuelo duraderos. Si descubres que tu vida social te hace sentir un tanto vacío e insatisfecho, podría deberse a que tienes demasiados amigos de trato y pocos amigos *reales*.

Numerosas investigaciones han indicado que uno de los mejores predictores del bienestar en la mediana edad es poder contar con algunos amigos en verdad cercanos.[23] Como comentamos arriba, no tienen por qué ser diez; de hecho, las personas tienden a disminuir su selección de amigos, lo cual resulta en un círculo más pequeño a medida que envejecen.[24] Sin embargo, el número debe ser mayor a cero y la lista debe extenderse más allá de tu cónyuge o pareja.

Razón de más, entonces, para evaluar honestamente tus amistades. Una manera práctica para hacerlo proviene nada menos que del antiguo filósofo griego Aristóteles, de su *Ética a Nicómaco*.[25] El estagirita argumentaba que las amistades podían clasificarse según una especie de escalera. En el peldaño inferior (donde las personas establecen conexiones menos emocionales, por lo cual el compromiso es más débil) se encuentran los amigos de trato, aquellos basados en la utilidad mutua en el trabajo o la vida social. Se trata de colegas, socios en una transacción o personas que pueden hacerse favores entre sí. Más arriba están las amistades basadas en el placer, es decir, te une a ellas algún rasgo que te gusta o admiras del otro; por ejemplo, su inteligencia o sentido del humor. En el nivel más alto se hallan las amistades de virtud, o lo que Aristóteles llamaba la «amistad perfecta». Estas son un fin en sí mismas y no son instrumentos para alcanzar nada. Aristóteles diría que son «completas», lo cual significa que se buscan por ellas mismas y se viven plenamente en el presente.

Estos niveles no son excluyentes entre sí: puedes compartir el camino al trabajo con un amigo que tenga la honestidad inquebrantable que te esfuerzas por emular. Más bien, se trata de clasificar a las amistades según su función principal.

Podrías ser incapaz de expresarlo con palabras, pero probablemente sabes cómo se sienten esas amistades «perfectas». Con frecuencia, comparten un amor por algo fuera de ustedes, ya sea algo trascendental (como la religión) o algo que solo es divertido (como el beisbol), pero el vínculo no depende del trabajo, ni del dinero, ni de la ambición. Estas son las amistades íntimas que nos brindan una satisfacción profunda.

En contraste con estas amistades reales, las amistades de trato (aquellas que están en el nivel más bajo de la escala de Aristóteles) son menos satisfactorias. Las sentimos incompletas porque no involucran todo nuestro ser. Si la relación es necesaria para el desempeño laboral, podría requerir que mantengamos una conducta profesional. No podemos darnos el lujo de arriesgar estas conexiones mediante confrontaciones, conversaciones difíciles o intimidad.

Por desgracia, a muchos de nosotros, los incentivos sociales nos empujan a buscar amistades de trato y alejarnos de los verdaderos amigos. El empleado estadounidense promedio pasa cuarenta horas en el trabajo durante la semana laboral. En puestos de liderazgo, las cifras son mucho más altas.[26] La mayoría trabaja con otras personas, lo cual significa que compartimos mucho más tiempo con nuestros colegas que con nuestra familia o amigos fuera del empleo. Así, los amigos de trato pueden terminar desplazando con facilidad a los amigos reales, de modo que nos quedamos sin las alegrías que estos últimos podrían proporcionarnos.

Ante todo esto, ¿qué vas a hacer? Primero, regresa a tu lista de diez amigos. Al lado de cada nombre, escribe «real» o «trato». Algunas de estas decisiones implicarán un juicio, sin duda, y eso está bien; simplemente haz lo mejor que puedas. Luego, respecto a los «verdaderos amigos», pregúntate cuántos de ellos te conocen en verdad, quiénes se percatarían si te encuentras un poco mal y te dirían: «¿Te sientes bien hoy?». ¿Con cuántas de esas personas te sientes cómodo hablando de asuntos personales? Si te cuesta nombrar incluso a dos o tres, ya tienes un primer indicio. Ahora bien, aunque puedas hacerlo, sé honesto: ¿cuándo fue la última vez que sostuviste una conversación así con alguno de ellos? Si ha pasado más de un mes, es posible que te estés engañando acerca de lo estrecha que es esa amistad.

¿Cuántas personas quedan en tu lista? Si no resta nadie más que tu cónyuge o pareja, hemos identificado un problema a resolver.

La clave para una verdadera amistad es establecer una relación que no sea un trampolín hacia otra cosa, sino más bien una bendición que perseguir por sí misma. Una forma de lograrlo es buscar amigos no solo fuera de tu lugar de trabajo, sino también de todas tus redes profesionales y educativas. Entabla una amistad con alguien que de verdad no pueda hacer por ti otra cosa que cuidarte y brindarte una buena compañía.

La cualidad a buscar es la *inutilidad* (es decir, que no sea útil, y no la *insustancialidad*, esto es, que carezca de valor: ¡todos hemos tenido esa clase de amigos!). Para encontrarla, necesitarás frecuentar lugares que no estén vinculados con tus ambiciones mundanas. Por ejemplo, un templo, un lugar de boliche o una asociación caritativa no relacionada con tu trabajo. Ahí podrías conocer personas con las cuales compartir tu cariño, pero sin avanzar en tu carrera profesional. Cuando conozcas a alguien que te agrade, no lo pienses demasiado, invítalo a tu casa.

En nuestro mundo acelerado, donde el éxito profesional se valora por encima de todo lo demás y el «trabajismo» se ha convertido en una especie de culto religioso para muchos, puede ser fácil rodearnos de amigos de trato.[27] Sin embargo, esto conlleva perder de vista la más importante de las necesidades humanas: conocer a los demás a profundidad y ser conocido por ellos de la misma forma. Personas de distintas religiones consideran que este conocimiento profundo es medular en su relación con lo divino; asimismo, es esencial para lograr el cambio en psicoterapia.[28]

Una de las grandes paradojas del amor es que nuestra necesidad más trascendental es cubierta por personas que, en un sentido mundano, no necesitamos en absoluto. Si tienes suerte y trabajas para profundizar tus relaciones, pronto descubrirás que tienes uno o dos amigos reales a quienes puedes decirles: «No te necesito: simplemente te amo».

Las amistades perfectas, tan hermosas como son, pueden ser muy difíciles de mantener. En cambio, los amigos de trato generalmente aparecen una y otra vez en tu vida en el transcurso de los años laborales, así que no necesitas hacer un esfuerzo especial para conservarlos. Sin embargo, los verdaderos amigos son otro tema. Cuando tu vida está ocupada con la familia y el trabajo, es muy fácil dejar que se vayan quedando en el camino. Alguien que fue tu amigo perfecto en la universidad podría, de forma inadvertida, convertirse en alguien con quien, después de graduarte, solo hablas una o dos veces al año, y no porque así lo desees, sino porque simplemente el tiempo transcurre. Cuando llegas a la mediana edad, es bastante común tener muy pocos o ninguno de estos amigos debido a las presiones de la vida y el paso del tiempo.

Como ocurre con cualquier otra cosa de valor, es importante no creer que estas relaciones se atenderán solas, porque, por lo general, no será así. Con los amigos verdaderos de tu lista (y con quienes te gustaría que estuvieran en ella), elabora un plan concreto para mantenerse en contacto y verse. Algunas personas establecen un horario regular cada semana para llamarse por teléfono o realizar videollamadas, otras tienen la política de atender las llamadas de los demás inclusive cuando están en el trabajo o en casa (siempre y cuando sea posible). Asimismo, es muy inteligente encontrar la manera de verse en persona ya sea un día completo o una semana al año.

En una vida ocupada, no es posible mantener muchas de estas amistades, tal vez solo un par. Además de tu cónyuge, necesitas al menos una. A esa persona, el mayor cumplido que puedes hacerle es: «No me sirves para nada».

Desafío 3

APEGO A LAS OPINIONES

De las numerosas ideas religiosas y filosóficas de Oriente que han mermado en el pensamiento occidental, es probable que la segunda «noble verdad» del budismo arroje la mayor luz sobre nuestra felicidad, o la falta de ella. *Samudaya*, como también se conoce dicha verdad, enseña que el apego es la raíz del sufrimiento humano. Para encontrar la paz en la vida, debemos estar dispuestos a desapegarnos y así liberarnos de aquellos antojos pegajosos.

En principio, habrá que examinar de forma honesta nuestros apegos. ¿Cuáles son los tuyos? Dinero, poder, placer, prestigio (¿las distracciones de las cuales buscamos liberarnos a través de la autogestión emocional?). Escarba a mayor profundidad: quizá, solo sean tus *opiniones*. El propio Buda reflexionó sobre este apego y sus terribles efectos hace más de 2400 años, cuando dijo: «Aquellos que se aferran a percepciones y puntos de vista van por el mundo dándose cabezazos».[29] Más recientemente, el sabio budista vietnamita Thích Nhất Hạnh escribió en su libro *Being Peace* (*Ser paz*): «La humanidad sufre mucho debido al apego a las opiniones».[30]

Este apego puede ser desastroso para las amistades. Por supuesto, no es que sea malo mantener creencias firmes. El problema surge cuando el desacuerdo se interpone en el camino de la amistad (es decir, cuando no puedes estar cerca de alguien porque tiene puntos de vista distintos a los tuyos). Por ejemplo, tal vez sostienes opiniones políticas muy radicales y te convences a ti mismo (o te dejas convencer por otras personas) de que aquellos amigos que piensan diferente son inmorales o están equivocados. O quizá tus amigos se oponen, desde el punto de vista religioso, a un elemento en particular de tu forma de vivir y tú concluyes que están «negando tu humanidad» (no hablamos de abuso aquí, solo de diferencias en las creencias). Todo lo anterior representa el síndrome de Poe en su máxima expresión: sacrificas una amistad porque la otra persona no merece tu compañía. Sin embargo, con ello te derrotas a ti mismo, porque eso te conducirá a tu propia soledad y aislamiento.

La solución es, retomando el capítulo 2, sustituir la emoción que está causando daño por una virtud, una que cultive el amor y te invite a enfocarte en los demás. Se trata de una virtud cada vez más escasa en estos días: la humildad. En específico, un tipo de humildad que los científicos sociales llaman «epistémica». Esta te permite reconocer que el punto de vista de otra persona puede ser útil o interesante, o que, por lo menos, no debería impedirte amarla.

Obviamente, esto es difícil: si no lo fuera, uno de cada seis estadounidenses no habría cortado contacto con amigos y familiares por motivos políticos. Sin embargo, la recompensa, en términos de felicidad, es enorme. En un estudio de 2016, los investigadores diseñaron una encuesta de humildad.[31] Gracias a ella descubrieron que se asociaba de modo negativo con la depresión y la ansiedad, y de modo positivo con la felicidad y la satisfacción. Mejor aún, concluyeron que la humildad amortigua el impacto negativo de los acontecimientos estresantes de la vida. La razón no es complicada, desde la perspectiva de la neurociencia: solamente radica en que la gente humilde tiene más amigos reales, porque es más divertido estar con ella.

Como suele ocurrir con las ciencias sociales, los datos refuerzan lo que los filósofos han enseñado durante un largo tiempo.

Hacia principios del siglo V, san Agustín le proporcionó a un estudiante tres consejos de vida: «El primero es humildad; el segundo, humildad; el tercero, humildad: seguiría repitiendo esto tantas veces como me pidieran orientación».[32]

La humildad para admitir cuando nos equivocamos y cambiar nuestras creencias puede ayudarnos a forjar más amigos y ser más felices. No obstante, como nuestras defensas se encuentran desplegadas contra esta virtud, necesitamos una estrategia de guerra para transformar nuestra manera de pensar y actuar. Aquí compartimos tres estrategias que quizá quieras agregar a tu arsenal.

Primero, admite de forma veloz cuando creas que estás equivocado. Las personas odian considerar el hecho de no tener la razón, porque temen que eso los haga parecer estúpidos o incompetentes. Por ello, si te abandonas a tus instintos límbicos, lucharás hasta la muerte incluso por tus peores ideas. Esta tendencia, en sí misma, se basa en un error. En un estudio de 2015, unos investigadores compararon las reacciones de un grupo de científicos al informarles que sus hallazgos «no se replicaban» (es decir, que probablemente eran incorrectos), un problema común en el mundo académico.[33] No nos sorprendería que los científicos, como la mayoría de la gente, se pusieran a la defensiva al contradecirlos de esta manera o que incluso se empecinaran en obtener los resultados originales. No obstante, los investigadores encontraron que este tipo de comportamiento era más perjudicial para la reputación de los científicos que solo admitir que estaban equivocados. El mensaje para el resto de nosotros es: «si detectas que posiblemente no tengas la razón, abre tu mente a las perspectivas de los demás».

En segundo lugar, da la bienvenida a la contradicción. Una de las mejores formas de combatir tendencias destructivas es adoptar la estrategia de la «señal opuesta». Por ejemplo, cuando estás triste, a menudo lo último que deseas es ver a los demás, pero esto es exactamente lo que debes hacer. Cuando tus ideas se vean amenazadas y sientas que estás a la defensiva, rechaza ese instinto de modo activo y mejor busca cultivar una mayor apertura. Cuando alguien te diga: «Estás equivocado», responde con «Dime más». Forja amigos que piensen diferente a ti y desafíen tus suposiciones (de igual manera, tú desafía las suyas). Piensa en esto como construir tu «equipo de rivales», frase con la que la historiadora Doris Kearns Goodwin solía describir el gabinete de Abraham Lincoln, el cual, a diferencia del de Kennedy, lo desafió implacablemente.[34] Si esto te parece una tortura, es aún más urgente que lo pruebes.

En tercer lugar, comienza poco a poco. Supongamos que deseas obtener los beneficios de considerar el punto de vista de un amigo. Empezar es difícil, en especial si se trata de algo de gran envergadura, como tus creencias religiosas o tu ideología política. Es mejor iniciar con ideas más pequeñas, por ejemplo, tus gustos en moda e incluso tus aficiones deportivas. Reconsidera aquello que durante mucho tiempo has dado por sentado y evalúalo con la mayor imparcialidad posible. Luego, con lo poco que está en juego, ábrete a las opiniones de la otra persona.

El secreto es evitar las trivialidades. Las investigaciones acerca del establecimiento de objetivos muestran con claridad que empezar poco a poco te permite romper y cambiar hábitos.[35] Después de que avances en este proceso de autoconocimiento, podrás abarcar áreas más grandes de tu vida, incluso aquellas en las que, aunque no cambies tus puntos de vista, podrás apreciar los de los demás.

Tras dominar estas técnicas, quizá surjan críticos que dirán que eres un voluble o indeciso. Para lidiar con esto, tomemos una lección del gran economista Paul Samuelson, el primer estadounidense en ganar el Premio Nobel de Economía. En 1948, Samuelson publicó lo que podría considerarse el libro de texto de economía más célebre de todos los tiempos.[36] A medida que pasaron los años y actualizó el libro, cambió su estimación del nivel de inflación que era tolerable para la salud de la macroeconomía: primero dijo que era de 5%; luego, en ediciones posteriores, 3 y 2%. Esto llevó a la Associated Press a publicar un artículo titulado «El autor debería tomar una decisión». En una entrevista televisiva realizada después de que Samuelson recibiera el Premio Nobel en 1970, este respondió a la acusación: «Cuando los acontecimientos cambian, yo cambio de opinión. ¿Usted qué hace?».

Apostamos por que Samuelson tenía muchos amigos cercanos.

Desafío 4

PENSAMIENTO MÁGICO

Con frecuencia, no incluimos a nuestra pareja romántica en nuestra lista de amigos. La sentimos como si fuera una especie diferente, ¿no? Tal vez, en tu vida hayas tenido la experiencia de enamorarte de alguien y descubrir en el camino que, en realidad, esa persona no te gustaba mucho. Posiblemente, tuviste que terminar una relación que, en ese momento, era complicada, y quizá fue bastante desagradable. Con probabilidad, te preguntaste cómo pudiste sentir una pasión tan intensa por alguien que, después descubriste, ni siquiera te agradaba como persona.

El amor apasionado (ese sentimiento de la fase temprana de enamoramiento) es una de las experiencias más poderosas y misteriosas que cualquiera de nosotros enfrentará en la vida. Si sientes que tus emociones fueron secuestradas, en especial al principio, es porque en verdad lo fueron. El cerebro se parece, de forma sorprendente, al de alguien adicto a las drogas, ya que presenta una actividad inusualmente intensa en regiones tanto para el placer como para el dolor, por ejemplo, el área ventral tegmental, el núcleo accumbens, el núcleo caudado, la ínsula, la corteza cingulada anterior dorsal y la corteza prefrontal dorsolateral.[37] En resumen, tu cerebro se convierte en un experimento de química: la atracción física hacia otra persona se observa mediante picos en las hormonas sexuales, es decir, la testosterona y el estrógeno. La expectativa que sientes por estar con tu pareja y la euforia provienen de altos niveles de dopamina y norepinefrina.[38] Tu incómodo enamoramiento implica un déficit de serotonina.[39] Tu apego y tus celos se deben a aumentos en la oxitocina.[40]

El amor apasionado se enfoca en el *tú*. El coctel neuroquímico de tu cerebro te hace pensar todo el día en tus sentimientos y en la forma como tu pareja se relaciona *contigo*. Así que no es extraño que, a pesar de ser emocionante, no te produzca gran felicidad.

El amor apasionado tampoco dura, lo que a menudo resulta alarmante y decepcionante. Cuando la pasión retrocede, interpretamos equivocadamente que el amor se ha esfumado. Pero nada podría estar más lejos de la verdad. El baño inicial de amor romántico debe convertirse en algo estable y duradero, lo cual constituye uno de los mayores secretos para ser más feliz. La investigación de Harvard sobre el desarrollo de los adultos —que es el estudio de mayor duración sobre individuos a lo largo de su vida— muestra que el predictor más importante para la felicidad en la vejez son las relaciones estables, en especial una relación romántica prolongada.[41] Las personas más sanas y felices de

80 años son aquellas que se encontraban de lo más satisfechas con sus relaciones a los 50.

La clave para tener un romance exitoso no es tratar de mantener la pasión como primer y último objetivo; más bien, es dejarla evolucionar. Esto no significa solo permanecer juntos de forma legal: las investigaciones muestran que estar casado representa solo el 2% del bienestar subjetivo en el futuro.[42] Lo importante para la felicidad es la satisfacción en la relación, y eso depende de lo que los científicos sociales llaman el «amor de compañía»: un afecto estable, comprensión mutua y compromiso.[43] El amor de compañía es una categoría especial de amistad.

Podría parecerte que el amor de compañía suena un tanto aburrido, y esto se debe a que, por lo general, nuestra cultura popular y los medios de comunicación tienden a representar el amor y el romance de un modo poco realista, pues se apoyan de manera desproporcionada en el pensamiento mágico, es decir, en expectativas como el amor a primera vista y el vivir felices por siempre.[44] Las investigaciones sobre las películas animadas de Disney, por ejemplo, muestran que la mayoría de estas depende justo de estos argumentos.[45] Dichas películas, a su vez, pueden influir en las opiniones de niños y jóvenes sobre el romance. Un estudio de 2002 realizado con 285 estudiantes universitarios solteros (tanto mujeres como hombres) encontró una estrecha correlación entre el tiempo que pasaban viendo programas de televisión sobre el amor y el romance y la cantidad de expectativas idealistas que expresaban sobre el matrimonio.[46] Un estudio de 2016 halló que las niñas preadolescentes que hacía poco habían visto una película sobre una historia de amor tenían más probabilidades de «respaldar creencias románticas idealistas» que aquellas que habían visto una película no romántica.[47]

A pesar de gozar de una gran popularidad en historias y películas, el «amor a primera vista» carece de sentido en la realidad. Los investigadores han descubierto que eso que las personas describen como tal no se relaciona con las características reales del amor verdadero, las cuales incluyen intimidad y compromiso.[48] Más bien, puede tratarse de una frase que utiliza la gente para explicar dos situaciones: o bien cuando rememora el pasado, para agregarle romanticismo a su encuentro (sin importar la manera como en verdad haya sucedido), o bien para aludir a una atracción física de una intensidad excepcional.

En realidad, las creencias idealistas pueden causarle mucho daño a tu relación. Tomemos como ejemplo la idea del destino romántico o de las «almas gemelas», es decir, la noción de que fuerzas invisibles unen de forma deliberada a dos personas. Una investigación realizada a cientos de estudiantes universitarios ha demostrado que tales expectativas están vinculadas a patrones disfuncionales en las relaciones, por ejemplo, la suposición de que los miembros de la pareja entenderán y predecirán los deseos y anhelos de cada uno con poco esfuerzo o comunicación porque son una pareja cósmicamente perfecta.[49] En otras palabras, creer en el destino conduce a confiar en que el otro podrá leerte la mente.

En cambio, el amor de compañía es el objetivo correcto (es decir, ser los amigos más íntimos que también siguen enamorados). El amor apasionado de las primeras etapas es emocionante, justo porque la otra persona es un tanto desconocida. De este modo, una amistad íntima es imposible. El propósito es mantener viva la atracción mientras llegan a conocerse a profundidad.

Esta amistad íntima significa compartir plenamente la individualidad del otro: pasar del «yo» al «nosotros». Es obvio que puede haber desacuerdos, ira y amargura, e incluso infelicidad.

El objetivo no es evitar esto, sino aprender y crecer a través de los problemas. Es verlos como desafíos compartidos para gestionarlos de manera conjunta. La meta *no* es evitar peleas; es abordarlas desde una actitud colaborativa (donde ambos trabajan juntos para encontrar soluciones).

De acuerdo con las investigaciones, existen cinco pasos para desarrollar la amistad profunda del amor de compañía perdurable. Primero, relájate. El amor apasionado tiende a ser pesado; suele ser serio y nada gracioso. El buen amor de compañía, que conduce a una mayor felicidad, es mucho más ligero, porque los mejores amigos sacan a relucir el lado más alegre del otro. Bromean tranquilamente entre sí y se divierten juntos. Ustedes también pásenla bien, como lo harías con cualquier amigo cercano.

En segundo lugar, procura que en el amor de compañía prevalezca más la noción de ustedes que la individual. No deben tener miedo de discutir, pero hay que hacerlo bien. Los investigadores que estudian las discusiones de pareja han descubierto que quienes utilizan más palabras relacionadas con «nosotros» al pelear son propensos a tener menos excitación cardiovascular y emociones negativas, así como una mayor satisfacción conyugal que aquellos que usan términos asociados con «yo/tú».[50] Trabaja en esto, en especial si has adquirido hábitos desfavorables durante largos años. En lugar de decir «No intentas comprender mis sentimientos», prueba mejor con «Creo que deberíamos intentar comprender los sentimientos del otro». Haz que *nosotros* sea tu pronombre predeterminado cuando hables con otras personas. Si te gusta quedarte fuera hasta tarde pero tu pareja lo odia, di «Preferimos no quedarnos fuera tan tarde» cuando declines una cena a las diez de la noche por el bien de tu pareja.

En tercer lugar, gestionen su dinero en equipo. Muchas parejas actúan de manera individualista cuando se trata de su dinero; por ejemplo, mantienen cuentas bancarias separadas. Por lo general, piensan que así evitan conflictos, y tal vez así sea, pero también evitan la oportunidad de pensar y actuar como un equipo de amigos. De hecho, los académicos han demostrado que las parejas que juntan todo su dinero tienden a ser más felices y tienen más probabilidades de permanecer juntas.[51] Hacer esto podría ser más difícil para parejas con diferentes hábitos de consumo, pero las investigaciones han revelado que las personas suelen mesurarse en los gastos cuando reúnen sus recursos.[52]

En cuarto lugar, considera el conflicto como el ejercicio. Algo que todo amante del gimnasio te dirá es que, si quieres hacer del *fitness* un hábito a largo plazo, no puedes tomar el ejercicio como un castigo. Será doloroso, por supuesto, pero no deberías sentirte infeliz por practicarlo regularmente, ya que está fortaleciéndote. Para las parejas colaborativas, el conflicto puede entenderse de la misma manera: no es divertido en el momento, pero es una oportunidad para resolver problemas inevitables en equipo, lo cual reforzará la relación.[53] Una forma de hacerlo es programar tiempo para solucionar un disgusto, en lugar de tratarlo como una emergencia emocional. Estima los desacuerdos como algo para lo que *necesitan* encontrar tiempo con la finalidad de aclararlo, en vez de verlo como que *tú* me atacas a *mí*, lo cual se convierte en una emergencia inquietante.[54]

En quinto lugar, haz que tu amor de compañía sea exclusivo. Cuando el amor romántico se acota a la pareja, tanto de forma emocional como sexual, la mayoría de la gente es más feliz. Hoy en día, esto no es popular entre algunas personas, pero este consejo de vida se basa en evidencias científicas, no en la moralidad. En 2004, una gran encuesta realizada con adultos estadounidenses encontró que «el número de parejas sexuales que maximizó la felicidad durante el año previo se calcula en una».[55]

Un último punto: si bien el amor romántico de compañía es mejor cuando es exclusivo, la amistad *per se* no debería serlo. En 2007, los investigadores encontraron que los adultos casados que dijeron tener mínimo dos amigos cercanos (es decir, al menos uno además de su cónyuge) reflejaron mayores niveles de autoestima y satisfacción con la vida, así como niveles más bajos de depresión que los cónyuges que no tenían amigos cercanos fuera de su matrimonio.[56] En otras palabras, el amor de compañía de largo plazo es necesario, mas no suficiente para la felicidad.

Desafío 5

EL MUNDO VIRTUAL

En 1995, Rena Rudavsky y su familia fueron seleccionados para participar en un novedoso experimento de psicología. Los investigadores de la Universidad Carnegie Mellon instalarían una computadora en su comedor y la conectarían a internet. En ese momento, solo el 9% de los estadounidenses utilizaba esta herramienta (para 2020, casi el 91% lo hacía).[57] Rena, entonces estudiante de secundaria, recordó sentarse frente a la computadora día tras día, participar en salas de chat y navegar por internet. Al terminar, era el turno de otro miembro de la familia.

De modo curioso, este experimento no generó mucha discusión en su casa. «Conversábamos poco en el comedor cuando la computadora estaba encendida», dijo Rena. Además, «ninguno de nosotros compartió sus experiencias privadas en internet con otros miembros de la familia».

La experiencia de Rena fue típica, tal como lo demostraron diversos investigadores cuando publicaron el ahora famoso estudio «HomeNet» en 1998.[58] «Un mayor uso de internet se asoció con disminuciones en la comunicación de los participantes con los demás miembros de la familia en el hogar» y «disminuciones en el tamaño de su círculo social», escribieron los académicos. Lo que fue más inquietante es que provocó «aumentos en la depresión y la soledad [de los participantes]». Rena dice que su experiencia confirma estos hallazgos.

El estudio HomeNet podría interpretarse (y se ha hecho) como una crítica a internet, a las pantallas o a la tecnología de comunicación moderna en general. En realidad, ilustra una verdad mucho más simple sobre el amor y la felicidad: la tecnología que desplaza nuestra interacción con otras personas en la vida real disminuye nuestro bienestar y, por lo tanto, debemos manejarla con mucho cuidado. Para aprovechar todos sus beneficios, deberíamos utilizar herramientas digitales para mejorar nuestras relaciones con familiares y amigos en persona.

La pandemia de coronavirus impulsó múltiples investigaciones nuevas sobre la conexión social. Cada vez que las circunstancias de la vida social se transforman de improviso, los académicos llegamos de inmediato con nuestros portapapeles en mano para hacer preguntas molestas. Una de las líneas de investigación más productivas en los últimos años fue cómo el repentino cambio masivo hacia la comunicación digital (lejos de la que se realiza cara a cara) afectó la conexión social en general. En un estudio, unos investigadores encuestaron a casi tres mil adultos durante los primeros meses de la pandemia y descubrieron que el correo electrónico, las redes sociales, los juegos en línea y los mensajes de texto fueron sustitutos inadecuados para las interacciones en persona.[59] Las llamadas de voz y video eran mejores (aunque investigaciones posteriores también cuestionaron el valor de esas tecnologías).[60]

Es clara la manera en que las distracciones solitarias, como desplazarse o navegar en pantalla, reducen la conexión social: las hacemos en lugar de interactuar. Las comunicaciones virtuales como enviar y recibir mensajes de texto son, por diseño, interactivas y en teoría deberían ser menos dañinas. El problema es que, con ellas, perdemos *dimensionalidad*, es decir, los mensajes de texto no logran transmitir adecuadamente la emoción, puesto que no podemos oír ni ver a nuestros interlocutores y lo mismo ocurre con los mensajes directos en las redes sociales (con mayor frecuencia, las redes sociales se utilizan para transmitir información a un público más amplio, no para comunicarse con un individuo). Estas tecnologías son para las interacciones en persona lo que una versión pixelada en blanco y negro de la Mona Lisa es para la pintura real: podemos identificarlas, pero no son capaces de producir los mismos efectos emocionales.

Con interacciones de baja dimensionalidad, tendemos a saltar de una persona a otra y y así intercambiamos profundidad por amplitud. Por eso las conversaciones cara a cara tienden a ser más amplias que las que se llevan a cabo por mensaje de texto. Las investigaciones han demostrado que las conversaciones más profundas aportan mayor bienestar que las breves.[61] Asimismo, en un estudio longitudinal reciente, los adolescentes que enviaban mensajes de texto con más frecuencia que sus pares tendían a sufrir más depresión, ansiedad, agresividad y a establecer peores relaciones con sus padres.[62]

Puede parecer extraño que, incluso fuera de las circunstancias impuestas por la pandemia, adoptemos de forma voluntaria tecnologías que dañan nuestra felicidad. Sin embargo, existen dos explicaciones principales: conveniencia y presunta cortesía. Vegetar frente a una pantalla (lo que nueve de cada diez adolescentes estadounidenses dicen hacer para «pasar el tiempo») es más fácil que hablar con un amigo, y las comunicaciones virtuales, como enviar mensajes de texto, son más rápidas y sencillas que una visita o una llamada telefónica.[63] Podemos pensar en dichas tecnologías como comida para llevar de una tienda de conveniencia: no es deliciosa, pero en definitiva es fácil; además, después de comer suficientes burritos de microondas, se te olvida a qué sabe el producto real.

El experimento formativo de la infancia de Rena la hizo pensar a profundidad sobre los efectos de internet y ha tenido un impacto de por vida en el uso que ella hace de la tecnología. Tenía una cuenta de Facebook en la universidad, pero la eliminó después de graduarse y nunca la reabrió. Rena evita otras redes sociales y sus hijos no tienen presencia en internet. Su trabajo actual (que incluye, por cierto, fungir como asistente de investigación para este libro) puede desempeñarse vía virtual, pero prefiere ir a la oficina cuando es posible.

Según los estándares actuales, su vida puede parecer pasada de moda. Su hija visita a sus vecinos y, para verlos, toca a sus puertas. La familia se sienta en el porche después de cenar, y todos conversan entre sí y con los transeúntes. Ella escribe y envía cartas. Cuando usa la tecnología, procura que sea un complemento para sus amistades, no un sustituto de estas. Mantiene un grupo virtual de padres, por ejemplo, pero solo para organizar actividades en persona.

Para la mayoría de nosotros, en especial las personas que han crecido con internet, este constituye una parte incuestionable del ecosistema de la vida, pues se filtra en cada grieta, independientemente de cualquier decisión consciente de nuestra parte. Por supuesto, no vamos a regresar a la vida anterior a este tipo de tecnología. Sin embargo, podemos y debemos utilizarla con cuidado, en servicio del amor y la amistad. Para ello, he aquí dos formas de hacerlo.

Primero, elige interactuar antes que vegetar. No hay nada revolucionario en esta regla; hace 45 años, los padres les decían a los niños que salieran con sus amigos a jugar en lugar de ver la televisión. Además de que esta no cabía en el bolsillo, la diferencia ahora radica en la evidencia empírica: hoy sabemos que, en exceso, la diversión solitaria y basada en la pantalla reduce la felicidad y puede provocar trastornos en el estado de ánimo, tales como depresión y ansiedad.[64]

Para eliminar hábitos que no sean los óptimos, utiliza las opciones del dispositivo que te informan sobre la cantidad de tiempo que pasas en las redes sociales e internet, y limítate a una hora al día o menos. Otra estrategia popular, que aún no ha sido probada por la investigación académica, es cambiar a escala de grises tus dispositivos de color.[65]

En segundo lugar, crea una jerarquía de comunicación. No es viable esperar que alguien deje de enviar mensajes de texto, pero puedes recurrir menos a ellos si tienes establecido un «orden de operaciones» para hablar con tus amigos y tus seres queridos. Cuando te sea posible, haz un esfuerzo por reunirte con ellos en persona, en especial con tus amigos íntimos y tu familia cercana. Un estudio realizado en 2021 reveló que cuanta más comunicación presencial tenían las personas con los demás, más comprendidas se sentían y más satisfechas estaban con su relación.[66] Cuando sea imposible reunirse, utiliza la tecnología cara a cara o el teléfono. Envía mensajes de texto o utiliza herramientas similares solo para asuntos impersonales o urgentes.

EL FELIZ TRABAJO DE LA AMISTAD

Muchas personas conciben la amistad como algo que ocurre de forma natural, sin esfuerzo ni trabajo consciente. Sin embargo, esto es falso e incorrecto. Como todo lo que es importante, la amistad requiere atención y empeño. Debe construirse intencionalmente. Los grandes desafíos que hemos abordado en este capítulo pueden convertirse en oportunidades si recordamos cinco lecciones.

1. No permitas que una personalidad introvertida o el miedo al rechazo obstruyan tu capacidad para hacer amigos. Asimismo, evita que la extroversión te impida profundizar.
2. Arruinamos la amistad cuando buscamos personas que nos resultan útiles por motivos distintos a la camaradería misma. Construye vínculos que se basen en el amor y el disfrute de la compañía de la otra persona, no en lo que ella o él pueda hacer por ti, ya sea de manera profesional o social.
3. Hoy en día, demasiadas amistades verdaderas se ven arruinadas por diferencias de opinión. Sin embargo, si elegimos mostrar humildad en lugar de orgullo, el amor por los demás puede acentuarse, no perjudicarse. Los beneficios de esto en términos de felicidad son enormes.
4. El objetivo de un romance a largo plazo es lograr un tipo especial de amistad, no una pasión eterna. El amor de compañía se basa en la confianza y el afecto

mutuo; eso es de lo que hablan las personas mayores que todavía se aman.

5. La verdadera amistad requiere un contacto real. La tecnología puede complementar tus relaciones más profundas, pero es un terrible sustituto. Busca más formas en las que puedas estar en persona con quienes más amas.

Los dos primeros pilares sobre los cuales podemos construir una vida más feliz (la familia y la amistad) requieren mucho tiempo y compromiso. Sin embargo, muchas personas dedican una gran cantidad de tiempo a hacer otra cosa: trabajar. Si trabajas cuarenta horas a la semana y además pasas tiempo transportándote de la casa a tu empleo y de regreso, esta podría ser la actividad que más tiempo de vida te consume. Aunque sea menos importante para ti que tus relaciones con tu familia y tus amigos, con esta clase de inversión, será más difícil aumentar tu felicidad, sobre todo si tu trabajo es una fuente de miseria.

Sin embargo, «evitar ser una fuente de miseria» no es el objetivo que perseguimos: deberíamos apuntar más alto; de hecho, podemos y debemos hacerlo. El trabajo debería brindarnos felicidad más allá de solo proporcionarnos los recursos que necesitamos para sobrevivir y mantener a nuestra familia. Y ese es nuestro siguiente tema: hacer que ganar el pan de cada día sea una fuente de alegría.

Siete

Trabajo que es amor hecho visible

El tercer pilar para construir una vida más feliz es tener un trabajo significativo. Cientos de estudios han demostrado que la satisfacción en el trabajo y en la vida están relacionadas de forma positiva y son causales: es decir, el hecho de que te guste tu trabajo provoca que seas más feliz en general.[1] Dedicarte al trabajo con todo el corazón es una de las mejores maneras de disfrutar tus días, obtener satisfacción a partir de tus logros y encontrar significado en tus esfuerzos. El trabajo, en su máxima expresión, es «el amor hecho visible», en las elegantes palabras del poeta libanés Kahlil Gibran.[2]

Esa es la buena noticia. Sin embargo, también es la mala noticia, sobre todo cuando tu trabajo es monótono, carece de amor y hace que la vida se sienta como una tarea. Quizá no te brinda placer alguno salir de la cama en la mañana para ir a un trabajo al que odias, en el cual te sientes impotente, aburrido o despreciado. Algunos trabajos son, en verdad y de forma objetiva, miserables. Por tanto, esforzarse solo por sobrevivir económicamente resulta estresante en las mejores circunstancias. Sin embargo, cuando las personas aprenden que ser más feliz comienza desde el interior, la mayoría puede lograr que el trabajo sea menos estresante, más alegre y una fuente de crecimiento personal.

Sería increíble que pudiéramos decirte con exactitud cuál es el trabajo correcto y cómo conseguirlo. Sin embargo, elevar tu felicidad *no* significa encontrar un trabajo específico de mucho prestigio o que te proporcione un gran ingreso (aunque todos debemos ganar suficiente dinero para sobrevivir). Puedes amar u odiar ser abogado, electricista, ama de casa o voluntario de tiempo completo. Los investigadores que han buscado una relación clara entre la satisfacción laboral y el tipo de trabajo a desarrollar han fallado de manera abrumadora. En una encuesta de 2018, los «trabajos más felices» no tenían nada en común: asistente de profesor, analista de control de calidad, desarrollador web y especialista en *marketing*.[3] Los trabajos más infelices son, de igual forma, diversos y se relacionan muy poco con la educación y los ingresos: contador, guardia de seguridad, cajero y supervisor.

Considera los siguientes dos casos que ilustran que la felicidad depende de *ti*, y no de un trabajo específico.

Desde la universidad, el sueño de Stephanie era liderar la empresa más importante de su industria como directora ejecutiva. Trabajó, se esforzó y, cuando tenía cuarenta y tantos años, logró posicionarse en la oficina más importante. Cuando lo consiguió, obtuvo un éxito espectacular en el trabajo. Llevó a la compañía a alcanzar nuevas alturas en el ámbito económico y era muy querida. Los reportes de prensa elogiaban su liderazgo y ganó mucho dinero.

—Logré el objetivo —comentó—, y estoy orgullosa de ello.

Sin embargo, hubo sacrificios.

—No estuve presente durante buena parte de la infancia de mis hijos —reconoció—. Y eso lastimó mucho mi matrimonio.

También admitió que, si bien conocía a un gran número de personas y tenía cientos de amigos, ninguno de ellos era un amigo real: la mayoría eran clientes y colegas.

Después de más de una década de trabajo agotador y desempeño al máximo, Stephanie estaba agotada. Su junta directiva y sus empleados habrían estado felices de verla quedarse muchos años más (después de todo, las cosas marchaban muy bien para la empresa), pero, siendo honesta consigo misma, tuvo que concluir que su vida ya no pasaba la prueba de costo-beneficio para ser feliz. Hubo momentos agradables, pero el estrés los ahogó. Además, se sentía profundamente sola.

Hasta el legado que Stephanie creyó que construía era una ilusión. Regresó a visitar su empresa unos meses después de haber renunciado, entró en una opulenta sede erigida durante su mandato, pero fue como si la hubieran borrado. No había rencor, solo... movimiento hacia adelante. La nueva directora ejecutiva recorría las mismas rutas que ella, se encontraba con los mismos clientes y hacía los mismos tratos. Sus antiguos colegas eran cordiales y amigables, pero casi nadie se mostraba especialmente interesado en lo que ella hacía ahora. «¿Por qué lo estarían?», se preguntó de forma retórica. Hoy, a los 59 años, está jubilada del trabajo ejecutivo y todos la felicitan por su «éxito»; sin embargo, ella todavía busca algo que le ayude a sentirse viva de manera plena.

Ahora consideremos a Alex. Sus sueños eran más modestos que los de Stephanie. Se crio en una familia de clase media con expectativas acorde: obtendría calificaciones decentes, iría a una universidad estatal y comenzaría una carrera que le ofreciera seguridad; una fórmula plausible y racional para vivir una buena vida. No obstante, por alguna razón, esa fórmula nunca concordó bien con Alex. Fue un estudiante de nueves en la preparatoria, pero ninguna de las materias lo entusiasmaba. Fue directo a la universidad, donde estudió Contabilidad, pero para él eso era monotonía pura.

Después de la universidad, Alex consiguió un trabajo en el departamento de contabilidad de una empresa manufacturera en su ciudad natal. Estuvo ahí durante un año y luego migró a otro empleo en el cual ganaba un poco más. Durante las siguientes dos décadas cambió de trabajo cada pocos años, y para cuando había cumplido cuarenta y tantos años tenía un sueldo decente (mas no espectacular). El punto brillante de su vida fueron su familia y sus amigos. Estaba felizmente casado, tenía tres hijos y amigos cercanos de la escuela secundaria a quienes veía la mayoría de los fines de semana. También amaba los autos y disfrutaba manteniendo el suyo en impecables condiciones.

Alex cuenta que, durante este periodo, él pensaba que a nadie le gustaba el trabajo, sino que solo lo hacían por necesidad. Todos los días eran un maratón agotador para él. El papeleo lo aburría y no podía soportar mirar por la ventana de su oficina al lote del estacionamiento. Estaba agradecido por un trabajo estable que le permitía ayudar a mantener a su familia, pero pasaba todos los días viendo cómo el reloj se movía en cámara lenta hacia las cinco de la tarde, cuando por fin podía irse a casa.

Un día después de cenar, a los 45 años, Alex se quejaba con su esposa por millonésima vez sobre su trabajo. Medio escuchando, ella le preguntó:

—¿Existe algo que hagas todos los días que en verdad disfrutes?

Él lo pensó y solo se le ocurrieron dos actividades mundanas y muy divertidas:

—Me gusta conducir al trabajo y hablar con la gente en mis descansos.

—Entonces, ¿por qué no renuncias y te vuelves conductor de Uber? —bromeó ella.

Bum. Lo que pretendía ser una broma fue un momento que a Alex le cambió la vida. Él decidió hacerlo y desde hace cinco años se gana la vida conduciendo.

—De hecho, trabajo más horas y gano un poco menos de dinero que antes —dijo—, pero siempre tengo muchas ganas de ir a trabajar, porque encuentro gente nueva e interesante y puedo conducir todo el día.

Además, llega a casa de buen humor y ya nunca se preocupa por los problemas laborales. Todo ello lo convierte en un mejor esposo y padre.

—Mi felicidad ahora alcanza el doble de lo que sentía antes —informó.

Ambas historias son reales, no ejemplos inventados. Solo cambiamos los nombres y algunos detalles para proteger la identidad de los protagonistas.

No lo malinterpretes: nada en estas dos historias sugiere que Stephanie o Alex hayan enfrentado situaciones desfavorables en la vida ni que hayan tomado decisiones irracionales. Tampoco significa que llegar a ser director ejecutivo o conducir para ganarse la vida conlleve, de forma inherente, más o menos felicidad que el otro. Podría ser que dirigir una empresa te resultara algo maravilloso y ser chofer fuera horrible, o viceversa. El trabajo más elegante puede ser una decepción o un triunfo, y un trabajo «ordinario» con un salario moderado puede ser un deleite o algo terrible. La decisión de quedarte en casa para criar a tus hijos, si puedes permitírtelo, puede ser maravillosa... o no. La jubilación puede aumentar o disminuir tu felicidad.

Construir una carrera profesional que te haga más feliz implica comprenderte a ti mismo. Significa ser el jefe de tu propia vida, aun cuando técnicamente no seas el jefe en el trabajo. Para hacerlo, deberás enfrentar cuatro grandes desafíos. Alex los superó y eso le permitió alcanzar una felicidad mucho mayor; no obstante, a Stephanie no le ocurrió igual.

Desafío 1

OBJETIVOS PROFESIONALES

Podrías ser una persona que ama con locura su empleo, que tiene un exacto y saludable equilibrio entre el trabajo y la vida personal y que no se te ocurra nada que pueda mejorar en este aspecto. Espera... ¿*no* es así?

A decir verdad, la mayoría de las personas se encuentran más o menos bien con su empleo, pero no lo ven como una enorme fuente de satisfacción. No obstante, desconocen cómo mejorar en gran medida esa situación y, por lo tanto, dejan que esta parte de su vida sea lo «suficientemente buena». Por ejemplo, en 2022, solo el 16% de los empleados estaban «muy satisfechos» con su trabajo[4] y el 37% estaban «algo satisfechos». Todos los demás dijeron que se encontraban «algo insatisfechos» o «muy insatisfechos», o afirmaron: «Solo me alegra poder tener un trabajo». ¿Cómo responderías tú?

La forma de mejorar esto es empezar por aclarar tus metas, como lo hizo Alex. Si tu respuesta a la pregunta anterior fue «Solo me alegra poder tener un trabajo», es posible que tu única motivación sea tratar de evitar el desempleo, cuya amenaza representa una de las mayores fuentes de infelicidad que las personas pueden enfrentar. Los adultos estadounidenses que reportaron que tenían «muchas» o «bastantes» probabilidades de perder su trabajo en 2018 presentaban tres veces más de probabilidades de afirmar que «no eran muy felices» con su vida a comparación con las personas que sentían que «no era probable» que los corrieran.[5] En 2014, los economistas descubrieron que un aumento de un punto porcentual en el desempleo reduce el bienestar nacional más de cinco veces que un aumento de un punto en la tasa de inflación.[6]

Si no corres un peligro real de desempleo, puedes establecer tu mira más alto. Como señalarían los científicos sociales, a pesar de que el salario y las prestaciones son *necesarios*, no son *suficientes*. El salario y las prestaciones son como comer y dormir para tu salud: definitivamente son imprescindibles y si no te comportas bien, ocurrirá algo malo, pero si haces de ellos tu único objetivo, terminarás enfermo e infeliz.

El salario y las prestaciones son lo que se denomina recompensas extrínsecas, es decir que provienen del exterior. Si eres alguien con un trabajo de enorme poder y gran prestigio, ello también entraría en esta categoría. Por otro lado, tu empleo también posee recompensas intrínsecas, las cuales provienen de tu interior: la satisfacción y el disfrute inherentes que obtienes cuando haces tu trabajo. Necesitas recompensas extrínsecas para salir adelante, pero necesitas recompensas intrínsecas para ser más feliz.

En un estudio clásico de 1973 sobre recompensas extrínsecas e intrínsecas, investigadores de Stanford y la Universidad de Michigan permitieron a un grupo de niños elegir sus actividades de juego preferidas (por ejemplo, dibujar con plumones), las cuales los hacían felices por diversión (recompensas intrínsecas).[7] Después, los niños fueron recompensados por esa actividad con un certificado que ostentaba un sello dorado y una cinta (recompensas extrínsecas). Los investigadores descubrieron que, tras recibir el certificado, los niños tenían solo la mitad de probabilidades de querer dibujar en comparación a cuando no se les había otorgado premio alguno. Durante las siguientes décadas, numerosos estudios han mostrado el mismo patrón en una amplia variedad de actividades, con diversos grupos demográficos.[8]

Los humanos tenemos una curiosa tendencia a valorar lo que hacemos en términos de lo que la gente nos otorga a cambio. Si alguien nos paga, debe ser pesado; de lo contrario, no necesitarían hacerlo. Por eso, en los experimentos, la satisfacción disminuye cuando los científicos introducen una compensación. Obviamente, nuestra intención no es afirmar que, entonces, todos deberíamos trabajar gratis; más bien, buscamos señalar que, para la felicidad, nuestros objetivos no deberían solo consistir en maximizar las recompensas extrínsecas. Por el contrario, debemos mantener en primer plano los objetivos intrínsecos de manera consciente.

Entonces, ¿cómo fijamos objetivos para obtener recompensas intrínsecas en el empleo mientras nos ganamos la vida? Una respuesta podría ser intentar encontrar un trabajo acorde a los consejos de los oradores de los discursos de graduación, quienes siempre parecen decir: «Encuentra un empleo que te guste y no trabajarás ni un día de tu vida». Bajo esos términos, da la impresión de que la recompensa intrínseca adecuada es conseguir un trabajo que sea fantástico todos los días.

Sin embargo, en la vida real, nunca hemos visto ese trabajo. Además, podrías desconfiar un poco de ese consejo, dado que siempre parece provenir de personas increíblemente exitosas, quienes, al principio de su carrera profesional, se mataban por salir adelante y con frecuencia pagaban un enorme costo en sus relaciones personales con tal de llegar a la cima. Tras analizar sus orígenes, es seguro que ellos no siguieron sus propios consejos.

Obviamente, no deberías comprometerte a hacer algo que odias, pero la recompensa intrínseca adecuada tampoco es que sea «superdivertido todos los días». Perseguir eso te encaminará a otra expedición hacia El Dorado en busca de algo inexistente y te conducirá a la frustración. En lugar de pretender alcanzar la carrera profesional «perfecta», es mejor permanecer flexible en el trabajo exacto, mientras procuras obtener dos elementos importantes.

El primero es el *éxito ganado*. Puedes pensar en ello como lo contrario de la «indefensión aprendida», término acuñado por el psicólogo Martin Seligman para denotar la resignación de las personas cuando soportan una y otra vez situaciones desagradables que escapan a su control.[9] En cambio, el éxito ganado te brinda una sensación de logro y eficacia profesional (esta idea impulsa el compromiso por tu ocupación, lo cual, a su vez, es una buena medida de la satisfacción laboral).[10]

La mejor manera de disfrutar del éxito ganado es encontrar formas para optimizar tu trabajo, independientemente de si eso te otorga ascensos y salarios más altos o no. Es evidente que tener un empleo acompañado de buenas recompensas extrínsecas es excelente. Los jefes que brindan orientación, comentarios claros, que recompensan el mérito y animan a sus empleados a desarrollar nuevas habilidades son mejores líderes. Sin embargo, aunque no estés en un trabajo que posea ese tipo de recompensa extrínseca, establece metas de excelencia para ti mismo, por ejemplo, «Haré que hoy cada uno de mis clientes se sienta especial».

Lo anterior nos conduce al segundo objetivo de recompensa intrínseca: el *servicio a los demás*, es decir, sentir que tu trabajo hace del mundo un mejor lugar. Esto no significa que tengas que ser voluntario o laborar en una organización benéfica para ser feliz (las investigaciones han demostrado que trabajar para una organización sin fines de lucro no es, de forma inherente, más satisfactorio que hacerlo para una compañía con fines de lucro o para el Gobierno).[11] Por el contrario, puedes encontrar servicio en casi cualquier empleo.

Un joven expresó perfectamente este argumento en un artículo de opinión que escribió para explicar por qué, a pesar de tener una maestría en Administración de empresas, había elegido ser mesero en un restaurante en Barcelona.[12] Como él mismo señaló, sus clientes «son todos importantes e iguales. Son iguales en la mesa y deben ser iguales a los ojos del mesero... Es fantástico poder servir tanto al político que aparece en la portada del periódico como al chico que hojea las noticias mientras espera a su novia». Este joven necesitaba recompensas extrínsecas para ganarse la vida, pero no decidió maximizarlas a costa de excluir sus recompensas intrínsecas.

El éxito ganado y el servicio a los demás son más fáciles de obtener en algunos trabajos que en otros. Si, por ejemplo, ejerces una profesión que crees que perjudica a los demás, será difícil lograr el servicio. Por eso, una buena regla general es buscar una coincidencia fundamental entre los valores de tu jefe y los tuyos. Cuando las personas creen en la misión de su empleador, experimentan una gran motivación intrínseca en su trabajo,[13] en especial cuando los valores tienen un significado moral, filosófico o espiritual que se mantiene incluso cuando el trabajo es duro y agotador. Por ejemplo, un estudio de 2012 sobre enfermeras encontró que las más felices creían que su empleo era «una profesión divina y una herramienta mediante la cual podían obtener placer y satisfacción espiritual».[14]

Sabemos muy bien que estos objetivos no siempre son fáciles y que, incluso en el mejor de los casos, ciertos días pueden resultar muy esquivos, porque, aunque encuentres a un empleador en quien creas, que recompense tus méritos, y tengas un trabajo donde estés sirviendo a la gente todo el día, en algunas ocasiones volverás a casa sintiéndote insatisfecho y frustrado. Sin embargo, piensa en ello como estar en un velero. Posiblemente, el viento desviará tu rumbo con bastante regularidad, pero, si tienes las coordenadas correctas, siempre podrás volver a orientarte.

Desafío 2

TRAYECTORIA PROFESIONAL

Depender de recompensas extrínsecas reduce la satisfacción. Incluso, esto puede mantenerte en la trayectoria profesional equivocada durante décadas, porque te obliga a continuar una carrera que no es adecuada para ti.

Sea que ganes mucho o poco dinero, el mundo dicta que, en realidad, solo existe un tipo de trayectoria profesional responsable: seleccionas una carrera, encuentras un trabajo y lo cambias solo cuando surge uno mejor en tu campo. Digamos que sales de la preparatoria y te contratan como recepcionista en un despacho de abogados. Tú no debes alejarte cuando te resulte aburrido o estresante; tienes que quedarte ahí hasta que alguien te contrate con un mejor trabajo. Ya seas profesor universitario o presentador en un programa de entrevistas, funcionará igual. Permanecerás en un empleo hasta que llegue uno más elegante y mejor pagado. Esto es lo que los psicólogos llaman el modelo de carrera profesional «lineal».[15]

Para algunas personas, esto tiene perfecto sentido, pero, para otras, representa un gran problema. Tal vez tienes muchos intereses diferentes a los cuales te gustaría dedicarte y crees que volver a la escuela para estudiar una nueva carrera sería emocionante y divertido. O quizá valoras mucho un estilo de vida en el que eres bueno en lo que haces, pero no quieres trabajar demasiadas horas, aunque eso signifique no lograr grandes avances en tu carrera.

Una trayectoria lineal no da cabida a estas preferencias. Podrías ser una mujer con un alto nivel educativo y un gran trabajo, pero quieres quedarte en casa cuando nazcan tus hijos. La profesión lineal diría: «Lo siento, no puedes hacer eso».

Por fortuna, existen otros tres modelos de carrera profesional. Las de «estado invariable» son aquellas que están asociadas a un trabajo a lo largo de décadas en el cual uno no avanza mucho pero sí aumenta su experiencia. Esto puede ser atractivo para las personas que valoran demasiado la seguridad laboral, pero no desean esforzarse todos los días por avanzar. Esto era mucho más común en el pasado que hoy. Sin embargo, podría ser adecuado para ti si en verdad amas la estabilidad y deseas un empleo que, si bien no te haga rico, sea seguro en términos económicos y te permita dedicar tu vida a actividades que te resultan muy importantes al margen del trabajo.

Otro modelo es la carrera profesional «transitoria», es decir, aquella que cambia constantemente. Desde fuera parece caótica: un tiempo eres mesero en Denver, después trabajas para una empresa de mudanzas en Tucson y, dentro de algunos años, es posible que estés conduciendo un tráiler desde Seattle. Sin embargo, esto no es un caos; es el perfil de alguien a quien le encanta probar situaciones nuevas y que se mueve en función de criterios ajenos al trabajo, como el estilo de vida, la ubicación o la vida social.

Las carreras profesionales en «espiral» son la última categoría. Esto es similar a desarrollar una serie de carreras más pequeñas. Las personas que trabajan bajo dicho modelo podrían cambiar dramáticamente de profesión en lapsos aproximados de una década, pero hay un método para esta locura. Utilizan sus conocimientos y habilidades en un campo para después aplicarlos en otro, mientras obtienen un abanico de experiencias para su propia realización. Así, por ejemplo, podrías trabajar en la universidad durante una década en algo relacionado a lo que estudiaste. Luego, podrías sacrificar un poco tu salario con tal de emplear tus habilidades en otro campo; podrías iniciar tu propio negocio; o tal vez te alejes diez años del mundo laboral para criar a tus hijos y luego vuelvas a trabajar en algo completamente diferente.

En este momento, quizá te estés preguntando: ¿cuál será el camino correcto para mí? En tu corazón, probablemente ya lo sabes. Uno de los modelos que describimos arriba te entusiasmó y tal vez te asustó un poco; otro, por el contrario, te adormeció por dentro. En general, esta es la manera de saber qué camino profesional seguir. Atiende siempre las señales que tú mismo generas en tu interior (aunque pueda resultar incómodo). Cuando se presente una nueva oportunidad profesional, tómate un momento de tranquilidad durante unos días o semanas para imaginar el trabajo en detalle. Luego, percibe cómo te hace sentir. ¿Esta oferta *te entusiasma, te asusta* o *te adormece*?

Digamos, por ejemplo, que te ofrecen un trabajo en el área administrativa de tu compañía. Disfrutas tu puesto actual, te agradan tus colegas y te preocupa que un gran ascenso te haga disfrutar menos tu labor y dañe tu equilibrio trabajo-vida. Sin embargo, es una gran oportunidad y significaría un importante aumento de sueldo. Casi todo el mundo te anima a aceptarlo. Si te entusiasma mucho y te asusta un poco, esta es una señal para seguir adelante.

Si solo te asusta, necesitas mucha más información. Si te adormece cuando te imaginas en el nuevo empleo, la respuesta es clara: recházalo.

Desafío 3

ADICCIÓN

Si ya ubicaste los objetivos correctos y encontraste tu camino profesional, felicidades; pero todavía no estás a salvo en la construcción de esta parte de tu vida. De hecho, existe una serie de peligros que debes considerar porque afectan, de manera específica, a las personas que albergan grandes ambiciones profesionales. La primera es la tendencia a la adicción al trabajo, que la gente adopta para distraerse del dolor de su vida. Esto impide abordar los problemas de raíz e incluso los empeora porque daña las relaciones familiares.

Consideremos el caso de Winston Churchill, el estadista, soldado y escritor. Fue uno de los primeros líderes mundiales en hacer sonar la alarma sobre la amenaza nazi en la década de 1930, y después cautivó la imaginación del planeta entero como líder contra las potencias del Eje en la Segunda Guerra Mundial. Cuando era primer ministro del Reino Unido durante la guerra, mantuvo una agenda tan apretada que con frecuencia pasaba 18 horas al día en el trabajo. Además de esto, escribió un libro tras otro mientras estuvo en el cargo. Al final de su vida, había terminado 43, que ocupaban 72 volúmenes.[16]

Probablemente admires a Churchill, y con razón, pero no deberías envidiarlo. Sufría una depresión paralizante, a la cual llamaba su «perro negro» y que lo visitaba sin cesar. Una vez le dijo a su médico: «No me gusta pararme en el costado de un barco y mirar hacia el agua. Una acción de un segundo acabaría con todo».[17]

Parece casi increíble que Churchill pudiera ser tan productivo con una vida interior tan oscura. Algunos afirman que su depresión era bipolar y que periodos de manía le permitían trabajar tanto como lo hacía. Otros de sus biógrafos lo explican de manera distinta: la adicción al trabajo de Churchill no se produjo a pesar de su sufrimiento, sino, en parte, a causa de él.[18] Se distraía de sus problemas con el trabajo. Lo anterior no es descabellado, pues los investigadores actuales han descubierto que esta adicción es una respuesta común a la angustia emocional, aunque, como tantas adicciones, empeora la situación que pretende aliviar.

En 2018, los investigadores analizaron datos de una década y encontraron que el 24% de las personas con un trastorno de ansiedad y casi el 22% con un trastorno del estado de ánimo (como depresión mayor o bipolaridad) consumían alcohol o drogas.[19] Quienes lo hacen tienen muchas más probabilidades de desarrollar dependencia a estas sustancias. Por ejemplo, datos epidemiológicos revelaron que las personas que ingieren alcohol para tratar su ansiedad tienen más de seis veces de probabilidades de desarrollar dependencia persistente que aquellos que no lo toman.[20]

Existe evidencia convincente de que algunas personas también atienden sus problemas emocionales con el trabajo. Esto puede conducir a un tipo particular de adicción. Muchos estudios han demostrado el estrecho vínculo entre la adicción al trabajo y los síntomas de trastornos psiquiátricos, como ansiedad y depresión. Comúnmente se piensa que el trabajo compulsivo conduce a estas enfermedades;[21] sin embargo, algunos psicólogos han argumentado en tiempos recientes la causalidad inversa: es decir, que las personas pueden tratar su depresión y ansiedad con conductas adictivas al trabajo.[22] Como escribieron los autores de un estudio de 2016 ampliamente difundido: «La adicción al trabajo (en algunos casos) se desarrolla como un intento por reducir los sentimientos incómodos de la ansiedad y la depresión».[23]

Esto podría explicar por qué tanta gente aumentó la cantidad de horas de trabajo durante la pandemia de COVID-19.[24] Durante muchos meses, al inicio del confinamiento, la gente se enfrentó al aburrimiento, la soledad y la ansiedad. A finales de mayo de 2020, los datos de los Centros para el Control de Enfermedades de Estados Unidos revelaron que casi una cuarta parte de los adultos estadounidenses habían reportado síntomas de depresión[25] (en 2019, esa cifra fue del 6.5%). Quizás una parte de los trabajadores decidió tratar su padecimiento duplicando el tiempo que dedicaba a su empleo con el fin de sentirse ocupados y productivos.

Las personas que luchan contra esta adicción fácilmente pueden negar que sea un problema y, por lo tanto, pasar por alto las complicaciones subyacentes que ellas mismas están atendiendo con el exceso de trabajo. ¿Cómo puede ser malo dedicarte al empleo? Como lo expresó Anna Lembke, psiquiatra de Stanford y autora de *Generación dopamina*: «Incluso los comportamientos que antes eran saludables y adaptativos (aquellos que creo que, en términos generales, como cultura, consideraríamos saludables y favorables) ahora han adquirido la cualidad de drogas de tal manera que se vuelven más potentes, más accesibles, más novedosos, más ubicuos».[26] Si te escabulles al baño de tu casa para revisar el correo electrónico del trabajo en tu iPhone, ella habla de ti.

Es más, cuando se trata de trabajo, la gente te recompensa por tu comportamiento adictivo. Nadie dice: «Vaya, ¿una botella entera de ginebra en una noche? Eres un bebedor excepcional»; pero trabaja 16 horas al día y es probable que consigas un ascenso.

A pesar de las ensalzadas virtudes del trabajo excesivo, es prácticamente seguro que los costos superarán a los beneficios, como suele suceder en las adicciones por automedicación. El agotamiento, la depresión, el estrés y el conflicto entre la vida laboral y la personal empeorarán en lugar de mejorar.[27] Asimismo, como ha señalado Lembke, la adicción al trabajo puede conducir a adicciones secundarias, como las drogas, el alcohol o la pornografía, las cuales son utilizadas por las personas para tratar los problemas causados por la adicción primaria, a menudo con consecuencias personales catastróficas.

Sin embargo, existen soluciones para la adicción al trabajo, de acuerdo con la profesora de Harvard Ashley Whillans.[28] Ella recomienda tres prácticas, comenzando con una «auditoría del tiempo». Durante unos días, lleva un registro cuidadoso de tus actividades principales (trabajo, ocio, salir a hacer mandados) y de cuánto tiempo invertiste en cada una y cómo te sentiste. Percátate de qué actividades te proporcionan un estado de ánimo más positivo y te brindan significado. Esto arrojará dos datos: cuánto estás trabajando (para que resulte imposible caer en la negación) y qué te gusta hacer cuando no estás en ello (para hacer más atractiva la recuperación).

A continuación, la profesora Whillans recomienda programar tu tiempo de inactividad. Los adictos al trabajo tienden a marginar las actividades no laborales como «sería agradable» y después se saturan de trabajo. Así es como la decimocuarta hora laboral, que rara vez es productiva, desplaza una hora que podrías haber pasado con tus hijos. Aparta tiempo en tu día para otras actividades, igual que como lo haces para las reuniones.

Por último, programa tu ocio. No dejes esos espacios de inactividad demasiado libres. El tiempo desestructurado es una invitación a volver al trabajo o a actividades pasivas que no aportan bienestar, como desplazarse por la pantalla de las redes sociales o ver televisión. Probablemente tengas una lista de tareas pendientes organizada por orden de prioridad. Haz lo mismo con tu ocio y planifica pasatiempos activos que valores. Si disfrutas llamar a tu amigo, no lo dejes para cuando de casualidad tengas tiempo; prográmalo y apégate al plan. Trata tus caminatas, tiempo de oración y entrenamientos en el gimnasio como si fueran reuniones con el presidente.

Lidiar con la adicción al trabajo puede marcar una diferencia real en nuestra vida, porque libera tiempo para la familia y los amigos. También nos permite tener pasatiempos que no son del trabajo ni son útiles, sino que solo son divertidos. Asimismo, nos ayuda a cuidarnos mejor, por ejemplo, al hacer ejercicio. Se ha demostrado que todo esto aumenta la felicidad o reduce la infelicidad.

Sin embargo, atender la adicción al trabajo sigue dejando latente el problema que se pretendía sanar con el exceso de ocupaciones. Tal vez a ti también te visita el perro negro de Churchill. O quizá tu perro sea de otro color: un matrimonio problemático; la sensación crónica de ser insuficiente; incluso, TDAH o trastorno obsesivo-compulsivo, el cual se ha relacionado con este comportamiento.[29] Dejar de utilizar el trabajo para distraerte de todo ello es una oportunidad para afrontar tus problemas. Tal vez puedas buscar ayuda y así resolver aquello que inicialmente te enganchó al empleo.

Enfrentar al perro puede parecer más aterrador que solo recurrir a los viejos cazadores: tu jefe, tus colegas, tu carrera profesional. A diferencia de Churchill, es posible que encuentres una manera de deshacerte de ese perro callejero para siempre.

Desafío 4

IDENTIDAD

Si tu trayectoria profesional es lineal, invariable, transitoria o en espiral, lo más probable es que te importe mucho tu empleo. Cuando la gente te pregunta a qué te dedicas, le cuentas con entusiasmo sobre tu profesión. En muchos sentidos, tu trabajo es una gran parte de tu identidad. Esto tiende a ser particularmente cierto para las personas interesadas en la superación personal.

No hay nada de malo en identificarte íntimamente con tu profesión y estar orgulloso de tu trabajo. La excelencia profesional es una gran virtud y has hecho un enorme esfuerzo por destacar en aquello que haces para ganarte la vida. Sin embargo, aquí acecha un peligro. Es muy fácil perder tu verdadero «yo» ante la representación de ti mismo que encarna tu puesto de trabajo o tus deberes. No eres Mary, madre de tres hijos, ni John, esposo devoto; en primer lugar, eres Mary, directora regional, o John, profesor experimentado. Esto es lo que se llama *autoobjetificación*. Es obvio que la objetificación o cosificación de otras personas es problemática. Las investigaciones muestran que cuando las personas son reducidas por otros a, por ejemplo, atributos físicos con miradas cosificantes o acosadoras, esto puede provocar que disminuya la confianza en ellas mismas y la habilidad para realizar tareas.[30] El filósofo Immanuel Kant se refirió a esto como ser convertido en «un objeto de apetito por otra persona», momento en el cual «todos los motivos de la relación moral dejan de funcionar».[31]

La cosificación física es solo un tipo de objetificación, así como la cosificación en el trabajo, la cual es peligrosa en particular. En 2021, los investigadores midieron esta última y descubrieron que conducía al agotamiento, infelicidad con el trabajo y depresión.[32] Esto puede suceder si un jefe trata a sus empleados como si solo fueran mano de obra desechable o, incluso, si los empleados ven a su jefe únicamente como un proveedor de dinero.

Es bastante fácil percatarnos de por qué no deberíamos objetificar a los demás. Sin embargo, resulta menos obvio, pero igual de dañino, cuando el cosificador y la persona cosificada son el mismo sujeto: es decir, cuando te objetificas a ti mismo. Los humanos son capaces de objetificarse a sí mismos de muchas formas (por ejemplo, evaluándose a partir de su apariencia física, su posición económica o sus opiniones políticas). No obstante, todas ellas se reducen a un acto central perjudicial: reducir la propia humanidad a una sola característica, y con ello animar a los demás a hacerlo también. En el caso del trabajo, eso podría traducirse en sopesar tu propio valor en función de tu salario o tu prestigio.

Así como las redes sociales nos alientan a autoobjetificarnos en el terreno físico, nuestra cultura laboral nos empuja a cosificarnos en el ámbito profesional. Los estadounidenses tienden a admirar a las personas muy ocupadas y ambiciosas, por lo que les resulta fácil permitir que el trabajo invada casi todos los momentos de su vida. Conocemos a mucha gente que solo habla de su empleo, y que, en esencia, dice: «Yo soy mi trabajo». Esto puede parecer más humanizador y empoderador que decir: «Soy la herramienta de mi jefe»; sin embargo, ese razonamiento tiene un defecto fatal: en teoría, puedes deshacerte de tu jefe y conseguir un nuevo trabajo, pero no puedes deshacerte de *ti*. Recuerda: *tú eres tu propio director ejecutivo*.

La autoobjetificación en el trabajo es una tiranía. Nos convertimos en un jefe terrible para nosotros mismos, con poca misericordia o amor. Los días libres nos provocan culpa y sensación de pereza, las cuales son formas de condenarnos y menospreciarnos.

A la pregunta «¿Ya tengo suficiente éxito?», la respuesta siempre es «No, ¡trabaja más duro!». Y luego, cuando inevitablemente llega el fin, cuando comienza el declive profesional o tenemos un revés en nuestras carreras, nos sentimos despojados y disecados.

¿Eres autoobjetificador en tu trabajo o tu profesión? Si respondiste que sí, reconoce que nunca estarás satisfecho mientras te cosifiques. Tu profesión o tu trabajo deben ser una extensión de ti, y no al revés. A continuación, compartimos dos prácticas que pueden ayudarte a recalibrar tus prioridades.

Primero, deja un espacio entre tu trabajo y tu vida. Tal vez hayas estado en una o dos relaciones amorosas poco saludables, pero solo lo reconociste cuando descansaste de ellas, ya fuera de manera voluntaria o involuntaria. De hecho, esta tendencia humana probablemente contribuye al hecho de que la mayoría de las separaciones temporales conduzcan al divorcio, en especial cuando duran más de un año.[33] El espacio brinda perspectiva.

Utiliza este principio en tu vida profesional. Para empezar, el objetivo primordial de tus vacaciones debe ser tomar un descanso del trabajo y pasar tiempo con las personas a las que amas. Por muy obvio que parezca, *tomar vacaciones* significa no trabajar mientras tanto. Tu jefe debería agradecerte por hacerlo, porque las personas son más eficientes cuando se sienten renovadas.

Lo anterior se relaciona con la antigua costumbre de guardar el sábado o destinar un tiempo lejos del trabajo cada semana. En las tradiciones religiosas, descansar no solo es agradable; es esencial para entender a Dios y a nosotros mismos. «Porque en seis días hizo el Señor los cielos y la tierra, el mar, y todo lo que hay en ellos, y reposó el séptimo día», explica el libro de Éxodo. «Por lo tanto, el Señor bendijo el séptimo día y lo hizo santo». Si Dios descansa del trabajo, quizá tú también deberías hacerlo.

Esta práctica no tiene que ser religiosa y puede realizarse de muchas maneras más allá de solo evitar trabajar los sábados o domingos.[34] Por ejemplo, puedes tomar un pequeño descanso cada tarde, pausar el trabajo y dedicarte a las relaciones humanas y al ocio (eso significa no revisar tu correo electrónico laboral).

Por otra parte, busca tener ciertos amigos que no te vean como un objeto profesional. Muchos profesionales autoobjetificadores buscan a otros que los admiren solo por sus logros laborales. Esto es bastante natural, pero puede convertirse con facilidad en una barrera para forjar amistades reales, que todos necesitamos. Autoobjetificarte en tus amistades puede propiciar el que tus amigos te objetifiquen.

Debido a ello, es muy importante tener amigos fuera de tu círculo profesional. Entablar amistad con personas no relacionadas con tu empleo te impulsa a desarrollar intereses y virtudes no laborales, y así ser una persona más plena. El camino para hacer esto va de la mano con la recomendación número uno: no te impidas pasar tiempo fuera del trabajo; más bien, compártelo con personas que no tengan conexión con él (si tu trabajo es cuidar a tu familia, este principio también aplica. Necesitas vincularte con gente que te vea como algo más que un proveedor y un cuidador).

Tal vez desafiar tu propia autoobjetificación te hace sentir incómodo. La razón es simple: todos queremos destacar de alguna manera, y trabajar más duro que los demás y ser mejores en nuestra profesión parece ser una forma sencilla de lograrlo. Es un impulso humano normal, pero, de cualquier manera, puede conducir a fines destructivos.[35] Muchas personas exitosas confiesan que prefieren ser especiales que felices.[36]

La gran ironía es que, al intentar ser especiales, terminamos reduciéndonos a una sola cualidad y convirtiéndonos en engranajes de una máquina que nosotros mismos fabricamos. En el famoso mito griego, Narciso no se enamoró de sí mismo, sino de su imagen. Justamente eso ocurre cuando nos autoobjetificamos en el ámbito profesional: aprendemos a amar la imagen de nosotros mismos exitosos, no a nosotros mismos como en realidad somos en la vida.

No cometas este error. Tú no eres tu trabajo y nosotros no somos el nuestro. Aparta los ojos del reflejo distorsionado y ten la valentía de experimentar plenamente tu vida y tu verdadero «yo».

EL AMOR HECHO VISIBLE

Cuando se trata de construir la vida que deseas, necesitas cimentar bien la parte laboral. Piénsalo: es probable que pases un tercio de tu vida trabajando, ya sea en un empleo formal, cuidando a tu familia o en alguna otra actividad.

Mientras examinas tu vocación y contemplas los cambios, ten presentes los cuatro desafíos de este capítulo y las lecciones que te ayudarán a convertirlos en grandes oportunidades para aumentar tu felicidad.

1. Busca recompensas intrínsecas en tu trabajo. Las metas correctas para obtener la mayor satisfacción profesional no son el dinero y el poder, sino el éxito ganado y el servicio a los demás. Procúralas y construirás una vida laboral que brinde alegría para ti y para los demás de forma constante.
2. No solo existe un camino hacia el éxito profesional y la felicidad. Averigua si eres lineal, invariable, transitorio

o en espiral. Luego sigue ese camino prestando atención a tus señales internas.

3. La adicción al trabajo no es una broma para muchos millones de estadounidenses y otras personas alrededor del mundo. Mira de forma honesta tus propios patrones y evalúa la salud de tus hábitos.

4. Tú no eres tu trabajo. La autoobjetificación te llevará a la infelicidad. Asegúrate de destinar tiempo para ti más allá del trabajo y de rodearte de gente que te vea como una persona, no solo como un profesional.

Una vez más, sencillamente no podemos decirte qué empleo específico proporciona la mayor felicidad. Depende de ti. Lo que todos los trabajos felices tienen en común es que, para ti, debe ser algo mejor que solo un medio para obtener un fin físico. Por ello titulamos este capítulo «Trabajo que es amor hecho visible».

No obstante, esto puede ser una tarea difícil. Habrá días en que no sientas que tu trabajo sea amor hecho visible, invisible ni cualquier otra cosa. El truco no es alcanzar algún estado de perfección elevado, sino avanzar poco a poco para percibir una mejora. Ser más feliz en este ámbito implica esforzarte por lograr el objetivo de hacer que tu trabajo tenga sentido.

Para las personas con inclinaciones espirituales o religiosas, el truco puede ser fusionar tu trabajo físico con el metafísico. Esta fue la filosofía fundamental del santo católico español Josemaría Escrivá. Como él argumentó, a través de nuestro trabajo amamos al mundo de manera apasionada:

> [Dios] nos espera todos los días, en el laboratorio, en el quirófano, en el cuartel del ejército, en la cátedra universitaria,

> en la fábrica, en el taller, en el campo, en el hogar y en todo el inmenso panorama del trabajo. Comprende bien esto: hay algo santo, algo divino escondido en las situaciones más ordinarias, y corresponde a cada uno de ustedes descubrirlo.[37]

Quizá leas estas palabras y te maravilles de que alguien pueda encontrar lo sagrado en la mundanidad de un trabajo como el tuyo, o en cualquier parte de la vida ordinaria. Puede lograrse, y tú puedes hacerlo, seas religioso tradicional o no. Sin embargo, eso requiere comprender el siguiente pilar para construir la vida que deseas: *encontrar el camino hacia lo trascendente*.

Ocho

Encuentra tu gracia sublime

«Gracia sublime» es el himno cristiano más popular jamás escrito y ha sido grabado más de siete mil veces.[1] Sin duda, conoces la melodía, y acaso incluso te sabes de memoria la letra del primer verso.

Gracia sublime, qué dulce el sonido
que salvó a un miserable como yo.
Alguna vez estuve perdido, pero ahora fui encontrado;
era ciego, pero ahora veo.

Lo que quizá desconozcas es la historia detrás de este famoso himno, escrito alrededor de 1772 por un británico llamado John Newton. Newton tenía 47 años cuando lo compuso, después de haber llevado una vida (como él mismo la describió luego) de disipación y pecado, desprovista de convicciones religiosas y principios morales.[2] Se ganaba la vida transportando esclavos después de haber huido del alistamiento forzado en la Marina Real Británica.

Una noche, cuando Newton estaba a bordo de un barco que regresaba a Londres, se desató una tormenta que arrastró a muchos de sus compañeros al mar y por poco corrió la misma suerte. Más tarde, al reflexionar sobre el motivo de su supervivencia, concluyó que era la mano de Dios, que había un plan para su vida y que su trabajo era descubrirlo. Sus hábitos y sus creencias cambiaron cuando enfocó su atención en el amor divino. Se casó y al final se convirtió en clérigo y ardiente abolicionista de la esclavitud. Hoy es considerado una de las personas gracias a las cuales se anuló legalmente esa institución en Gran Bretaña.

Newton creía que su fe lo había hecho verdaderamente libre por primera vez en su vida. Y, en definitiva, no es la única persona en afirmar esto. Sin embargo, su famoso himno hace dos aseveraciones sorprendentes. Primero, no encontró su fe, sino que él *fue encontrado*. Segundo, su felicidad no provino de la negación de las verdades de la vida. Por el contrario, esta llegó solo cuando al fin pudo *ver* la verdad.

Esta es la afirmación más audaz del famoso himno: la búsqueda de la verdad trascendente (en el caso de Newton, en la religión cristiana; de modo más amplio, en algo más allá del aquí y el ahora) ilumina la vida. Te permite *ver la realidad*. Esto nos conduce a un nuevo tipo de alegría que no puede obtenerse de ninguna otra fuente.

«Qué absurdo», podrían responder algunos. ¿Para ver la realidad debemos enfocarnos en lo invisible, en aquello que no ha sido comprobado? ¿La razón requiere la fe? Esto es como decir que el fuego requiere del agua, o la luz de la oscuridad.

De hecho, la ciencia es muy clara. Las creencias y experiencias trascendentales nos ayudan de forma dramática en nuestros esfuerzos por ser más felices. ¿Por qué? Abandonados a nuestra suerte, siempre terminamos enfocándonos en los detalles de nuestra vida individual. Es natural. Nuestra atención está ocupada por nuestro trabajo, nuestra casa, nuestro dinero, nuestros perfiles de redes sociales, nuestro almuerzo, y así sucesivamente. La mayor parte de esto no deja de ser importante, pero si nos enfocamos solo en nosotros mismos y en nuestros estrechos intereses, se vuelve un poco *tedioso*. Perdemos la perspectiva de la vida.

En cambio, seguir un camino metafísico nos permite obtener un punto de vista más preciso de la vida al alejarnos de nuestras preocupaciones y asuntos cotidianos. Nos hace más felices porque dejamos de enfocarnos en nosotros mismos y nos concentramos en las majestuosidades del universo. También nos hace más bondadosos y generosos con los demás: menos obsesionados con conseguir y conservar cosas para nosotros mismos y más en sintonía con las necesidades de un mundo del que solo somos una parte. Lo más importante es que el camino de la trascendencia es una aventura, una expedición espiritual que puede añadir a nuestra vida una clase de emoción que va más allá de cualquier otra cosa que hayamos vivido.

Sin embargo, el mundo (y nuestras emociones) nos frena. Las personas se avergüenzan por la afirmación de que la vida interior no es científica, que la falta de pruebas de las cosas invisibles es evidencia de que las creencias trascendentales no son más que una forma de superstición. Se marchitan bajo una cultura que menosprecia la fe y la espiritualidad a cada paso. Y encuentran abrumadoras sus propias dudas; simplemente no las *sienten* con suficiente frecuencia y llegan a la conclusión de que son una tontería.

En realidad, como verás en este capítulo, las experiencias espirituales tienen una profunda base científica; además, nos proporcionan información importante sobre la vida que no podemos obtener de ninguna otra manera. Sin embargo, obtenerlas requiere esfuerzo y compromiso. Los desafíos que generalmente todos enfrentamos al hacerlo (así como las soluciones) conforman este capítulo.

Escribir sobre la fe es complicado

PARA NOSOTROS DOS, la espiritualidad y la fe son fundamentales en nuestra vida. No tenemos intención alguna en este capítulo de intentar convertir a nadie a ninguna religión en específico, incluida la nuestra; sin embargo, debemos comenzar por revelar lo que creemos para que puedas leer este capítulo considerando esta información.

ARTHUR: Mi fe es la parte más importante de mi vida. Fui criado como protestante, pero me convertí al catolicismo cuando era adolescente, luego de vivir una experiencia mística en la Basílica de Nuestra Señora de Guadalupe en la Ciudad de México (a mis padres no les agradó en absoluto, pero pensé que, en lo que respecta a la rebeldía adolescente, tal vez eso era mejor que las drogas). Mi práctica ha crecido de forma constante durante mi edad adulta, en especial porque me he especializado en estudiar la felicidad. Hoy asisto a misa todos los días y cada noche rezo el rosario (una antigua oración meditativa católica) con mi esposa, Ester.

A pesar de mis profundas creencias y prácticas cristianas, soy un estudiante serio de otras tradiciones tanto de Occidente como de Oriente y soy cercano a líderes de muchas religiones. He trabajado con eruditos hindúes, budistas, musulmanes y judíos que me han acercado a Dios, me han enseñado muchas verdades, han mejorado mis prácticas de fe y han enriquecido mi alma. También he incorporado a mis creencias varios elementos de filosofías seculares como el estoicismo, por ejemplo.

OPRAH: He sido guiada por una mano divina toda mi vida. Yo llamo a esa mano Dios. Practico y honro la fe cristiana, pero permanezco abierta al misterio de todas las conexiones, a la unidad que todos compartimos y que proviene de la fuente de toda existencia. En las palabras del teólogo y filósofo Pierre Teilhard de Chardin, creo que somos seres espirituales en esta experiencia humana y que, de alguna manera, todos estamos vinculados entre sí en la naturaleza, en lo que considero la Vida.

En mi programa de televisión y pódcast *Super Soul*, he entrevistado a cientos de maestros espirituales y líderes de opinión, pertenecientes o no a cada tipo de religión, y todo enfatizan que el camino espiritual es el viaje máximo. A lo largo de miles de conversaciones, he observado que la Vida siempre nos habla y trata de impulsarnos hacia la mejor versión de nosotros mismos. Para mí, tener una práctica espiritual me ha proporcionado una vía acelerada para construir la vida que anhelo.

Ambos tenemos un tremendo amor y aprecio por las personas de todas las religiones —así como por aquellas que no practican ninguna fe— porque, de modo sincero, tratan de elevar a otros y hacer que el mundo sea mejor para todos los seres humanos. Una vez más, nuestro objetivo en este capítulo *no* es convencerte de la rectitud de nuestras creencias y prácticas específicas. Más bien, es mostrarte cómo la búsqueda de los aspectos trascendentales y metafísicos de tu vida pueden enriquecer inmensamente tu existencia y ayudar a los demás también.

TU CEREBRO ESPIRITUAL

¿Por qué las personas religiosas y espirituales practican la fe? Pregúntales y rara vez dirán: «Para poder ser más feliz». Más bien, lo más probable es que te digan, como John Newton, que hacerlo les permite darle sentido a su vida en un mundo confuso. Han descubierto que la comprensión de aspectos profundos no está disponible en sus rutinas ordinarias o en distracciones como el entretenimiento y el consumo. Muchos buscan una fuente de experiencias que son «más grandes» de lo que la vida diaria puede proporcionar, como una sensación de asombro, un sentimiento de unidad con los demás o con lo divino y una pérdida de los límites del espacio y el tiempo.

Sin embargo, no todo es diversión y juego. La gente manifiesta un intenso malestar al adoptar una práctica trascendental porque esta dirige una luz sobre ellos mismos. Es frecuente, por ejemplo, que los meditadores principiantes nunca hayan estado solos con sus pensamientos, que los adeptos a muchas religiones deban afrontar sus pecados y que estudiar a los filósofos y aplicar sus ideas a la vida diaria implique miedo y sacrificio. Profesar casi cualquier práctica espiritual es decir: «Admitiré que no lo sé todo y emprenderé esta actividad que es difícil y que el mundo dice que es rara y tonta».

El resultado tiende a cambiarnos la vida, empezando por nuestra fisiología. La psicóloga Lisa Miller, autora del libro *El cerebro despierto*, ha realizado un extenso trabajo con sus colegas sobre los mecanismos neurológicos de las experiencias trascendentales. Por ejemplo, descubrió que, a diferencia de recordar una experiencia estresante, rememorar una de tipo espiritual reduce la actividad en la zona medial del tálamo y el caudado (regiones del cerebro asociadas con el procesamiento de los sentidos y las emociones), lo cual puede ayudar a la gente a escapar de la prisión virtual del pensamiento excesivo y reiterativo.[3] Al estudiar el comportamiento de pacientes con lesiones cerebrales, otros académicos han vinculado la espiritualidad autogestionada con la actividad en la sustancia gris periacueductal, la región del tronco encefálico relacionada con (entre otras cosas) la moderación del miedo y el dolor, así como con sentimientos de amor.[4]

Mediante electroencefalogramas se han observado recuerdos de encuentros espirituales especialmente fuertes, como, por ejemplo, la unión con Dios. En un experimento con monjas carmelitas, los neurocientíficos compararon en 2008 la actividad cerebral de las hermanas cuando se les pedía que recordaran la experiencia más mística de sus vidas frente a cuando rememoraban el momento más intenso de unión con otra persona.[5] La experiencia mística (en contraste con el otro recuerdo) indujo un aumento significativo en las ondas theta en el cerebro, un patrón también asociado con los sueños.[6] En entrevistas de seguimiento, las monjas manifestaron haber sentido la presencia de Dios cuando tuvieron aquellas vivencias, así como un amor incondicional e infinito.

Las creencias religiosas están correlacionadas de forma íntima con la búsqueda y el hallazgo de un propósito en la vida. Un grupo de psicólogos que llevaron a cabo un estudio en 2017 midieron el nivel de compromiso religioso de 442 personas y encontraron que estaba fuertemente vinculado con lo que para ellos era el sentido de la existencia.[7] Dada la estrecha conexión entre tener un propósito profundo y la felicidad, tal vez no sea sorprendente que se haya demostrado que la religión y la espiritualidad protegen contra la depresión recurrente y las crisis de ansiedad ante los errores.[8]

Los investigadores han demostrado el mismo patrón para las dolencias físicas. Los pacientes sometidos a tratamientos por enfermedades graves reportaron una mejor calidad de vida si los profesionales de la espiritualidad (como los capellanes) se involucraban en su atención junto con médicos y enfermeras, en comparación con aquellos cuyas necesidades espirituales quedaban fuera de sus procesos terapéuticos.[9]

La religión y la espiritualidad practicadas en comunidad pueden reducir también la sensación de aislamiento. Esto podría resultar obvio porque la gente tiende a practicar la religión junto a otras personas y existe numerosa evidencia científica de que fortalece los vínculos sociales.[10] No obstante, la espiritualidad en sí misma también parece reducir de forma potencial la soledad. Académicos en 2019 pidieron a 319 personas que evaluaran afirmaciones como «Tengo una relación personalmente significativa con Dios». Los resultaron mostraron una fuerte correlación negativa entre las afirmaciones tocantes a la espiritualidad y la soledad, lo cual se refleja en un incremento de la salud mental.[11]

Esta es la conclusión: las experiencias espirituales, religiosas y metafísicas no son un fenómeno imaginario. Afectan tu cerebro y te brindan acceso a ideas y conocimientos que no puedes obtener de otras formas.

No obstante, la espiritualidad está colmada de desafíos. Los tres más comunes son nuestra dificultad para concentrarnos, encontrar nuestro camino y mantener los propósitos correctos. Estos son los retos que abordaremos en este capítulo.

Desafío 1

TU MENTE DE MONO

Uno de los grandes problemas de la vida es que, bueno, nos perdemos demasiado de ella. No de manera literal, por supuesto, pero piénsalo: ¿cuánto tiempo estás presente en verdad? No estamos completamente conscientes del momento actual la mayor parte de nuestra vida ordinaria. Casi toda nuestra atención está en el pasado y en el futuro (en detrimento de habitar el aquí y el ahora con atención plena). Si no lo crees, solo observa tus pensamientos en cualquier oportunidad del día: notarás que saltan como un mono loco. En un instante estás reflexionando sobre lo que alguien te dijo la semana pasada; al siguiente, estás pensando en lo que planeas hacer el fin de semana. Mientras tanto, te estás perdiendo tu vida ahora mismo.

Por un momento, cierra tus ojos en meditación u oración. Hazte realmente presente en este instante de tu vida: practica la atención plena (*mindfulness*). Con ello notarás que lo trascendente te otorga más de tu propia vida para poder experimentarla.

Sin embargo, no solemos hacer esto. Los humanos tenemos una capacidad notable para resistirnos a vivir el momento presente. De hecho, la habilidad más humana de la mente es repetir eventos pasados e imaginar de antemano escenarios futuros. Esto es una gran bendición, por supuesto, ya que nos permite aprender al máximo de nuestras experiencias y practicar con eficacia para el futuro, pero también es una maldición. El monje budista vietnamita Thích Nhất Hạnh explica esto en su libro *El milagro de mindfulness*: «Mientras uno lava los platos, solo debe estar lavando los platos, lo que significa que mientras los lava uno debe ser completamente consciente del hecho de que está lavando los platos».[12] Si estamos pensando en el pasado o el futuro, «no estamos vivos durante el tiempo en que estamos lavando los platos».

No es necesario ser practicante de budismo para saber que el *mindfulness*, o la atención plena, está de moda. Por medio de docenas de aplicaciones y sitios web, puedes aprender las últimas técnicas. Además del beneficio de situarte en el aquí y el ahora, las investigaciones han encontrado que puede ser un remedio eficaz para muchos problemas personales. Se ha demostrado que reduce la depresión, la ansiedad, mejora la memoria y disminuye el dolor de espalda.[13] Incluso puede aumentar la calificación en los exámenes.[14]

Si la atención plena es tan maravillosa, ¿por qué no la practicamos todos los días? ¿Por qué seguimos dedicando tanto tiempo a romantizar o lamentar el pasado y anticipar el futuro? La respuesta es que la atención plena no es natural y, en realidad, es bastante difícil conseguirla. Muchos psicólogos creen que, como especie, los humanos no hemos evolucionado para disfrutar el aquí y el ahora. Más bien, estamos programados para pensar en el pasado, pero, especialmente, en el futuro, para considerar nuevos escenarios y probar nuevas ideas. El psicólogo Martin Soligman incluso llama a nuestra especie *Homo prospectus*, lo cual significa que residimos de manera natural en el futuro.[15]

Evitar la atención plena también puede ser una forma eficaz de distraerte a ti mismo del dolor. Los investigadores han demostrado que la mente de las personas es significativamente más propensa a divagar cuando se encuentran en un estado de ánimo negativo que cuando están de buen humor.[16] Algunas fuentes de infelicidad que conducen a la distracción y a divagar son el miedo, la ansiedad, el neurotismo y, por supuesto, el aburrimiento.[17] Tener una autopercepción negativa (sentirte avergonzado de ti mismo, por ejemplo) también puede distraernos del aquí y el ahora. Los académicos han comprobado que las personas que sufrían mucha vergüenza tendían a la divagación mental mucho más que quienes no se sentían así.[18]

Si tienes dificultades para practicar la atención plena, los responsables podrían ser dos problemas subyacentes: no sabes cómo habitar esa casa que es tu cabeza o, *sí* lo sabes, pero has llegado a la conclusión de que esa casa no es divertida. Si te detiene lo primero, entonces, por supuesto, deberás profundizar en la extensa y creciente tecnología y literatura sobre *mindfulness*. Podrías intentar con la meditación formal o solo con prestar más atención a tu entorno actual.

Si tu problema es el segundo caso, necesitas enfrentar la fuente del miedo y el malestar. Evitarte a ti mismo no funcionará a largo plazo; de hecho, muchas investigaciones muestran que utilizar la divagación mental para evadir las emociones empeora las cosas, no las mejora.[19] Podrías optar por abordar la fuente de tu infelicidad aquí y ahora con asistencia profesional, del mismo modo en que buscarías ayuda de un consejero sobre un problema matrimonial. Incluso el simple hecho de reconocer esas emociones incómodas (miedo, vergüenza, culpa, tristeza o enojo) puede ser el comienzo de la solución, ya que te alienta a confrontar esa resistencia a atravesar estos sentimientos. Podría ser menos desagradable de lo que piensas.

Considera que la atención plena no es lo mismo que mirarse el ombligo. Estar aquí y ahora no significa obsesionarte contigo mismo y tus problemas, y despreciar a los demás. Los académicos han demostrado que la preocupación excesiva por uno mismo puede aumentar la actitud defensiva y la negatividad.[20] La atención plena debe procurar, en cambio, la sensación de que uno mismo forma parte del mundo, así como permitirnos observar nuestras emociones sin juicio alguno. Mientras trabajas para concentrarte en el presente, recuerda dos cosas: eres solo uno entre ocho mil millones de seres humanos y tus emociones aparecerán y desaparecerán como parte natural de estar vivo. Las herramientas de metacognición analizadas con anterioridad en este libro deberían serte de gran ayuda a medida que trabajas por lograr mayor atención plena.

Todavía habrá momentos en los que te distraerás; después de todo, eres un ser humano. Y, en ocasiones, es posible que incluso desees hacerlo de forma intencionada. Por ejemplo, puedes optar por leer una revista mientras esperas en el dentista para evitar pensar en tu inminente endodoncia. La clave aquí es que estás tomando una decisión ocasional, lo que significa que en realidad estás manejando tus emociones, en lugar de permitir que ellas te controlen a ti. En este caso, la distracción es una herramienta de tu armamento emocional que debes utilizar con moderación, ya que, recuerda, la atención plena siempre debe ser tu opción predeterminada.

Desafío 2

EMPEZAR

La parte más importante de empezar (o potenciar) un viaje trascendental es, justamente, *empezar*. La gente pasa toda su vida *deseando* tener fe; sin embargo, no hace nada por obtenerla. La iluminación no solo llega como un cambio en el clima. Requiere atención seria. Y como cualquier otra cosa (por ejemplo, ir a la universidad o mejorar la condición física), lo más difícil es comenzar, porque se trata de una elección. Por ello, aquí compartimos algunas ideas que pueden ayudarte.

Primero, inicia con lo simple. Los buenos entrenadores personales especializados en clientes que no han hecho ejercicio en muchos años (o tal vez nunca) jamás empiezan con pruebas complicadas o un entrenamiento riguroso. Durante las primeras semanas, animan al cliente a hacer algo fácil y activo durante una hora al día. Por lo general, eso se traduce en salir a caminar (ahondaremos en ello en un momento más.) De manera similar, cuando la gente pregunta cómo comenzar un camino espiritual, la mejor respuesta no es con un retiro de silencio de treinta días en los Himalayas, sentado en posición de loto (el equivalente a intentar hacer peso muerto levantando, en kilos, tu peso corporal en tu primera visita al gimnasio). Más bien, elije algo fácil y simple, como entrar en un servicio religioso y sentarse en la parte trasera, para observar sin juicios ni expectativas.

En segundo lugar, lee más. Una práctica trascendental requiere aprendizaje. Empieza a leer ampliamente literatura sapiencial, incluida la de tu propia tradición, si la tienes. Acorde a nuestra última sugerencia, no comiences con los textos más densos. En lugar de intentar leer los discursos de Buda en el original pali o la *Summa theologiae* de santo Tomás de Aquino, prueba con un título más popular sobre el budismo o el cristianismo de tu biblioteca local o la librería.[21]

En tercer lugar, suelta. Estás comprometido a manejar tu propia vida. Estás dispuesto a hacer el trabajo para ser más feliz, lo cual es genial. Pero esta elección podría tener un costo. En particular, es posible que desees controlar las cosas. La necesidad de controlarlo todo puede ser un impedimento en tu viaje espiritual, el cual, a menudo, requerirá una actitud intuitiva: permitirte, de manera infantil, vivir experiencias que no comprendas, es decir, sin estrangularlas con hechos y conocimientos. Por supuesto, es irónico mencionar esto en un libro sobre la ciencia de la felicidad. Sin embargo, los académicos han demostrado que las personas que poseen un razonamiento más intuitivo (esto es que responden preguntas basadas en «sentimientos») profesan creencias religiosas más fuertes que aquellos que son más analíticos.[22] Este hallazgo fue independiente de las diferencias en educación, ingresos, posturas políticas e inteligencia. En otras palabras, no descartes algo solo porque no puedas explicarlo.

Tal vez hayas leído hasta aquí y estés levantando las manos mientras concluyes: «No lo entiendo. Es que yo no soy una persona espiritual». Está bien. Entonces solo haz una cosa: sal y conecta con la naturaleza. Esta es una de las formas más probadas de tener una experiencia trascendental.

Desafortunadamente, cada vez es más rara. Después de todo, el porcentaje de estadounidenses que trabajan al aire libre decreció del 90% a principios del siglo XIX a menos del 20% a finales del siglo XX.[23] Además, reproducimos el mismo patrón en nuestra búsqueda de ocio: los estadounidenses salieron mil millones de veces menos a la naturaleza en 2018 en comparación con 2008.[24] Hoy en día, el 85% de los adultos afirma que pasaban más tiempo al aire libre cuando eran niños que los pequeños de hoy en día.[25] La tendencia a alejarse de la naturaleza en los últimos siglos y, en especial, en las últimas décadas, tiene explicaciones sencillas. Para empezar, la población mundial se ha urbanizado, por lo que la naturaleza se percibe más lejana. Según datos del censo estadounidense, el 6.1% de la población residía en áreas urbanas en 1800; en 2000, era el 79%.[26] En segundo lugar, sin importar dónde vivas, la tecnología está desplazando tu atención de las actividades al aire libre. Un estudio de 2017 señaló que el tiempo frente a la pantalla está aumentando rápidamente en todos los rangos de edad (en adultos, el promedio fue de diez horas con 39 minutos al día en 2016) mientras la caza, la pesca, acampar y los juegos infantiles al aire libre han disminuido de forma sustancial.[27]

Tal vez eres un urbanita que trabaja en un espacio cerrado, atado a sus dispositivos todo el día y la noche, y, quizás, además de caminar desde tu casa hasta el coche o el transporte público, no has pasado mucho tiempo en la naturaleza en meses o incluso años. Si es así, probablemente estés sufriendo algún malestar notorio, como estrés, ansiedad o hasta depresión. En un estudio realizado en 2015, los investigadores solicitaron a personas que caminaran en la naturaleza o en un entorno urbano durante cincuenta minutos.[28] Quienes caminaron en la naturaleza presentaron menos ansiedad, mejor estado de ánimo y una memoria más precisa en el trabajo. Asimismo, era menos probable que se identificaran con afirmaciones como «A menudo reflexiono sobre episodios de mi vida que ya no deberían preocuparme».

Enfocarte en lo metafísico reduce tu preocupación por las opiniones de los demás. No es de sorprender que la exposición a la naturaleza provoque lo mismo. En 2008, unos investigadores descubrieron que las personas que caminaban en una ciudad durante 15 minutos tenían un 39% más de probabilidades de estar de acuerdo con la afirmación «En este momento, estoy preocupado por la forma como me perciben los demás» que quienes pasaron la misma cantidad de tiempo caminando en la naturaleza.[29]

Si aún necesitas convencerte, tal vez unas cuantas palabras del escritor estadounidense Henry David Thoreau —quien creía en el poder trascendental de la naturaleza— te ayuden. «Estaba caminando por un prado, donde nacía un pequeño arroyo, cuando por fin el sol, justo antes de ponerse, después de un día frío y gris, alcanzó un estrato claro en el horizonte», escribió el autor en 1862.[30] En esta experiencia ordinaria, encontró lo sublime, como si estuviera caminando hacia Tierra Santa: «Hasta que un día el sol brille más intensamente que nunca, brillará por ventura en nuestra mente y nuestro corazón, e iluminará toda nuestra vida con una gran luz del despertar, tan cálida, serena y dorada como el margen de un río en otoño».

Thoreau creía que la naturaleza posee poderes que van más allá de nuestra comprensión: que el contacto con la tierra nos transforma. La ciencia moderna dicta que probablemente tenía razón.[31] Los investigadores han descubierto que la exposición a la luz natural (no a la luz artificial) sincroniza el reloj circadiano interno con la salida y puesta del sol[32] (deshazte de tus dispositivos e incluso de las luces artificiales durante unos días y podría ser más fácil que nunca dormir de modo natural). Asimismo, algunos pequeños experimentos han comprobado que, cuando las personas están en contacto físico con la tierra de modos tan simples como caminar descalzas al aire libre (lo cual se conoce como «conexión a tierra» del cuerpo humano), la percepción de su propia salud y estado de ánimo puede mejorar. Así que, si quieres sentirte mejor, quítate los zapatos y pasa el día al aire libre; podría ayudar.[33]

Esta es la conclusión: hay muchas maneras de comenzar un viaje trascendental. No tiene por qué ser complicado ni esotérico; de hecho, debería iniciar de forma modesta y sencilla. Reza o lee un poco, déjate llevar, sal a caminar al aire libre sin dispositivos. Lo importante es empezar.

Desafío 3

EL ENFOQUE CORRECTO

El mayor error que comete la gente cuando emprende un camino espiritual es perseguirlo para sus propios fines. Los capítulos anteriores sobre la familia y la amistad señalaron una paradoja: tendemos a recibir más amor cuando lo ofrecemos con libertad. La fe y la espiritualidad presentan una contradicción similar, es decir, obtienes el beneficio personal principalmente cuando ese *no* es el objetivo.

En una ocasión, un monje budista tibetano destacó este punto cuando reprendió de manera gentil a muchos practicantes estadounidenses del budismo.[34] «Tantos budistas estadounidenses practican para aliviar sus problemas personales», dijo. «No entienden que el verdadero objetivo es buscar la verdad y liberar a otros de su sufrimiento». Para ser más específicos, en el budismo, el propósito del practicante es ser un *bodhisattva*: es decir, alcanzar una naturaleza búdica para así romper el ciclo interminable de sufrimiento del nacimiento y la muerte, pero decidir no hacerlo con el fin de permanecer en este ciclo de vida y ayudar a otros a obtener también una mayor iluminación.

Los budistas zen japoneses enseñan su fe utilizando *koanes* o acertijos para meditar. Uno de los más famosos es «¿Cuál es el sonido de una mano aplaudiendo?». Parece una pregunta sin sentido hasta que te percatas de la respuesta: «Una ilusión». Una mano moviéndose para aplaudir puede hacerte imaginar el sonido de un aplauso, pero no emite un sonido real sino hasta que se agrega una segunda mano. Esto ilustra la idea budista del vacío, según la cual cada uno de nosotros está vacío de significado hasta que estamos en comunión con los demás. Para disfrutar del amor, debes amar a los demás y ser amado por ellos. Por eso un *bodhisattva* medita: no para aliviar su propio estrés y ansiedad, sino para enfocarse en el estrés y la ansiedad de los demás.

Esta es la verdad mística detrás de casi todas las religiones y tradiciones. Sirve a los principios de lo divino, busca la verdad última y, por lo tanto, trabaja para hacer a los demás más felices que a ti mismo. Solo *entonces* tendrás más éxito en tu propia búsqueda.

C. S. Lewis resume esta paradoja en su famoso libro *Mero cristianismo*, cuando describe a un hombre llamado Dick que quiere ser feliz y bueno.

> Mientras Dick no recurra a Dios, él creerá que su amabilidad es suya, y mientras piense eso, no lo será. Solo cuando Dick se percate de que su amabilidad no es de él sino un regalo de Dios, y cuando se la ofrezca de nuevo a él, en ese justo momento comenzará a ser suya de verdad. Por ahora, Dick está empezando a participar en su propia creación. Las únicas cosas que podemos conservar son las que le damos de forma gratuita a Dios. Lo que tratamos de conservar para nosotros es precisamente lo que con seguridad perderemos.[35]

Si recorres el camino trascendental, serás más feliz, pero solo si ser más feliz no es tu objetivo. Tu objetivo debe ser buscar la verdad y el bien de los demás.

EL CAMINO HACIA ADELANTE

No podemos decirte cuál debería ser tu camino trascendental, pero podemos decirte que construirás una vida mejor si sigues uno. La ciencia muestra con claridad que las experiencias metafísicas no son tonterías supersticiosas, sino vivencias que le brindan un beneficio a tu felicidad que no puedes obtener de ninguna otra forma. Encontrar y seguir tu camino implicará desafíos, por supuesto; ya hemos expuesto tres de los más importantes. Sin embargo, si adoptas las siguientes lecciones utilizando tus habilidades de autogestión, obtendrás grandes ganancias.

1. La vida espiritual puede ser dura porque va en contra de los estímulos que abundan a nuestro alrededor, los cuales, de forma constante, fragmentan nuestra atención. Debemos trabajar para estar presentes y plenamente atentos; cada vez podremos hacerlo mejor.
2. Es un error estar a la espera con la esperanza de que una práctica espiritual nos encuentre porque, probablemente, eso no ocurrirá. Necesitamos trabajar para construir una práctica espiritual, como cualquier otra cosa valiosa. El paso más importante es el primero.
3. El propósito de una fe o práctica espiritual no debe ser principalmente interior. El beneficio para nosotros es inmenso, pero el objetivo debe ser la búsqueda de la verdad y el amor a los demás.

A diferencia de las lecciones de los capítulos anteriores, estas son más difíciles de poner en práctica con resultados inmediatos, así

que agreguemos una cuarta lección, la cual marcará el comienzo de las tres primeras en los próximos meses y años de tu vida: cada día, dedica un periodo determinado a tu vida espiritual o filosófica. Por ejemplo, comienza tu mañana leyendo textos sagrados y sentándote en contemplación u oración solo 15 minutos. Si tu casa es demasiado agitada para eso, encuentra ese espacio durante la pausa para el almuerzo o por la noche. Al principio, 15 minutos parecerá mucho, pero se volverá más fácil con el tiempo, y si sigues así, querrás extenderlo. Sin embargo, al inicio, la clave del éxito es la coherencia. Solo 15 minutos, todos los días.

Esto nos lleva al final de la segunda fase del plan para construir la vida que anhelas. Presta atención y gestiona lo que importa (los cuatro pilares fundamentales: la familia, la amistad, el trabajo y la fe), enfrentando los mayores desafíos de cada uno.

En estos ocho capítulos, hemos abarcado una enorme cantidad de conocimiento, que comprende, literalmente, miles de estudios científicos. Sin duda, muchas de las lecciones y conceptos te sorprendieron. Muchos otros quizá los conocías, pero necesitabas que te los recordaran. En general, es probable que todos ellos tuvieran sentido en términos básicos. Sin embargo, las lecciones de felicidad siempre deben pasar la «prueba de la abuela» (si la abuela dijera: «Eso es una tontería», deberías tener *amplias* sospechas).

El desafío ahora es recordar las lecciones. Normalmente, las complicaciones de la vida hacen que para la mayoría de las personas sea fácil olvidar ideas nuevas y volver a caer en viejos patrones. Por esa razón, este libro termina con una invitación para asegurarnos de que cimentarás los principios para construir tu vida y ser más feliz: conviértete en maestro.

Una nota de Oprah

SIEMPRE ME HA ENCANTADO aprender, desde que era niña. También me encanta compartir lo que sé. De hecho, mientras escribo esto, me parece que el conocimiento nunca está realmente completo sino *hasta* que se comparte.

Para mí, *The Oprah Winfrey Show* siempre fue, en el fondo, un salón de clases. Sentía curiosidad por muchos temas, desde las complejidades del sistema digestivo hasta el significado de la vida. Había tantas cosas que quería saber, tantas preguntas por hacer y responder, y pensé que otras personas también compartían la curiosidad y las dudas, así que invité a numerosos expertos para que fueran nuestros maestros. Por supuesto, resultó que muchos miembros del público de igual manera poseían valiosos conocimientos para compartir. Mucha gente vino al programa y compartió demasiado.

La alegría de compartir el conocimiento también explica por qué comencé un club de lectura. Las novelas y memorias que más significan para mí son aquellas que me abren los ojos a verdades más profundas y nuevas experiencias, o que me permiten enfocar mejor algunas ideas trascendentales, ¡pero no está en mi naturaleza guardarme estas verdades, experiencias e ideas solo para mí! Incluso mientras leo un libro que me encanta, me imagino hablando de él con otras personas y eso solo aumenta mi gozo.

La verdad es que siempre me he sentido llamada a ser docente, y lo digo sin arrogancia en mi corazón. En mi opinión, un maestro no es el que lo sabe todo; más bien, es quien comparte lo que ha aprendido. He impartido clases y talleres en el colegio de mis niñas, en Sudáfrica, pero mi papel allá es principalmente el de mentora (bueno, mentora y estudiante. Podría escribir un libro sobre las duras lecciones que he aprendido en el proceso de construir una escuela. Eso sin mencionar las enseñanzas que las propias niñas me ofrecen de forma continua. La gran cantidad de alumnas —cientos, ahora— refuerza la lección de apego desapegado que mencioné antes. No es posible estar comprometido con resultados específicos para tantas chicas, pues cada una de ellas tiene sus propios antecedentes, sus propias capacidades, sus propios sueños y anhelos. Mi trabajo es abrirles la puerta; solo ellas pueden decidir qué harán cuando la atraviesen).

Cuando soy mentora de «mis niñas», me gusta enfatizar que el éxito en la vida no se trata tanto de poseer las respuestas correctas, sino de formular las preguntas correctas: ¿qué significa vivir bien —para mí, no según el modelo de otra persona— y cómo lo hago? ¿Qué es aquello por lo que de verdad vale la pena esforzarse? ¿Qué puedo ofrecer y cómo puedo servir? ¿Qué lecciones puedo aprender de mis experiencias, en especial de las más duras? ¿Cómo puedo aprovechar al máximo el tiempo que estaré en este planeta?

No es casualidad que sean las mismas preguntas que Arthur Brooks ha explorado en este libro, las cuales logran llegar al corazón de lo que significa ser más feliz porque reconocen que es un proceso activo, un asunto no de ser, sino de hacer; además, destacan la parte más importante del proceso: tu trabajo. Por último, muestran que la persona que controla tu felicidad (es decir, tu *cualidad de ser más feliz*) eres y siempre serás tú.

Me veo a mí misma en gran parte de este libro y sospecho que tú también te has visto a ti mismo. No solo la persona que has sido, sino la más feliz que realmente puedes llegar a ser. A medida que sigo los principios que presenta Arthur, me siento más feliz. De hecho, me estoy divirtiendo, una palabra que antes no existía en mi vocabulario porque estaba muy concentrada en el trabajo. Ahora viajo, me aventuro, digo sí a nuevas experiencias, porque quiero y no porque me sienta obligada. En ese camino, he comprobado muchas veces que la felicidad se multiplica cuando la compartimos. Espero que este libro te permita comenzar a compartir.

Cuando aprendas, enseña. Cuando recibas, da.

MAYA ANGELOU

Conclusión

Ahora, conviértete en el maestro

Elegiste este libro para construir una vida más feliz y leíste muchas ideas sobre cómo hacerlo. Pero, para ponerlas en práctica, necesitas recordarlas. Así es como lo harás: enséñale lo que has aprendido a un ornitorrinco de plástico.

Bien, seguramente requieres alguna explicación. Existe una técnica conocida como «aprendizaje del ornitorrinco de plástico», en la cual se solicita a las personas explicarle algo que han aprendido a cualquier objeto inanimado, como por ejemplo... un ornitorrinco de plástico. También podría ser un patito de goma o una bola de boliche; ese no es el punto. Lo que muestra la investigación sobre esta técnica es que, si puedes explicar algo de manera coherente, absorberás la información y la recordarás. La razón es bastante sencilla y ya la sabes. Necesitas ser *metacognitivo* con la información (esto es, emplear tu corteza prefrontal) para poder comprenderla y utilizarla. Y la mejor forma de hacerlo es explicándolo con claridad.

Esto funciona mucho mejor si, en vez de un ornitorrinco de plástico, es una persona real. Numerosas investigaciones comprueban que enseñar una materia es la forma más confiable de aprenderla a profundidad. Esto fue demostrado por primera vez por el famoso profesor de idiomas Jean-Pol Martin, quien enseñó con éxito lenguas extranjeras haciendo que sus estudiantes se instruyeran entre sí.[1] Análisis subsecuentes retomaron esta hipótesis en experimentos en los cuales un grupo de alumnos estudiaba materiales de forma autodidacta, mientras que un segundo grupo se los explicaba a los demás[2] (ambos grupos tuvieron la misma cantidad de tiempo). El segundo grupo (el de los estudiantes-profesores) entendía y recordaba mejor el material que el primero.

Enseñar a otros cómo ser más felices implica más que solo solidificar las ideas en tu propia mente. Con la felicidad en decadencia en casi todas partes, en especial en Estados Unidos, nuestro mundo necesita defensores y guerreros para ayudar a los millones que sufren sin alivio. Muchos todavía creen que no hay esperanza mientras haya dolor en su existencia. Encuentra a las personas de tu vida que están en esta situación. Sé su esperanza.

Ahora quizá te estés preguntando: «¿Cómo puedo ayudar a otra persona a construir su vida cuando la mía todavía se encuentra en proceso?». Ahí radica *precisamente* el cuándo y el porqué eres el maestro más eficaz. Los mejores maestros de la felicidad son los que han tenido que trabajar para adquirir el conocimiento que ofrecen, no los afortunados que todos los días se levantan de la cama de muy buen humor. Esos pocos afortunados son como los *influencers* de Instagram, que tienen una genética superior, comen lo que quieren y no tienen idea de cuáles son los desafíos para el resto de las personas como nosotros.

No ocultes tus propias dificultades. Utilízalas para ayudar a otros a entender que no están solos y que ser más felices es posible. Tu dolor te da credibilidad y tu progreso te convierte en una persona inspiradora. Además, compartir con otros aumenta ese progreso, así que es una situación perfecta en la que todos ganan.

MÁS VIEJO, MÁS SABIO, MÁS FELIZ

Enseñar la felicidad también es la mejor estrategia para ser más feliz a medida que pasa el tiempo. Una de las mayores fuentes de sufrimiento para muchas personas de mediana edad es la percepción de que, si bien tienen muchos años de vida por delante, de alguna manera sus capacidades están menguando. Esto es especialmente cierto para quienes han invertido mucho en sus habilidades.

Si percibes que perdiste tus ventajas o tus habilidades especiales, o que ya estás un poco agotado en la mediana edad o más adelante, esto es normal. Los investigadores han observado desde hace tiempo que muchas capacidades (el análisis y la innovación, por ejemplo) tienden a aumentar con velocidad en una etapa muy temprana de la vida y luego disminuyen entre los 30 y los 40 años. A esto se le llama «inteligencia fluida». Gracias a ella eres bueno en lo que haces como adulto joven, y en verdad notas cuando comienza a menguar, lo que generalmente ocurre antes de lo que esperabas.[3]

Sin embargo, existe otro tipo de inteligencia que viene después, llamada «inteligencia cristalizada», que es una habilidad cada vez mayor para combinar ideas complejas, comprender lo que significan, reconocer patrones y enseñar a otros. Esta aumenta a lo largo de la mediana edad y puede mantenerse hasta bien entrada la vejez. Si tienes más de 50 años y notas que eres mejor que antes para ver patrones y explicarles conceptos a los demás, es porque tu inteligencia cristalizada ha incrementado. La investigación sobre dichas inteligencias sugiere que las personas deberían desempeñar diferentes roles a lo largo de su vida que complementen ambos tipos, aunque siempre con la tendencia a enseñar y ser mentor de otros a medida que pasen los años, porque esa es tu creciente fortaleza natural. Quizá podrías cambiar de trabajo o de profesión, o darle un enfoque diferente a lo que realizas en tu empleo habitual. A menudo observamos, por ejemplo, que las personas que se toman un tiempo lejos del mundo laboral para criar a sus hijos regresan a trabajar en un rol distinto al que desempeñaban antes cuando el nido está vacío.

Por cierto, esto no solo es un consejo profesional. En la vida, nos va mejor y somos más felices cuando confiamos en nuestra sabiduría a medida que envejecemos. Una de las razones por las cuales a los mayores les encanta ser abuelos (¡además del hecho de que puedes malcriar a los niños todo el día y luego se irán a casa!) es porque se basa en la inteligencia cristalizada. Los abuelos retoman su experiencia y sabiduría, y tienden a no asustarse por las cosas menores, lo que hace que todo sea más fácil y divertido.

Además, esto nuevamente nos conduce a enseñar las lecciones para ser más felices. A medida que envejezcas, convertirte en un maestro de la felicidad te resultará cada vez más natural. Cuanto más crezcas, más información será verdaderamente tuya. Entonces, otros te buscarán para aprenderla.

LA PIEDRA ANGULAR MÁS IMPORTANTE DE TODAS

Al leer este libro, posiblemente hayas notado un tema recurrente. Cada práctica que te ayuda a construir la vida que deseas se basa en una sola cosa: *el amor*.

Embarcarte en un proyecto para ser más feliz y trabajar para manejar tus emociones es lo mismo que decir que te amas lo suficiente como para realizar esa inversión. Todos los pilares de la felicidad también están relacionados con el amor: amor por tu familia, amor por tus amigos, amor hecho visible al poner lo mejor de ti en el trabajo y amor por lo divino a través de tu viaje trascendental. Por si fuera poco, convertirte en maestro de lo que has aprendido es un acto de amor abundante hacia todos los seres en tu vida.

Al igual que la felicidad, el amor no es un sentimiento. Como dijo Martin Luther King Jr., en 1957: «El amor no es ese algo sentimental de lo que hablamos. No es solo un algo emocional. El amor es la buena voluntad creativa y comprensiva hacia todos».[4] El amor es un compromiso, un acto de voluntad y disciplina. El amor, así como ser más feliz, es algo en lo que mejoras con la práctica. Se vuelve más automático con la repetición. Con el tiempo, se convierte en un hábito. Y, cuando esto ocurre, todo lo demás encaja en su lugar.

Comienza cada día diciendo: «No sé lo que me deparará hoy, pero amaré a los demás y permitiré que me amen». Siempre que te preguntes qué hacer en una situación particular, ya sea grande, como aceptar un nuevo empleo, o pequeña, como permitir que alguien se incorpore a tu carril delante de ti en el tráfico, pregúntate: «¿Qué es lo más amoroso que puedo hacer en este momento?». Armado con el conocimiento que has adquirido en este libro, nunca te equivocarás.

Por supuesto, no estás hecho de piedra, incluso aunque te comprometas con la autogestión emocional y con la construcción de tu familia, tus amistades, tu trabajo y tu fe, todavía habrá días en los que el amor parecerá fuera de tu alcance. Reaccionarás mal ante alguien; dejarás que tus sentimientos se apoderen de ti; levantarás las manos con frustración. Es natural. La clave para progresar no es la perfección, es empezar de nuevo, una y otra vez. Cada día es un nuevo día y otra oportunidad para tomar el martillo y volver al trabajo. Solo recuerda que la vida que deseas se basa en el amor y vuelve a comenzar.

Nosotros dos estamos haciendo lo mismo con nuestra propia vida. Somos parte del mismo proyecto (ser más felices construyendo nuestra vida sobre un cimiento de amor). Ese es el principio que nos unió para hacer esta colaboración y para escribir este libro.

Así que recuerda: estamos caminando a tu lado, deseándote lo mejor en tu viaje. Y te pedimos que hagas lo mismo con nosotros. Fortaleciéndonos unos a otros, podemos ayudarnos a construir la vida que anhelamos. Y juntos tal vez también podamos ayudar a construir el mundo que anhelamos.

Para mayor información sobre
construir la vida que anhelas
y enseñar a otros a hacer lo mismo,
visita www.arthurbrooks.com/build.

Agradecimientos

Nos encantó trabajar juntos en este libro. Sin embargo, no nos encerramos en la casa de Oprah y redactamos el manuscrito nosotros solos. Muchos otros lo hicieron posible con sus ideas, su arduo trabajo y su apoyo. Agradecemos a nuestro equipo de investigación formado por Rena Rudavsky, Reece Brown y Bryce Fuemmeler, quienes buscaron miles de referencias y verificaron dato tras dato. El profesor Joshua Greene de Harvard examinó las propuestas neurocientíficas de este libro y nos brindó comentarios que mejoraron el manuscrito. Oprah agradece a Deborah Way por ayudarla a reunir las palabras y el lenguaje para hablar sobre la felicidad. Mientras tanto, Tara Montgomery, Candice Gayl y Bob Greene nos brindaron aportes críticos y mantuvieron a tiempo el avance continuo del libro con todo y un calendario caótico. Nicole Nichols, Chelsea Hettrick y Nicole Marostica dirigieron las comunicaciones, asegurándose de que el mundo conociera el proyecto. Y nada se habría logrado si no fuera por el apoyo de muchos colegas de Harpo y ACB Ideas, especialmente Rachel Ayerst Manfredi, Molly Glaeser, Olivia Ladner, Joanna Moss, Samantha Ray y Mary Riner.

Por su aliento y orientación en todo momento, estamos en deuda con Bria Sandford, nuestra editora de Portfolio; Anthony

Mattero, el agente literario de Arthur en Creative Artists Agency; y nuestros representantes legales Marc Chamlin y Ken Weinrib.

Arthur agradece a la dirección y a sus colegas de Harvard Kennedy School y Harvard Business School (HBS) por crear un entorno de apoyo y un hogar académico creativo donde este trabajo puede florecer. Los estudiantes de maestría en administración de empresas en sus clases de Liderazgo y Felicidad en HBS, y los participantes y partidarios del programa Liderazgo y Felicidad Laboratorio de Harvard Kennedy School son un inspirador recordatorio de que la felicidad es algo que podemos mejorar y compartir. Arthur también está en deuda con *The Atlantic*, en cuya columna semanal «Cómo construir una vida», escrita por él, aparecieron originalmente muchas de las ideas e incluso pasajes de este libro. Un agradecimiento especial a Jeff Goldberg, Rachel Gutman-Wei, Julie Beck y Ena Alvarado-Esteller, quienes hacen posible la columna cada semana. La investigación de Arthur cuenta con el generoso apoyo de Dan D'Aniello, Ravenel Curry, Tully Friedman, Cindy y Chris Galvin, y Eric Schmidt.

Como dejamos claro en este libro, la felicidad se construye en casa, gracias a quienes nos acompañan en los buenos y en los malos tiempos. No seríamos capaces de aconsejar a cualquiera sobre cómo ser más feliz si no fuera por el amor y el apoyo de nuestras familias. Para Arthur, esto comienza con Ester Munt-Brooks, su esposa y gurú espiritual, así como Joaquim, Carlos, Marina, Jessica y Caitlin Brooks. Para Oprah, gracias a todos mis queridos, ya saben quiénes son, ustedes me hacen cada día más feliz.

Notas

INTRODUCCIÓN:
EL SECRETO DE ALBINA

En las historias de la vida real de esta introducción, excepto donde se indique, se utilizan nombres ficticios y se han cambiado algunos detalles para proteger la identidad de las personas citadas.

1. Michael Davern, Rene Bautista, Jeremy Freese, Stephen L. Morgan y Tom W. Smith, General Social Surveys, 1972-2021 Cross-section, NORC, University of Chicago, gssdataexplorer.norc.org.
2. Renee D. Goodwin, Lisa C. Dierker, Melody Wu, Sandro Galea, Christina W. Hoven y Andrea H. Weinberger, «Trends in US Depression Prevalence from 2015 to 2020: The Widening Treatment Gap», *American Journal of Preventive Medicine* 63, núm. 5 (2022): 726-33.
3. Davern *et al.*, General Social Surveys, 1972-2021 Cross-section.
4. Global Happiness Study: What Makes People Happy around the World, Ipsos Global Advisor, agosto de 2019.

CAPÍTULO UNO: LA FELICIDAD NO ES LA META, Y LA INFELICIDAD NO ES LA ENEMIGA

Este capítulo adapta ideas y toma pasajes de los siguientes ensayos:

Arthur C. Brooks, «Sit with Negative Emotions, Don't Push Them Away», How to Build a Life, *The Atlantic*, 18 de junio de 2020; Arthur C. Brooks, «Measuring Your Happiness Can Help Improve It», How to Build a Life, *The Atlantic*, 3 de diciembre de 2020; Arthur C. Brooks, «There Are Two Kinds of Happy People», How to Build a Life, *The Atlantic*, 28 de enero de 2021; Arthur C. Brooks, «Different Cultures Define Happiness Differently», How to Build a Life, *The Atlantic*, 15 de julio de 2021; Arthur C. Brooks, «The Meaning of Life Is Surprisingly Simple», How to Build a Life, *The Atlantic*, 21 de octubre de 2021; Arthur C. Brooks, «The Problem with "No Regrets"», How to Build a Life, *The Atlantic*, 3 de febrero de 2022; Arthur C. Brooks, «How to Want Less», How to Build a Life, *The Atlantic*, 8 de febrero de 2022; Arthur C. Brooks, «Choose Enjoyment over Pleasure», How to Build a Life, *The Atlantic*, 24 de marzo de 2022; Arthur C. Brooks, «What the Second-Happiest People Get Right», How to Build a Life, *The Atlantic*, 31 de marzo de 2022; Arthur C. Brooks, «How to Stop Freaking Out», How to Build a Life, *The Atlantic*, 28 de abril de 2022; Arthur C. Brooks, «A Happiness Columnist's Three Biggest Happiness Rules», How to Build a Life, *The Atlantic*, 21 de julio de 2022; Arthur C. Brooks, «America Is Pursuing Happiness in All the Wrong Places», How to Build a Life, *The Atlantic*, 16 de noviembre de 2022.

1. Jeffrey Zaslow, «A Beloved Professor Delivers the Lecture of a Lifetime», *Wall Street Journal*, 20 de septiembre de 2007.
2. Saint Augustine, *The City of God*, book XI, ed. y trad. Marcus Dods (Edimburgo: T. & T. Clark, 1871), capítulo 26, publicado en línea por Project Gutenberg.
3. E. E. Hewitt, «Sunshine in the Soul», Hymnary.org.
4. Yukiko Uchida y Yuji Ogihara, «Personal or Interpersonal Construal of Happiness: A Cultural Psychological Perspective», *International Journal of Wellbeing* 2, núm. 4 (2012): 354-69.
5. Shigehiro Oishi, Jesse Graham, Selin Kesebir y Iolanda Costa Galinha, «Concepts of Happiness across Time and Cultures», *Personality and Social Psychology Bulletin* 39, núm. 5 (2013): 559-77.
6. Dictionary.com, s.v. «happiness», www.dictionary.com/ browse/ happiness.
7. Anna J. Clark, *Divine Qualities: Cult and Community in Republican Rome* (Oxford, UK: Oxford University Press, 2007).
8. Anna Altman, «The Year of Hygge, the Danish Obsession with Getting Cozy», *New Yorker*, 18 de diciembre de 2016.
9. Philip Brickman y Donald T. Campbell, «Hedonic Relativism and Planning the Good Society», *Adaptation Level Theory*, ed. M. H. Appley (Nueva York: Academic Press, 1971): 287-301.
10. Viktor E. Frankl, *El hombre en busca de sentido* (Barcelona: Herder, 2020).
11. Catherine J. Norris, Jackie Gollan, Gary G. Berntson y John T. Cacioppo, «The Current Status of Research on the Structure of Evaluative Space», *Biological Psychology* 84, núm. 3 (2010): 422-36.
12. Jordi Quoidbach, June Gruber, Moïra Mikolajczak, Alexsandr Kogan, Ilios Kotsou y Michael I. Norton, «Emodiversity and the

Emotional Ecosystem», *Journal of Experimental Psychology: General* 143, núm. 6 (2014): 2057-66.

13. Richard J. Davidson, Alexander J. Shackman y Jeffrey S. Maxwell, «Asymmetries in Face and Brain Related to Emotion», *Trends in Cognitive Sciences* 8, núm. 9 (2004): 389-91.
14. Debra Trampe, Jordi Quoidbach y Maxime Taquet, «Emotions in Everyday Life», *PLoS One* 10, núm. 12 (2015): e0145450.
15. Daniel Kahneman, Alan B. Krueger, David A. Schkade, Norbert Schwarz y Arthur A. Stone, «A Survey Method for Characterizing Daily Life Experience: The Day Reconstruction Method», *Science 306*, núm. 5702 (2004): 1776-80.
16. David Watson, Lee Anna Clark y Auke Tellegen, «Development and Validation of Brief Measures of Positive and Negative Affect: The PANAS Scales», *Journal of Personality and Social Psychology* 54, núm. 6 (1988): 1063-70. Puedes realizar esta prueba en www.authen tichappiness.sas.upenn.edu/testcenter.
17. Los porcentajes provienen de la investigación de Watson, Clark y Tellegen (1988).
18. Kristen A. Lindquist, Ajay B. Satpute, Tor D. Wager, Jochen Weber y Lisa Feldman Barrett, «The Brain Basis of Positive and Negative Affect: Evidence from a Meta-analysis of the Human Neuroimaging Literature», *Cerebral Cortex* 26, núm. 5 (2016): 1910-22.
19. Paul Rozin y Edward B. Royzman, «Negativity Bias, Negativity Dominance, and Contagion», *Personality and Social Psychology Review* 5, núm. 4 (2001): 296-320.
20. Emmy Gut, «Productive and Unproductive Depression: Interference in the Adaptive Function of the Basic Depressed Response», *British Journal of Psychotherapy* 2, núm. 2 (1985): 95-113.

21. Neal J. Roese, Kai Epstude, Florian Fessel, Mike Morrison, Rachel Smallman, Amy Summerville, Adam D. Galinsky y Suzanne Segerstrom, «Repetitive Regret, Depression, and Anxiety: Findings from a Nationally Representative Survey», *Journal of Social and Clinical Psychology* 28, núm. 6 (2009): 671-88.
22. Melanie Greenberg, «The Psychology of Regret: Should We Really Aim to Live Our Lives with No Regrets?», *Psychology Today*, 16 de mayo de 2012.
23. Daniel H. Pink, *The Power of Regret: How Looking Backward Moves Us Forward* (Nueva York: Penguin, 2022). El autor envió esta referencia vía correo electrónico.
24. John Keats, *The Letters of John Keats to His Family and Friends*, ed. Sidney Colvin (Londres: Macmillan and Co., 1925), publicado en línea por Project Gutenberg.
25. Karol Jan Borowiecki, «How Are You, My Dearest Mozart? Well-being and Creativity of Three Famous Composers Based on Their Letters», *Review of Economics and Statistics* 99, núm. 4 (2017): 591-605.
26. Paul W. Andrews y J. Anderson Thomson Jr., «The Bright Side of Being Blue: Depression as an Adaptation for Analyzing Complex Problems», *Psychological Review* 116, núm. 3 (2009): 620-54.
27. Shigehiro Oishi, Ed Diener y Richard E. Lucas, «The Optimum Level of Well-being: Can People Be Too Happy?», *The Science of Well-Being: The Collected Works of Ed Diener*, ed. Ed Diener (Heidelberg, Londres y Nueva York: Springer Dordrecht, 2009): 175-200.
28. June Gruber, Iris B. Mauss y Maya Tamir, «A Dark Side of Happiness? How, When, and Why Happiness Is Not Always Good», *Perspectives on Psychological Science* 6, núm. 3 (2011): 222-33.

CAPÍTULO DOS:
EL PODER DE LA METACOGNICIÓN

Este capítulo adapta ideas y toma pasajes de los siguientes ensayos:

Arthur C. Brooks, «When You Can't Change the World, Change Your Feelings», How to Build a Life, *The Atlantic*, 2 de diciembre de 2021; Arthur C. Brooks, «How to Stop Freaking Out», How to Build a Life, *The Atlantic*, 28 de abril de 2022; Arthur C. Brooks, «How to Make the Baggage of Your Past Easier to Carry», How to Build a Life, *The Atlantic*, 16 de junio de 2022.

1. «Viktor Emil Frankl», Viktor Frankl Institut, www.viktorfrankl.org/ biography.html.
2. Antonio Semerari, Antonino Carcione, Giancarlo Dimaggio, Maurizio Falcone, Giuseppe Nicolò, Michele Procacci y Giorgio Alleva, «How to Evaluate Metacognitive Functioning in Psychotherapy? The Metacognition Assessment Scale and Its Applications», *Clinical Psychology & Psychotherapy* 10, núm. 4 (2003): 238-61.
3. Paul D. MacLean, T. J. Boag y D. Campbell, *A Triune Concept of the Brain and Behaviour: Hincks Memorial Lectures* (Toronto: University of Toronto Press, 1973).
4. Patrick R. Steffen, Dawson Hedges y Rebekka Matheson, «The Brain Is Adaptive Not Triune: How the Brain Responds to Threat, Challenge, and Change», *Frontiers in Psychiatry* 13 (2022).
5. Trevor Huff, Navid Mahabadi y Prasanna Tadi, «Neuroanatomy, Visual Cortex», *StatPearls* (2022).

6. Joseph LeDoux y Nathaniel D. Daw, «Surviving Threats: Neural Circuit and Computational Implications of a New Taxonomy of Defensive Behaviour», *Nature Reviews Neuroscience* 19, núm. 5 (2018): 269-82; «Understanding the Stress Response», *Harvard Health Publishing*, 6 de julio de 2020; Sean M. Smith y Wylie W. Vale, «The Role of the Hypothalamic-Pituitary-Adrenal Axis in Neuroendocrine Responses to Stress», *Dialogues in Clinical Neuroscience* 8, núm. 4 (2006): 383-95.
7. LeDoux y Daw, «Surviving Threats».
8. Carroll E. Izard, «Emotion Theory and Research: Highlights, Unanswered Questions, and Emerging Issues», *Annual Review of Psychology* 60 (2009): 1-25.
9. APA Dictionary of Psychology, s.v. «joy», American Psychological Association, consultado el 2 de diciembre de 2022, www.dictionary.apa.org/joy.
10. «From Thomas Jefferson to Thomas Jefferson Smith, 21 February 1825», Founders Online.
11. Jeffrey M. Osgood y Mark Muraven, «Does Counting to Ten Increase or Decrease Aggression? The Role of State Self-Control (Ego-Depletion) and Consequences», *Journal of Applied Social Psychology* 46, núm. 2 (2016): 105-13.
12. Boethius, *The Consolation of Philosophy*, trad. H. R. James (Londres: Elliot Stock, 1897), publicado en línea por Project Gutenberg.
13. Amy Loughman, «Ancient Stress Response vs Modern Life», Mind Body Microbiome, 9 de enero de 2020.
14. Jeremy Sutton, «Maladaptive Coping: 15 Examples & How to Break the Cycle», PositivePsychology.com, 28 de octubre de 2020.
15. Philip Phillips, «Boethius», Oxford Bibliographies, modificado por última vez el 30 de marzo de 2017.

16. Boethius, *Consolation of Philosophy*.
17. Ralph Waldo Emerson, «Self-Reliance», en *Essays: First Series* (Boston: J. Munroe and Company, 1841).
18. Daniel L. Schacter, Donna Rose Addis y Randy L. Buckner, «Remembering the Past to Imagine the Future: The Prospective Brain», *Nature Reviews Neuroscience* 8, núm. 9 (2007): 657-61.
19. Marcus Raichle, «The Brain's Default Mode Network», *Annual Review of Neuroscience* 38 (2015): 433-47.
20. Ulric Neisser y Nicole Harsch, «Phantom Flashbulbs: False Recollections of Hearing the News about Challenger», *Affect and Accuracy in Recall: Studies of «Flashbulb» Memories*, ed. E. Winograd y U. Neisser (Cambridge: Cambridge University Press, 1992).
21. Melissa Fay Greene, «You Won't Remember the Pandemic the Way You Think You Will», *The Atlantic*, mayo de 2021; Alisha C. Holland y Elizabeth A. Kensinger, «Emotion and Autobiographical Memory», *Physics of Life Reviews* 7, núm. 1 (2010): 88-131.
22. Linda J. Levine y David A. Pizarro, «Emotion and Memory Research: A Grumpy Overview», *Social Cognition* 22, núm. 5 (2004): 530-54.
23. «Maha-satipatthana Sutta: The Great Frames of Reference», trad. Thanissaro Bhikkhu, Access to Insight, 2000.
24. James W. Pennebaker, *Opening Up: The Healing Power of Expressing Emotions* (Nueva York: Guilford Press, 2012).
25. Dorit Alt y Nirit Raichel, «Reflective Journaling and Metacognitive Awareness: Insights from a Longitudinal Study in Higher Education», *Reflective Practice* 21, núm. 2 (2020): 145-58.
26. Seth J. Gillihan, Jennifer Kessler y Martha J. Farah, «Memories Affect Mood: Evidence from Covert Experimental Assignment

to Positive, Neutral, and Negative Memory Recall», *Acta Psychologica* 125, núm. 2 (2007): 144-54.

27. Nic M. Weststrate y Judith Glück, «Hard-Earned Wisdom: Exploratory Processing of Difficult Life Experience Is Positively Associated with Wisdom», *Developmental Psychology* 53, núm. 4 (2017): 800-14.

CAPÍTULO TRES: ELIGE UNA MEJOR EMOCIÓN

Este capítulo adapta ideas y toma pasajes de los siguientes ensayos:

Arthur C. Brooks, «Don't Wish for Happiness. Work for It», How to Build a Life, *The Atlantic*, 22 de abril de 2021; Arthur C. Brooks, «The Link between Happiness and a Sense of Humor», How to Build a Life, *The Atlantic*, 12 de agosto de 2021; Arthur C. Brooks, «The Difference between Hope and Optimism», How to Build a Life, *The Atlantic*, 23 de septiembre de 2021; Arthur C. Brooks, «How to Be Thankful When You Don't Feel Thankful», How to Build a Life, *The Atlantic*, 24 de noviembre de 2021; Arthur C. Brooks, «How to Stop Dating People Who Are Wrong for You», How to Build a Life, *The Atlantic*, 23 de junio de 2022.

1. Diane C. Mitchell, Carol A. Knight, Jon Hockenberry, Robyn Teplansky y Terryl J. Hartman, «Beverage Caffeine Intakes in the US», *Food and Chemical Toxicology* 63 (2014): 136-42.

2. Brian Fiani, Lawrence Zhu, Brian L. Musch, Sean Briceno, Ross Andel, Nasreen Sadeq y Ali Z. Ansari, «The Neurophysiology of Caffeine as a Central Nervous System Stimulant and the Resultant Effects on Cognitive Function», *Cureus* 13, núm. 5 (2021): e15032; Thomas V. Dunwiddie y Susan A. Masino, «The Role and Regulation of Adenosine in the Central Nervous System», *Annual Review of Neuroscience* 24, núm. 1 (2001): 31-55; Leeana Aarthi Bagwath Persad, «Energy Drinks and the Neurophysiological Impact of Caffeine», *Frontiers in Neuroscience* 5 (2011): 116.
3. Paul Rozin y Edward B. Royzman, «Negativity Bias, Negativity Dominance, and Contagion», *Personality and Social Psychology Review* 5, núm. 4 (2001): 296-320.
4. Charlotte van Oyen Witvliet, Fallon J. Richie, Lindsey M. Root Luna y Daryl R. Van Tongeren, «Gratitude Predicts Hope and Happiness: A Two-Study Assessment of Traits and States», *Journal of Positive Psychology* 14, núm. 3 (2019): 271-82.
5. Glenn R. Fox, Jonas Kaplan, Hanna Damasio y Antonio Damasio, «Neural Correlates of Gratitude», *Frontiers in Psychology* 6 (2015): 1491; Kent C. Berridge y Morten L. Kringelbach, «Pleasure Systems in the Brain», *Neuron* 86, núm. 3 (2015): 646-64.
6. Jane Taylor Wilson, «Brightening the Mind: The Impact of Practicing Gratitude on Focus and Resilience in Learning», *Journal of the Scholarship of Teaching and Learning* 16, núm. 4 (2016): 1-13; Nathaniel M. Lambert y Frank D. Fincham, «Expressing Gratitude to a Partner Leads to More Relationship Maintenance Behavior», *Emotion* 11, núm. 1 (2011): 52-60; Sara B. Algoe, Barbara L. Fredrickson y Shelly L. Gable, «The Social Functions of the Emotion of Gratitude Via Expression», *Emotion* 13, núm. 4 (2013): 605-9; Maggie Stoeckel, Carol Weissbrod y

Anthony Ahrens, «The Adolescent Response to Parental Illness: The Influence of Dispositional Gratitude», *Journal of Child and Family Studies* 24, núm. 5 (2014): 1501-9.

7. Anna L. Boggiss, Nathan S. Consedine, Jennifer M. Brenton-Peters, Paul L. Hofman y Anna S. Serlachius, «A Systematic Review of Gratitude Interventions: Effects on Physical Health and Health Behaviors», *Journal of Psychosomatic Research* 135 (2020): 1101-65; Megan M. Fritz, Christina N. Armenta, Lisa C. Walsh y Sonja Lyubomirsky, «Gratitude Facilitates Healthy Eating Behavior in Adolescents and Young Adults», *Journal of Experimental Social Psychology* 81 (2019): 4-14.
8. M. Tullius Cicero, *The Orations of Marcus Tullius Cicero*, trad. C. D. Yonge (Londres: George Bell & Sons, 1891).
9. David DeSteno, Monica Y. Bartlett, Jolie Baumann, Lisa A. Williams y Leah Dickens, «Gratitude as Moral Sentiment: Emotion-Guided Cooperation in Economic Exchange», *Emotion* 10, núm. 2 (2010): 289-93; David DeSteno, Ye Li, Leah Dickens y Jennifer S. Lerner, «Gratitude: A Tool for Reducing Economic Impatience», *Psychological Science* 25, núm. 6 (2014): 1262-7; Jo-Ann Tsang, Thomas P. Carpenter, James A. Roberts, Michael B. Frisch y Robert D. Carlisle, «Why Are Materialists Less Happy? The Role of Gratitude and Need Satisfaction in the Relationship between Materialism and Life Satisfaction», *Personality and Individual Differences* 64 (2014): 62-6.
10. Nathaniel M. Lambert, Frank D. Fincham y Tyler F. Stillman, «Gratitude and Depressive Symptoms: The Role of Positive Reframing and Positive Emotion», *Cognition & Emotion* 26, núm. 4 (2012): 615-33.
11. Kristin Landyous y Sonja Lyubomirsky, «Benefits, Mechanisms, and New Directions for Teaching Gratitude to Children», *School Psychology Review* 43, núm. 2 (2014): 153-9.

12. Nathaniel M. Lambert, Frank D. Fincham, Scott R. Braithwaite, Steven M. Graham y Steven R. H. Beach, «Can Prayer Increase Gratitude?», *Psychology of Religion and Spirituality* 1, núm. 3 (2009): 139-49.

13 Araceli Frias, Philip C. Watkins, Amy C. Webber y Jeffrey J. Froh, «Death and Gratitude: Death Reflection Enhances Gratitude», *Journal of Positive Psychology* 6, núm. 2 (2011): 154-62.

14. Ru H. Dai, Hsueh-Chih Chen, Yu C. Chan, Ching-Lin Wu, Ping Li, Shu L. Cho y Jon-Fan Hu, «To Resolve or Not to Resolve, That Is the Question: The Dual-Path Model of Incongruity Resolution and Absurd Verbal Humor by fMRI», *Frontiers in Psychology* 8 (2017): 498; Takeshi Satow, Keiko Usui, Masao Matsuhashi, J. Yamamoto, Tahamina Begum, Hiroshi Shibasaki, A. Ikeda, N. Mikuni, S. Miyamoto y Naoya Hashimoto, «Mirth and Laughter Arising from Human Temporal Cortex», *Journal of Neurology, Neurosurgery & Psychiatry* 74, núm. 7 (2003): 1004-5.

15. E. B. White y Katherine S. White, eds., *A Subtreasury of American Humor* (Nueva York: Coward-McCann, 1941).

16. Mimi M. Y. Tse, Anna P. K. Lo, Tracy L. Y. Cheng, Eva K. K. Chan, Annie H. Y. Chan y Helena S. W. Chung, «Humor Therapy: Relieving Chronic Pain and Enhancing Happiness for Older Adults», *Journal of Aging Research 2010* (2010): 343-574.

17. Kim R. Edwards y Rod A. Martin, «Humor Creation Ability and Mental Health: Are Funny People More Psychologically Healthy?», *Europe's Journal of Psychology* 6, núm. 3 (2010): 196-212.

18. Victoria Ando, Gordon Claridge y Ken Clark, «Psychotic Traits in Comedians», *British Journal of Psychiatry* 204, núm. 5 (2014): 341-5.

19. Giovanni Boccaccio, *The Decameron of Giovanni Boccaccio*, trad. John Payne (Nueva York: Walter J. Black), publicado en línea por Project Gutenberg.
20. John Morreall, «Religious Faith, Militarism, and Humorlessness», *Europe's Journal of Psychology* 1, núm. 3 (2005).
21. Ori Amir e Irving Biederman, «The Neural Correlates of Humor Creativity», *Frontiers in Human Neuroscience* 10 (2016): 597; Alan Feingold y Ronald Mazzella, «Psychometric Intelligence and Verbal Humor Ability», *Personality and Individual Differences* 12, núm. 5 (1991): 427-35.
22. Edwards y Martin, «Humor Creation Ability».
23. David Hecht, «The Neural Basis of Optimism and Pessimism», *Experimental Neurobiology* 22, núm. 3 (2013): 173-99.
24. Los investigadores han encontrado que el optimismo puede distorsionar aún más la realidad. Hecht, «Neural Basis of Optimism and Pessimism».
25. Jim Collins, *Good to Great: Why Some Companies Make the Leap... and Others Don't* (Nueva York: Harper Business, 2001), 85.
26. Fred B. Bryant y Jamie A. Cvengros, «Distinguishing Hope and Optimism: Two Sides of a Coin, or Two Separate Coins?», *Journal of Social and Clinical Psychology* 23, núm. 2 (2004): 273-302.
27. Anthony Scioli, Christine M. Chamberlin, Cindi M. Samor, Anne B. Lapointe, Tamara L. Campbell, Alex R. Macleod y Jennifer McLenon, «A Prospective Study of Hope, Optimism, and Health», *Psychological Reports* 81, núm. 3 (1997): 723-33.
28. Rebecca J. Reichard, James B. Avey, Shane Lopez y Maren Dollwet, «Having the Will and Finding the Way: A Review and Meta-analysis of Hope at Work», *Journal of Positive Psychology* 8, núm. 4 (2013): 292-304.

29. Liz Day, Katie Hanson, John Maltby, Carmel Proctor y Alex Wood, «Hope Uniquely Predicts Objective Academic Achievement above Intelligence, Personality, and Previous Academic Achievement», *Journal of Research in Personality* 44, núm. 4 (2010): 550-3.
30. Stephen L. Stern, Rahul Dhanda y Helen P. Hazuda, «Hopelessness Predicts Mortality in Older Mexican and European Americans», *Psychosomatic Medicine* 63, núm. 3 (2001): 344-51.
31. Miriam A. Mosing, Brendan P. Zietsch, Sri N. Shekar, Margaret J. Wright y Nicholas G. Martin, «Genetic and Environmental Influences on Optimism and Its Relationship to Mental and Self-Rated Health: A Study of Aging Twins», *Behavior Genetics* 39, núm. 6 (2009): 597-604.
32. Dictionary.com, s.v. «empath», www.dictionary.com/browse/empath.
33. Psychiatric Medical Care Communications Team, «The Difference between Empathy and Sympathy», Psychiatric Medical Care.
34. Dana Brown, «The New Science of Empathy and Empaths (drjudithorloff.com)», PACEsConnection (blog), 4 de enero de 2018; Ryszard Praszkier, «Empathy, Mirror Neurons and SYNC», *Mind & Society* 15, núm. 1 (2016): 1-25.
35. Camille Fauchon, I. Faillenot, A. M. Perrin, C. Borg, Vincent Pichot, Florian Chouchou, Luis Garcia-Larrea y Roland Peyron, «Does an Observer's Empathy Influence My Pain? Effect of Perceived Empathetic or Unempathetic Support on a Pain Test», *European Journal of Neuroscience* 46, núm. 10 (2017): 2629-37.
36. Frans Derksen, Tim C. Olde Hartman, Annelies van Dijk, Annette Plouvier, Jozien Bensing y Antoine Lagro-Janssen,

«Consequences of the Presence and Absence of Empathy during Consultations in Primary Care: A Focus Group Study with Patients», *Patient Education and Counseling* 100, núm. 5 (2017): 987-93.

37. Olga M. Klimecki, Susanne Leiberg, Matthieu Ricard y Tania Singer, «Differential Pattern of Functional Brain Plasticity after Compassion and Empathy Training», *Social Cognitive and Affective Neuroscience* 9, núm. 6 (2014): 873-9.
38. Paul Bloom, *Against Empathy: The Case for Rational Compassion* (Nueva York: Random House, 2017), 2.
39. Clara Strauss, Billie Lever Taylor, Jenny Gu, Willem Kuyken, Ruth Baer, Fergal Jones y Kate Cavanagh, «What Is Compassion and How Can We Measure It? A Review of Definitions and Measures», *Clinical Psychology Review* 47 (2016): 15-27.
40. Klimecki *et al.*, «Differential Pattern».
41. Yawei Cheng, Ching-Po Lin, Ho-Ling Liu, Yuan-Yu Hsu, Kun-Eng Lim, Daisy Hung y Jean Decety, «Expertise Modulates the Perception of Pain in Others», *Current Biology* 17, núm. 19 (2007): 1708-13.
42. Varun Warrier, Roberto Toro, Bhismadev Chakrabarti, Anders D. Børglum, Jakob Grove, David A. Hinds, Thomas Bourgeron y Simon Baron-Cohen, «Genome-Wide Analyses of Self-Reported Empathy: Correlations with Autism, Schizophrenia and Anorexia Nervosa», *Translational Psychiatry* 8, núm. 1 (2018): 1-10; Aleksandr Kogan, Laura R. Saslow, Emily A. Impett y Sarina Rodrigues Saturn, «Thin-Slicing Study of the Oxytocin Receptor (OXTR) Gene and the Evaluation and Expression of the Prosocial Disposition», *Proceedings of the National Academy of Sciences* 108, núm. 48 (2011): 19189-92.
43. Hooria Jazaieri, Geshe Thupten Jinpa, Kelly McGonigal, Erika L. Rosenberg, Joel Finkelstein, Emiliana Simon-Thomas, Margaret

Cullen, James R. Doty, James J. Gross y Philippe R. Goldin, «Enhancing Compassion: A Randomized Controlled Trial of a Compassion Cultivation Training Program», *Journal of Happiness Studies* 14, núm. 4 (2012): 1113-26.

44. Carrie Mok, Nirmal B. Shah, Stephen F. Goldberg, Amir C. Dayan y Jaime L. Baratta, «Patient Perceptions and Expectations about Postoperative Analgesia» (presen., Thomas Jefferson University Hospital, Filadelfia, 2018).

CAPÍTULO CUATRO: ENFÓCATE MENOS EN TI MISMO

Este capítulo adapta ideas y toma pasajes de los siguientes ensayos:

Arthur C. Brooks, «No One Cares», How to Build a Life, *The Atlantic*, 11 de noviembre de 2021; Arthur C. Brooks, «Quit Lying to Yourself», How to Build a Life, *The Atlantic*, 18 de noviembre de 2021; Arthur C. Brooks, «How to Stop Freaking Out», How to Build a Life, *The Atlantic*, 28 de abril de 2022; Arthur C. Brooks, «Don't Surround Yourself with Admirers», How to Build a Life, *The Atlantic*, 30 de junio de 2022; Arthur C. Brooks, «Honesty Is Love», How to Build a Life, *The Atlantic*, 18 de agosto de 2022; Arthur C. Brooks, «A Shortcut for Feeling Just a Little Happier», How to Build a Life, *The Atlantic*, 25 de agosto de 2022; Arthur C. Brooks, «Envy, the Happiness Killer», How to Build a Life, *The Atlantic*, 20 de octubre de 2022.

1. Adam Waytz y Wilhelm Hofmann, «Nudging the Better Angels of Our Nature: A Field Experiment on Morality and Well-being», *Emotion* 20, núm. 5 (2020): 904-9.
2. William James, *The Principles of Psychology* (Nueva York: H. Holt and Company, 1890).
3. Michael Dambrun, «Self-Centeredness and Selflessness: Happiness Correlates and Mediating Psychological Processes», *PeerJ* 5 (2017): e3306.
4. Olga Khazan, «The Self-Confidence Tipping Point», *The Atlantic*, 11 de octubre de 2019; Leon F. Seltzer, «Self-Absorption: The Root of All (Psychological) Evil?», *Psychology Today*, 24 de agosto de 2016.
5. Marius Golubickis y C. Neil Macrae, «Sticky Me: Self-Relevance Slows Reinforcement Learning», *Cognition* 227 (2022): 105207.
6. Daisetz Teitaro Suzuki, *An Introduction to Zen Buddhism* (Nueva York: Grove Press, 1991), 64.
7. Esta referencia proviene de conversaciones vía correo electrónico con uno de los autores.
8. David Veale y Susan Riley, «Mirror, Mirror on the Wall, Who Is the Ugliest of Them All? The Psychopathology of Mirror Gazing in Body Dysmorphic Disorder», *Behaviour Research and Therapy* 39, núm. 12 (2001): 1381-93.
9. El hombre le contó a Arthur esta historia.
10. Dacher Keltner, «Why Do We Feel Awe?», *Greater Good Magazine*, 10 de mayo de 2016.
11. Michelle N. Shiota, Dacher Keltner y Amanda Mossman, «The Nature of Awe: Elicitors, Appraisals, and Effects on Self-Concept», *Cognition and Emotion* 21, núm. 5 (2007): 944-63.
12. Wanshi Shôgaku, *Shôyôroku (Book of Equanimity): Introductions, Cases, Verses Selection of 100 Cases with Verses*, trad. Sanbô Kyôdan Society (2014).

13. Mateo 7:1, NIV.
14. Marco Aurelio, *Meditaciones* (México: Austral, 2023).
15. Richard Foley, *Intellectual Trust in Oneself and Others* (Cambridge: Cambridge University Press, 2001).
16. Matthew D. Lieberman y Naomi I. Eisenberger, «The Dorsal Anterior Cingulate Cortex Is Selective for Pain: Results from Large-Scale Reverse Inference», *Proceedings of the National Academy of Sciences* 112, núm. 49 (2015): 15250-5; Ruohe Zhao, Hang Zhou, Lianyan Huang, Zhongcong Xie, Jing Wang, Wen-Biao Gan y Guang Yang, «Neuropathic Pain Causes Pyramidal Neuronal Hyperactivity in the Anterior Cingulate Cortex», *Frontiers in Cellular Neuroscience* 12 (2018): 107.
17. C. Nathan DeWall, Geoff MacDonald, Gregory D. Webster, Carrie L. Masten, Roy F. Baumeister, Caitlin Powell, David Combs, David R. Schurtz, Tyler F. Stillman, Dianne M. Tice y Naomi I. Eisenberger, «Acetaminophen Reduces Social Pain: Behavioral and Neural Evidence», *Psychological Science* 21, núm. 7 (2010): 931-7.
18. «Allodoxaphobia (a Complete Guide)», OptimistMinds, modificado por última vez el 3 de febrero de 2023.
19. APA Dictionary of Psychology, s.v. «behavioral inhibition system», American Psychological Association, www.dictionary.apa.org/behavioral-inhibition-system; Marion R. M. Scholten *et al.*, «Behavioral Inhibition System (BIS), Behavioral Activation System (BAS) and Schizophrenia: Relationship with Psychopathology and Physiology», *Journal of Psychiatric Research* 40, núm. 7 (2006): 638-45.
20. Kees van den Bos, «Meaning Making Following Activation of the Behavioral Inhibition System: How Caring Less about What Others Think May Help Us to Make Sense of What Is Going On», *The Psychology of Meaning*, ed. K. D. Markman, T. Proulx y M. J.

Lindberg (Washington D. C.: American Psychological Association, 2013), 359-80.

21. Annette Kämmerer, «The Scientific Underpinnings and Impacts of Shame», *Scientific American*, 9 de agosto de 2019; Jay Boll, «Shame: The Other Emotion in Depression & Anxiety», Hope to Cope, 8 de marzo de 2021.
22. Lao Tse, *Tao Te Ching* (Madrid: Alianza Editorial, 2022), poema 9.
23. Sin duda, preferirías que dejara de importarte lo que piensen los demás sobre ti, porque te produce dolor. Sin embargo, en ello reside el problema, pues al igual que el dolor común, tanto físico como emocional, sería inadecuado ignorarlo. Incluso sería peligroso. Este comportamiento podría desembocar en lo que los psicólogos llaman «síndrome de Hubris» o podría ser señal de un trastorno antisocial de la personalidad. Véase David Owen y Jonathan Davidson, «Hubris Syndrome: An Acquired Personality Disorder? A Study of US Presidents and UK Prime Ministers over the Last 100 Years», *Brain* 132, núm. 5 (2009): 1396-406; Robert J. Blair, «The Amygdala and Ventromedial Prefrontal Cortex in Morality and Psychopathy», *Trends in Cognitive Sciences* 11, núm. 9 (2007): 387-92.
24. Kenneth Savitsky, Nicholas Epley y Thomas Gilovich, «Do Others Judge Us as Harshly as We Think? Overestimating the Impact of Our Failures, Shortcomings and Mishaps», *Journal of Personality and Social Psychology* 81, núm. 1 (2001): 44-56.
25. Dante Alighieri, *The Divine Comedy*, trad. Henry Wadsworth Longfellow (Boston: 1867), publicado en línea por Project Gutenberg.
26. Joseph Epstein, *Envy: The Seven Deadly Sins*, vol. 1 (Oxford: Oxford University Press, 2003), 1.

27. Jan Crusius, Manuel F. Gonzalez, Jens Lange y Yochi Cohen-Charash, «Envy: An Adversarial Review and Comparison of Two Competing Views», *Emotion Review* 12, núm. 1 (2020): 3-21.
28. Henrietta Bolló, Dzsenifer Roxána Háger, Manuel Galvan y Gábor Orosz, «The Role of Subjective and Objective Social Status in the Generation of Envy», *Frontiers in Psychology* 11 (2020): 513495.
29. Hidehiko Takahashi, Motoichiro Kato, Masato Matsuura, Dean Mobbs, Tetsuya Suhara y Yoshiro Okubo, «When Your Gain Is My Pain and Your Pain Is My Gain: Neural Correlates of Envy and Schadenfreude», *Science* 323, núm. 5916 (2009): 937-9.
30. Redzo Mujcic y Andrew J. Oswald, «Is Envy Harmful to a Society's Psychological Health and Wellbeing? A Longitudinal Study of 18,000 Adults», *Social Science & Medicine* 198 (2018): 103-11.
31. Nicole E. Henniger y Christine R. Harris, «Envy across Adulthood: The What and the Who», *Basic and Applied Social Psychology* 37, núm. 6 (2015): 303-18.
32. Edson C. Tandoc Jr., Patrick Ferrucci y Margaret Duffy, «Facebook Use, Envy, and Depression among College Students: Is Facebooking Depressing?», *Computers in Human Behavior* 43 (2015): 139-46.
33. Philippe Verduyn, David Seungjae Lee, Jiyoung Park, Holly Shablack, Ariana Orvell, Joseph Bayer, Oscar Ybarra, John Jonides y Ethan Kross, «Passive Facebook Usage Undermines Affective Well-being: Experimental and Longitudinal Evidence», *Journal of Experimental Psychology: General* 144, núm. 2 (2015): 480-8.
34. Cosimo de Medici, Piero de Medici y Lorenzo de Medici, *Lives of the Early Medici: As Told in Their Correspondence* (Boston: R. G. Badger, 1911).

35. Ed O'Brien, Alexander C. Kristal, Phoebe C. Ellsworth y Norbert Schwarz, «(Mis)imagining the Good Life and the Bad Life: Envy and Pity as a Function of the Focusing Illusion», *Journal of Experimental Social Psychology* 75 (2018): 41-53.
36. Alexandra Samuel, «What to Do When Social Media Inspires Envy», *JSTOR Daily*, 6 de febrero de 2018.
37. Alison Wood Brooks, Karen Huang, Nicole Abi-Esber, Ryan W. Buell, Laura Huang y Brian Hall, «Mitigating Malicious Envy: Why Successful Individuals Should Reveal Their Failures», *Journal of Experimental Psychology: General* 148, núm. 4 (2019): 667-87.
38. Ovul Sezer, Francesca Gino y Michael I. Norton, «Humble-bragging: A Distinct –and Ineffective– Self-Presentation Strategy», *Journal of Personality and Social Psychology* 114, núm. 1 (2018): 52-74.

CAPÍTULO CINCO: CONSTRUYE TU FAMILIA IMPERFECTA

Este capítulo adapta ideas y toma pasajes de los siguientes ensayos:

Arthur C. Brooks, «Love Is Medicine for Fear», How to Build a Life, *The Atlantic*, 16 de julio de 2020; Arthur C. Brooks, «There Are Two Kinds of Happy People», How to Build a Life, *The Atlantic*, 28 de enero de 2021; Arthur C. Brooks, «Don't Wish for Happiness. Work for It», How to Build a Life, *The Atlantic*, 22 de abril de 2021; Arthur C. Brooks, «How Adult Children Affect Their Mother's Happiness»,

How to Build a Life, *The Atlantic*, 6 de mayo de 2021; Arthur C. Brooks, «Dads Just Want to Help», How to Build a Life, *The Atlantic*, 17 de junio de 2021; Arthur C. Brooks, «Those Who Share a Roof Share Emotions», How to Build a Life, *The Atlantic*, 22 de julio de 2021; Arthur C. Brooks, «Fake Forgiveness Is Toxic for Relationships», How to Build a Life, *The Atlantic*, 19 de agosto de 2021; Arthur C. Brooks, «Quit Lying to Yourself», How to Build a Life, *The Atlantic*, 18 de noviembre de 2021; Arthur C. Brooks, «The Common Dating Strategy That's Totally Wrong», How to Build a Life, *The Atlantic*, 10 de febrero de 2022; Arthur C. Brooks, «The Key to a Good Parent-Child Relationship? Low Expectations», How to Build a Life, *The Atlantic*, 12 de mayo de 2022; Arthur C. Brooks, «Honesty Is Love», How to Build a Life, *The Atlantic*, 18 de agosto de 2022.

1. Laura Silver, Patrick van Kessel, Christine Huang, Laura Clancy y Sneha Gubbala, «What Makes Life Meaningful? Views from 17 Advanced Economies», *Pew Research Center*, 18 de noviembre de 2021.
2. Christian Grevin, «The Chapman University Survey of American Fears, Wave 9» (Orange: Earl Babbie Research Center, Chapman University, 2022).
3. Merril Silverstein y Roseann Giarrusso, «Aging and Family Life: A Decade Review», *Journal of Marriage and Family* 72, núm. 5 (2010): 1039-58.
4. Leon Tolstoy, *Anna Karenina*, trad. Constance Garnett (1901), publicado en línea por Project Gutenberg.
5. Adam Shapiro, «Revisiting the Generation Gap: Exploring the Relationships of Parent/Adult-Child Dyads», *International Journal of Aging and Human Development* 58, núm. 2 (2004): 127-46.
6. Shapiro, «Revisiting the Generation Gap».

7. Joshua Coleman, «A Shift in American Family Values Is Fueling Estrangement», *The Atlantic*, 10 de enero de 2021; Megan Gilligan, J. Jill Suitor y Karl Pillemer, «Estrangement between Mothers and Adult Children: The Role of Norms and Values», *Journal of Marriage and Family* 77, núm. 4 (2015): 908-20.
8. Kira S. Birditt, Laura M. Miller, Karen L. Fingerman y Eva S. Lefkowitz, «Tensions in the Parent and Adult Child Relationship: Links to Solidarity and Ambivalence», *Psychology and Aging* 24, núm. 2 (2009): 287-95.
9. Chris Segrin, Alesia Woszidlo, Michelle Givertz, Amy Bauer y Melissa Taylor Murphy, «The Association between Overparenting, Parent-Child Communication, and Entitlement and Adaptive Traits in Adult Children», *Family Relations* 61, núm. 2 (2012): 237-52.
10. Rhaina Cohen, «The Secret to a Fight-Free Relationship», *The Atlantic*, 13 de septiembre de 2021.
11. Shapiro, «Revisiting the Generation Gap».
12. Kira S. Birditt, Karen L. Fingerman, Eva S. Lefkowitz y Claire M. Kamp Dush, «Parents Perceived as Peers: Filial Maturity in Adulthood», *Journal of Adult Development* 15, núm. 1 (2008): 1-12.
13. Ashley Fetters y Kaitlyn Tiffany, «The "Dating Market" Is Getting Worse», *The Atlantic*, 25 de febrero de 2020.
14. Anna Brown, «Nearly Half of U.S. Adults Say Dating Has Gotten Harder for Most People in the Last 10 Years», Pew Research Center, 20 de agosto de 2020.
15. Michael Davern, Rene Bautista, Jeremy Freese, Stephen L. Morgan y Tom W. Smith, General Social Surveys, 1972-2021 Cross-section, NORC, University of Chicago, gssdataexplorer.norc.org.

16. Christopher Ingraham, «The Share of Americans Not Having Sex Has Reached a Record High», *Washington Post*, 29 de marzo de 2019; Kate Julian, «Why Are Young People Having So Little Sex?», *The Atlantic*, 15 de diciembre de 2018.
17. Gregory A. Huber y Neil Malhotra, «Political Homophily in Social Relationships: Evidence from Online Dating Behavior», *Journal of Politics* 79, núm. 1 (2017): 269-83.
18. Cat Hofacker, «OkCupid: Millennials Say Personal Politics Can Make or Break a Relationship», *USA Today*, 16 de octubre de 2018.
19. Neal Rothschild, «Young Dems More Likely to Despise the Other Party», *Axios*, 7 de diciembre de 2021.
20. «Is Education Doing Favors for Your Dating Life?», *GCU Experience* (blog), Grand Canyon University, 22 de junio de 2021.
21. Robert F. Winch, «The Theory of Complementary Needs in Mate-Selection: A Test of One Kind of Complementariness», *American Sociological Review* 20, núm. 1 (1955): 52-6.
22. Pamela Sadler y Erik Woody, «Is Who You Are Who You're Talking To? Interpersonal Style and Complementarity in Mixed-Sex Interactions», *Journal of Personality and Social Psychology* 84, núm. 1 (2003): 80-96.
23. Aurelio José Figueredo, Jon Adam Sefcek y Daniel Nelson Jones, «The Ideal Romantic Partner Personality», *Personality and Individual Differences* 41, núm. 3 (2006): 431-41.
24. Marc Spehr, Kevin R. Kelliher, Xiao-Hong Li, Thomas Boehm, Trese Leinders-Zufall y Frank Zufall, «Essential Role of the Main Olfactory System in Social Recognition of Major Histocompatibility Complex Peptide Ligands», *Journal of Neuroscience* 26, núm. 7 (2006): 1961-70.
25. Claus Wedekind, Thomas Seebeck, Florence Bettens y Alexander J. Paepke, «MHC-Dependent Mate Preferences in

Humans», *Proceedings of the Royal Society B: Biological Sciences* 260, núm. 1359 (1995): 245-9.

26. Pablo Sandro Carvalho Santos, Juliano Augusto Schinemann, Juarez Gabardo y Maria da Graça Bicalho, «New Evidence That the MHC Influences Odor Perception in Humans: A Study with 58 Southern Brazilian Students», *Hormones and Behavior* 47, núm. 4 (2005): 384-8.
27. Michael J. Rosenfeld, Reuben J. Thomas y Sonia Hausen, «Disintermediating Your Friends: How Online Dating in the United States Displaces Other Ways of Meeting», *Proceedings of the National Academy of Sciences* 116, núm. 36 (2019): 17753-8.
28. Jon Levy, Devin Markell y Moran Cerf, «Polar Similars: Using Massive Mobile Dating Data to Predict Synchronization and Similarity in Dating Preferences», *Frontiers in Psychology* 10 (2019): 2010.
29. C. Price, «43% of Americans Have Gone on a Blind Date», Dating-Advice.com, 6 de agosto de 2022.
30. Elaine Hatfield, John T. Cacioppo y Richard L. Rapson, «Emotional Contagion», *Current Directions in Psychological Science* 2, núm. 3 (1993): 96-9.
31. James H. Fowler y Nicholas A. Christakis, «Dynamic Spread of Happiness in a Large Social Network: Longitudinal Analysis over 20 Years in the Framingham Heart Study», *BMJ* 337 (2008): a2338.
32. Alison L. Hill, David G. Rand, Martin A. Nowak y Nicholas A. Christakis, «Emotions as Infectious Diseases in a Large Social Network: The SISa Model», *Proceedings of the Royal Society B: Biological Sciences* 277, núm. 1701 (2010): 3827-35.
33. Elaine Hatfield, Lisamarie Bensman, Paul D. Thornton y Richard L. Rapson, «New Perspectives on Emotional Contagion: A Review of Classic and Recent Research on Facial Mimicry and

Contagion», *Interpersona: An International Journal on Personal Relationships* 8, núm. 2 (2014): 159-79.

34. Bruno Wicker, Christian Keysers, Jane Plailly, Jean-Pierre Royet, Vittorio Gallese y Giacomo Rizzolatti, «Both of Us Disgusted in My Insula: The Common Neural Basis of Seeing and Feeling Disgust», *Neuron* 40, núm. 3 (2003): 655-64.
35. India Morrison, Donna Lloyd, Giuseppe Di Pellegrino y Neil Roberts, «Vicarious Responses to Pain in Anterior Cingulate Cortex: Is Empathy a Multisensory Issue?», *Cognitive, Affective, & Behavioral Neuroscience* 4, núm. 2 (2004): 270-8.
36. Mary J. Howes, Jack E. Hokanson y David A. Loewenstein, «Induction of Depressive Affect after Prolonged Exposure to a Mildly Depressed Individual», *Journal of Personality and Social Psychology* 49, núm. 4 (1985): 1110-3.
37. Robert J. Littman y Maxwell L. Littman, «Galen and the Antonine Plague», *American Journal of Philology* 94, núm. 3 (1973): 243-55.
38. Cassius Dio, «Book of Roman History», *Loeb Classical Library* 9, trad. Earnest Cary y Herbert Baldwin Faoster (Cambridge, MA: Harvard University Press, 1925), 100-101.
39. Marcus Aurelius, «Marcus Aurelius», *Loeb Classical Library 58*, ed. y trad. C. R. Haines (Cambridge: Harvard University Press, 1916), 234-35.
40. Courtney Waite Miller y Michael E. Roloff, «When Hurt Continues: Taking Conflict Personally Leads to Rumination, Residual Hurt and Negative Motivations toward Someone Who Hurt Us», *Communication Quarterly* 62, núm. 2 (2014): 193-213.
41. Denise C. Marigold, Justin V. Cavallo, John G. Holmes y Joanne V. Wood, «You Can't Always Give What You Want: The Challenge of Providing Social Support to Low Self-Esteem

Individuals», *Journal of Personality and Social Psychology* 107, núm. 1 (2014): 56-80.

42. Hao Shen, Aparna Labroo y Robert S. Wyer Jr., «So Difficult to Smile: Why Unhappy People Avoid Enjoyable Activities», *Journal of Personality and Social Psychology* 119, núm. 1 (2020): 23.
43. Robert M. Pirsig, *Zen and the Art of Motorcycle Maintenance: An Inquiry into Values* (Nueva York: Random House, 1999).
44. Pavica Sheldon y Mary Grace Antony, «Forgive and Forget: A Typology of Transgressions and Forgiveness Strategies in Married and Dating Relationships», *Western Journal of Communication* 83, núm. 2 (2019): 232-51.
45. Vincent R. Waldron y Douglas L. Kelley, «Forgiving Communication as a Response to Relational Transgressions», *Journal of Social and Personal Relationships* 22, núm. 6 (2005): 723-42.
46. Sheldon y Antony, «Forgive and Forget».
47. Buddhaghosa Himi, *Visuddhimagga: The Path of Purification*, trad. Bhikkhu Ñāṇamoli (Sri Lanka: Buddhist Publication Society, 2010), 297.
48. Everett L. Worthington Jr., Charlotte Van Oyen Witvliet, Pietro Pietrini y Andrea J. Miller, «Forgiveness, Health, and Well-being: A Review of Evidence for Emotional versus Decisional Forgiveness, Dispositional Forgivingness, and Reduced Unforgiveness», *Journal of Behavioral Medicine* 30, núm. 4 (2007): 291-302.
49. Brad Blanton, *Radical Honesty* (Nueva York: Random House, 1996).
50. Edel Ennis, Aldert Vrij y Claire Chance, «Individual Differences and Lying in Everyday Life», *Journal of Social and Personal Relationships* 25, núm. 1 (2008): 105-18.

51. Leon F. Seltzer, «The Narcissist's Dilemma: They Can Dish It Out, but...», *Psychology Today*, 12 de octubre de 2011.

CAPÍTULO SEIS: LA AMISTAD QUE ES PROFUNDAMENTE REAL

Este capítulo adapta ideas y toma pasajes de los siguientes ensayos y pódcast:

Arthur C. Brooks, «Sedentary Pandemic Life Is Bad for Our Happiness», How to Build a Life, *The Atlantic*, 19 de noviembre de 2020; Arthur C. Brooks, «The Type of Love That Makes People Happiest», How to Build a Life, *The Atlantic*, 11 de febrero de 2021; Arthur C. Brooks, «The Hidden Toll of Remote Work», How to Build a Life, *The Atlantic*, 1 de abril de 2021; Arthur C. Brooks, «The Best Friends Can Do Nothing for You», How to Build a Life, *The Atlantic*, 8 de abril de 2021; Arthur C. Brooks, «What Introverts and Extroverts Can Learn from Each Other», How to Build a Life, *The Atlantic*, 20 de mayo de 2021; Arthur C. Brooks, «Which Pet Will Make You Happiest?», How to Build a Life, *The Atlantic*, 5 de agosto de 2021; Arthur C. Brooks, «Stop Waiting for Your Soul Mate», How to Build a Life, *The Atlantic*, 9 de septiembre de 2021; Arthur C. Brooks, «Don't Surround Yourself with Admirers», How to Build a Life, *The Atlantic*, 30 de junio de 2022; Arthur C. Brooks, «Technology Can Make Your Relationships Shallower», How to Build a Life, *The Atlantic*, 29 de septiembre de 2022; Arthur C. Brooks, «Marriage Is a Team Sport», How to Build a Life, *The Atlantic*, 10 de noviembre de 2022; Arthur C. Brooks, «How We Learned to Be Lonely»,

How to Build a Life, *The Atlantic*, 5 de enero de 2023; Arthur Brooks, «Love in the Time of Corona», *The Art of Happiness with Arthur Brooks*, pódcast audio, 39:24, 13 de abril de 2020.

1. Edgar Allan Poe, *The Complete Poetical Works of Edgar Allan Poe Including Essays on Poetry*, ed. John Henry Ingram (Nueva York: A. L. Burt), publicado en línea por Project Gutenberg.
2. Ludwig, «Death of Edgar A Poe», *Richmond Enquirer*, 16 de octubre de 1849.
3. Edgar Allan Poe and Eugene Lemoine Didier, *Life and Poems* (Nueva York: W. J. Widdleton, 1879), 101.
4. Melıkşah Demır, Ayça Özen, Aysun Doğan, Nicholas A. Bilyk y Fanita A. Tyrell, «I Matter to My Friend, Therefore I Am Happy: Friendship, Mattering, and Happiness», *Journal of Happiness Studies* 12, núm. 6 (2011): 983-1005.
5. Melıkşah Demır y Lesley A. Weitekamp, «I Am So Happy 'Cause Today I Found My Friend: Friendship and Personality as Predictors of Happiness», *Journal of Happiness Studies* 8, núm. 2 (2007): 181-211.
6. Daniel A. Cox, «The State of American Friendship: Change, Challenges, and Loss», *Survey Center on American Life*, 8 de junio de 2021.
7. Cox, «State of American Friendship».
8. John Whitesides, «From Disputes to a Breakup: Wounds Still Raw after U.S. Election», *Reuters*, 7 de febrero de 2017.
9. KFF, «As the COVID-19 Pandemic Enters the Third Year Most Adults Say They Have Not Fully Returned to Pre-Pandemic "Normal"», comunicado de prensa, 6 de abril de 2022.
10. Maddie Sharpe y Alison Spencer, «Many Americans Say They Have Shifted Their Priorities around Health and Social Activities during COVID-19», Pew Research Center, 18 de agosto de 2022.

11. Sarah Davis, «59% of U.S. Adults Find It Harder to Form Relationships since COVID-19, Survey Reveals – Here's How That Can Harm Your Health», *Forbes*, 12 de julio de 2022.
12. Lewis R. Goldberg, «The Development of Markers for the Big-Five Factor Structure», *Psychological Assessment* 4, núm. 1 (1992): 26-42.
13. C. G. Jung, *Psychologische Typen* (Zürich: Rascher & Cie., 1921).
14. Hans Jurgen Eysenck, «Intelligence Assessment: A Theoretical and Experimental Approach», *The Measurement of Intelligence* (Heidelberg, Londres y Nueva York: Springer Dordrecht, 1973), 194-211.
15. Rachel L. C. Mitchell y Veena Kumari, «Hans Eysenck's Interface between the Brain and Personality: Modern Evidence on the Cognitive Neuroscience of Personality», *Personality and Individual Differences* 103 (2016): 74-81.
16. Mats B. Küssner, «Eysenck's Theory of Personality and the Role of Background Music in Cognitive Task Performance: A Mini-Review of Conflicting Findings and a New Perspective», *Frontiers in Psychology* 8 (2017): 1991.
17. Peter Hills y Michael Argyle, «Happiness, Introversion-Extraversion and Happy Introverts», *Personality and Individual Differences* 30, núm. 4 (2001): 595-608.
18. Ralph R. Greenson, «On Enthusiasm», *Journal of the American Psychoanalytic Association* 10, núm. 1 (1962): 3-21.
19. Barry M. Staw, «The Escalation of Commitment to a Course of Action», *Academy of Management Review* 6, núm. 4 (1981): 577-87.
20. Daniel C. Feiler y Adam M. Kleinbaum, «Popularity, Similarity, and the Network Extraversion Bias», *Psychological Science* 26, núm. 5 (2015): 593-603.

21. Yehudi A. Cohen, «Patterns of Friendship», *Social Structure and Personality: A Casebook* (Nueva York: Holt, Rinehart and Winston, 1961), 351-86.
22. OnePoll, «Evite: Difficulty Making Friends», *72Point*, mayo de 2019.
23. Yixin Chen y Thomas Hugh Feeley, «Social Support, Social Strain, Loneliness, and Well-being among Older Adults: An Analysis of the Health and Retirement Study», *Journal of Social and Personal Relationships* 31, núm. 2 (2014): 141-61.
24. Laura L. Carstensen, Derek M. Isaacowitz y Susan T. Charles, «Taking Time Seriously: A Theory of Socioemotional Selectivity», *American Psychologist* 54, núm. 3 (1999): 165-81.
25. Aristóteles, *Ética a Nicómaco* (Madrid: Alianza Editorial, 2015).
26. Michael E. Porter y Nitin Nohria, «How CEOs Manage Time», *Harvard Business Review*, julio-agosto de 2018.
27. Derek Thompson, «Workism Is Making Americans Miserable», *The Atlantic*, 24 de febrero de 2019.
28. Gálatas 4:9, NIV; Yair Kramer, «Transformational Moments in Group Psychotherapy» (tesis de doctorado, Rutgers University Graduate School of Applied and Professional Psychology, 2012).
29. «Magandiya Sutta: To Magandiya», trad. Thanissaro Bhikkhu, Access to Insight, 30 de noviembre de 2013.
30. Thích Nhất Hạnh, *Being Peace* (Berkeley: Parallax Press, 2020), 91.
31. Neal Krause, Kenneth I. Pargament, Peter C. Hill y Gail Ironson, «Humility, Stressful Life Events, and Psychological Well-being: Findings from the Landmark Spirituality and Health Survey», *Journal of Positive Psychology* 11, núm. 5 (2016): 499-510.
32. Philip Schaff y Henry Wace, eds., *Nicene and Post-Nicene Fathers: Basil: Letters and Select Works*, vol. 8 (Peabody: Hendrickson, 1995), 446.

33. Adam K. Fetterman y Kai Sassenberg, «The Reputational Consequences of Failed Replications and Wrongness Admission among Scientists», *PLoS One* 10, núm. 12 (2015): e0143723.
34. «Doris Kearns Goodwin on Lincoln and His "Team of Rivals"», entrevista de Dave Davies, Fresh Air, NPR, 8 de noviembre de 2005.
35. Brian J. Fogg, *Tiny Habits: The Small Changes That Change Everything* (Boston: Houghton Mifflin Harcourt, 2020).
36. Paul Samuelson y William Nordhaus, *Economics*, 19th ed. (Nueva York: McGraw Hill, 2010), I.
37. Zhiling Zou, Hongwen Song, Yuting Zhang y Xiaochu Zhang, «Romantic Love vs. Drug Addiction May Inspire a New Treatment for Addiction», *Frontiers in Psychology* 7 (2016): 1436.
38. Helen E. Fisher, Arthur Aron y Lucy L. Brown, «Romantic Love: A Mammalian Brain System for Mate Choice», *Philosophical Transactions of the Royal Society B: Biological Sciences* 361, núm. 1476 (2006): 2173-86.
39. Antina de Boer, Erin M. van Buel y G. J. Ter Horst, «Love Is More Than Just a Kiss: A Neurobiological Perspective on Love and Affection», *Neuroscience* 201 (2012): 114-24.
40. Katherine Wu, «Love, Actually: The Science behind Lust, Attraction, and Companionship», *Science in the News* (blog), Harvard University: The Graduate School of Arts and Sciences, 14 de febrero de 2017.
41. «Harvard Study of Adult Development», Massachusetts General Hospital y Harvard Medical School, www.adultdevelopmentstudy.org.
42. Roberts J. Waldinger y Marc S. Schulz, «What's Love Got to Do with It? Social Functioning, Perceived Health, and Daily Happiness in Married Octogenarians», *Psychology and Aging* 25, núm. 2 (2010): 422-31.

43. Jungsik Kim y Elaine Hatfield, «Love Types and Subjective Well-being: A Cross-Cultural Study», *Social Behavior and Personality: An International Journal* 32, núm. 2 (2004): 173-82.
44. Kevin A. Johnson, «Unrealistic Portrayals of Sex, Love, and Romance in Popular Wedding Films», *Critical Thinking about Sex, Love, and Romance in the Mass Media*, ed. Mary-Lou Galician y Debra L. Merskin (Oxford: Routledge, 2007), 306.
45. Litsa Renée Tanner, Shelley A. Haddock, Toni Schindler Zimmerman y Lori K. Lund, «Images of Couples and Families in Disney Feature- Length Animated Films», *American Journal of Family Therapy* 31, núm. 5 (2003): 355-73.
46. Chris Segrin y Robin L. Nabi, «Does Television Viewing Cultivate Unrealistic Expectations about Marriage?», *Journal of Communication* 52, núm. 2 (2002): 247-63.
47. Karolien Driesmans, Laura Vandenbosch y Steven Eggermont, «True Love Lasts Forever: The Influence of a Popular Teenage Movie on Belgian Girls' Romantic Beliefs», *Journal of Children and Media* 10, núm. 3 (2016): 304-20.
48. Florian Zsok, Matthias Haucke, Cornelia Y. de Wit y Dick P. H. Barelds, «What Kind of Love Is Love at First Sight? An Empirical Investigation», *Personal Relationships* 24, núm. 4 (2017): 869-85.
49. Bjarne M. Holmes, «In Search of My "One and Only": Romance-Oriented Media and Beliefs in Romantic Relationship Destiny», *Electronic Journal of Communication* 17, núm. 3 (2007): 1-23.
50. Benjamin H. Seider, Gilad Hirschberger, Kristin L. Nelson y Robert W. Levenson, «We Can Work It Out: Age Differences in Relational Pronouns, Physiology, and Behavior in Marital Conflict», *Psychology and Aging* 24, núm. 3 (2009): 604-13.

51. Joe J. Gladstone, Emily N. Garbinsky y Cassie Mogilner, «Pooling Finances and Relationship Satisfaction», *Journal of Personality and Social Psychology* 123, núm. 6 (2022): 1293-314; Joe Pinsker, «Should Couples Merge Their Finances?», *The Atlantic*, 20 de abril de 2022.
52. Emily N. Garbinsky y Joe J. Gladstone, «The Consumption Consequences of Couples Pooling Finances», *Journal of Consumer Psychology* 29, núm. 3 (2019): 353-69.
53. Laura K. Guerrero, «Conflict Style Associations with Cooperativeness, Directness, and Relational Satisfaction: A Case for a Six-Style Typology», *Negotiation and Conflict Management Research* 13, núm. 1 (2020): 24-43.
54. Rhaina Cohen, «The Secret to a Fight-Free Relationship», *The Atlantic*, 13 de septiembre de 2021.
55. David G. Blanchflower y Andrew J. Oswald, «Money, Sex and Happiness: An Empirical Study», *Scandinavian Journal of Economics* 106, núm. 3 (2004): 393-415.
56. Kira S. Birditt y Toni C. Antonucci, «Relationship Quality Profiles and Well-Being among Married Adults», *Journal of Family Psychology* 21, núm. 4 (2007): 595-604.
57. World Bank, «Internet Users for the United States (ITNETUSERP2USA)», Federal Reserve Bank of St. Louis.
58. Robert Kraut, Michael Patterson, Vicki Lundmark, Sara Kiesler, Tridas Mukophadhyay y William Scherlis, «Internet Paradox: A Social Technology That Reduces Social Involvement and Psychological Well-being?», *American Psychologist* 53, núm. 9 (1998): 1017-31.
59. Minh Hao Nguyen, Minh Hao, Jonathan Gruber, Will Marler, Amanda Hunsaker, Jaelle Fuchs y Eszter Hargittai, «Staying Connected While Physically Apart: Digital Communication

When Face-to-Face Interactions Are Limited», *New Media & Society* 24, núm. 9 (2022): 2046-67.

60. Martha Newson, Yi Zhao, Marwa El Zein, Justin Sulik, Guillaume Dezecache, Ophelia Deroy y Bahar Tunçgenç, «Digital Contact Does Not Promote Wellbeing, but Face-to-Face Contact Does: A Cross-National Survey during the COVID-19 Pandemic», *New Media & Society* (2021).
61. Michael Kardas, Amit Kumar y Nicholas Epley, «Overly Shallow? Miscalibrated Expectations Create a Barrier to Deeper Conversation», *Journal of Personality and Social Psychology* 122, núm. 3 (2022): 367-98.
62. Sarah M. Coyne, Laura M. Padilla-Walker y Hailey G. Holmgren, «A Six-Year Longitudinal Study of Texting Trajectories during Adolescence», *Child Development* 89, núm. 1 (2018): 58-65.
63. Katherine Schaeffer, «Most U.S. Teens Who Use Cellphones Do It to Pass Time, Connect with Others, Learn New Things», Pew Research Center, 23 de agosto de 2019; Bethany L. Blair, Anne C. Fletcher y Erin R. Gaskin, «Cell Phone Decision Making: Adolescents' Perceptions of How and Why They Make the Choice to Text or Call», *Youth & Society* 47, núm. 3 (2015): 395-411.
64. César G. Escobar-Viera, César G., Ariel Shensa, Nicholas D. Bowman, Jaime E. Sidani, Jennifer Knight, A. Everette James y Brian A. Primack, «Passive and Active Social Media Use and Depressive Symptoms among United States Adults», *Cyberpsychology, Behavior, and Social Networking* 21, núm. 7 (2018): 437-43; Soyeon Kim, Lindsay Favotto, Jillian Halladay, Li Wang, Michael H. Boyle y Katholiki Georgiades, «Differential Associations between Passive and Active Forms of Screen Time

and Adolescent Mood and Anxiety Disorders», *Social Psychiatry and Psychiatric Epidemiology* 55, núm. 11 (2020): 1469-78.
65. David Nield, «Try Grayscale Mode to Curb Your Phone Addiction», *Wired*, 1 de diciembre de 2019.
66. Monique M. H. Pollmann, Tyler J. Norman y Erin E. Crockett, «A Daily-Diary Study on the Effects of Face-to-Face Communication, Texting, and Their Interplay on Understanding and Relationship Satisfaction», *Computers in Human Behavior Reports* 3 (2021): 100088.

CAPÍTULO SIETE:
TRABAJO QUE ES AMOR HECHO VISIBLE

Este capítulo adapta ideas y toma pasajes de los siguientes ensayos y pódcast:

Arthur C. Brooks, «Your Professional Decline Is Coming (Much) Sooner Than You Think», *The Atlantic*, julio de 2019; Arthur C. Brooks, «Four Rules for Identifying Your Life's Work», How to Build a Life, *The Atlantic*, 21 de mayo de 2020; Arthur C. Brooks, «Stop Keeping Score», How to Build a Life, *The Atlantic*, 21 de enero de 2021; Arthur C. Brooks, «Go Ahead and Fail», How to Build a Life, *The Atlantic*, 25 de febrero de 2021; Arthur C. Brooks, «Here's 10 000 Hours. Don't Spend It All in One Place», How to Build a Life, *The Atlantic*, 18 de marzo de 2021; Arthur C. Brooks, «Are You Dreaming Too Big?», How to Build a Life, *The Atlantic*, 25 de marzo de 2021; Arthur C. Brooks, «The Hidden Toll of Remote Work», How to Build a Life, *The Atlantic*, 1 de abril de 2021; Arthur C. Brooks,

«The Best Friends Can Do Nothing for You», How to Build a Life, *The Atlantic*, 8 de abril de 2021; Arthur C. Brooks, «The Link between Self-Reliance and Well-Being», How to Build a Life, *The Atlantic*, 8 de julio de 2021; Arthur C. Brooks, «Plan Ahead. Don't Post», How to Build a Life, *The Atlantic*, 24 de junio de 2021; Arthur C. Brooks, «The Secret to Happiness at Work», How to Build a Life, *The Atlantic*, 2 de septiembre de 2021; Arthur C. Brooks, «A Profession Is Not a Personality», How to Build a Life, *The Atlantic*, 30 de septiembre de 2021; Arthur C. Brooks, «The Hidden Link between Workaholism and Mental Health», How to Build a Life, *The Atlantic*, 2 de febrero de 2023; Rebecca Rashid y Arthur C. Brooks, «When Virtues Become Vices», entrevista de Anna Lembke, *How to Build a Happy Life*, pódcast audio, 32:50, 9 de octubre de 2022; Rebecca Rashid y Arthur C. Brooks, «How to Spend Time on What You Value», entrevista de Ashley Whillans, *How to Build a Happy Life*, pódcast audio, 34:24, 23 de octubre de 2022.

1. Timothy A. Judge y Shinichiro Watanabe, «Another Look at the Job Satisfaction-Life Satisfaction Relationship», *Journal of Applied Psychology* 78, núm. 6 (1993): 939-48; Robert W. Rice, Janet P. Near y Raymond G. Hunt, «The Job-Satisfaction/Life-Satisfaction Relationship: A Review of Empirical Research», *Basic and Applied Social Psychology* 1, núm. 1 (1980): 37-64; Jeffrey S. Rain, Irving M. Lane y Dirk D. Steiner, «A Current Look at the Job Satisfaction/Life Satisfaction Relationship: Review and Future Considerations», *Human Relations* 44, núm. 3 (1991): 287-307.
2. Kahlil Gibran, «On Work», *The Prophet* (Nueva York: Alfred A. Knopf, 1923).
3. CareerBliss Team, «The CareerBliss Happiest 2021», CareerBliss, 6 de enero de 2021.

4. Kimberly Black, «Job Satisfaction Survey: What Workers Want in 2022», *Virtual Vocations* (blog), 21 de febrero de 2022.
5. Michael Davern, Rene Bautista, Jeremy Freese, Stephen L. Morgan y Tom W. Smith, General Social Surveys, 1972-2021 Cross-section, NORC, University of Chicago, 2018, gssdataexp lorer.norc.org.
6. David G. Blanchflower, David N. F. Bell, Alberto Montagnoli y Mirko Moro, «The Happiness Trade-off between Unemployment and Inflation», *Journal of Money, Credit and Banking* 46, núm. S2 (2014): 117-41.
7. Mark R. Lepper, David Greene y Richard E. Nisbett, «Undermining Children's Intrinsic Interest with Extrinsic Reward: A Test of the "Overjustification" Hypothesis», *Journal of Personality and Social Psychology* 28, núm. 1 (1973): 129-37.
8. Edward L. Deci, Richard Koestner y Richard M. Ryan, «A Meta-analytic Review of Experiments Examining the Effects of Extrinsic Rewards on Intrinsic Motivation», *Psychological Bulletin* 125, núm. 6 (1999): 627-68.
9. Jeannette L. Nolen, «Learned Helplessness», *Britannica*, modificado por última vez el 11 de febrero de 2023.
10. Melissa Madeson, «Seligman's PERMA+ Model Explained: A Theory of Wellbeing», PositivePsychology.com, 24 de febrero de 2017; Esther T. Canrinus, Michelle Helms-Lorenz, Douwe Beijaard, Jaap Buitink y Adriaan Hofman, «Self-Efficacy, Job Satisfaction, Motivation and Commitment: Exploring the Relationships between Indicators of Teachers' Professional Identity», *European Journal of Psychology of Education* 27, núm. 1 (2012): 115-32.
11. Arthur C. Brooks, *Gross National Happiness: Why Happiness Matters for America—and How We Can Get More of It* (Nueva York: Basic Books, 22 de abril de 2008).

12. Philip Muller, «Por qué me gusta ser camarero habiendo estudiado filosofía», *El Comidista*, 22 de octubre de 2018. El autor fue estudiante de posgrado de Arthur.
13. Ting Ren, «Value Congruence as a Source of Intrinsic Motivation», *Kyklos* 63, núm. 1 (2010): 94-109.
14. Ali Ravari, Shahrzad Bazargan-Hejazi, Abbas Ebadi, Tayebeh Mirzaei y Khodayar Oshvandi, «Work Values and Job Satisfaction: A Qualitative Study of Iranian Nurses», *Nursing Ethics* 20, núm. 4 (2013): 448-58.
15. Mary Ann von Glinow, Michael J. Driver, Kenneth Brousseau y J. Bruce Prince, «The Design of a Career Oriented Human Resource System», *Academy of Management Review* 8, núm. 1 (1983): 23-32.
16. «The Books of Sir Winston Churchill», International Churchill Society, 17 de octubre de 2008.
17. Charles McMoran Wilson, *1st Baron Moran, Winston Churchill: The Struggle for Survival, 1940-1965* (Londres: Sphere Books, 1968), 167.
18. Anthony Storr, *Churchill's Black Dog, Kafka's Mice, and Other Phenomena of the Human Mind* (Londres: Fontana, 1990).
19. Sarah Turner, Natalie Mota, James Bolton y Jitender Sareen, «Self-Medication with Alcohol or Drugs for Mood and Anxiety Disorders: A Narrative Review of the Epidemiological Literature», *Depression and Anxiety* 35, núm. 9 (2018): 851-60.
20. Rosa M. Crum, Lareina La Flair, Carla L. Storr, Kerry M. Green, Elizabeth A. Stuart, Anika A. H. Alvanzo, Samuel Lazareck, James M. Bolton, Jennifer Robinson, Jitender Sareen y Ramin Mojtabai, «Reports of Drinking to Self-Medicate Anxiety Symptoms: Longitudinal Assessment for Subgroups of Individuals with Alcohol Dependence», *Depression and Anxiety* 30, núm. 2 (2013): 174-83.

21. Malissa A. Clark, Jesse S. Michel, Ludmila Zhdanova, Shuang Y. Pui y Boris B. Baltes, «All Work and No Play? A Meta-analytic Examination of the Correlates and Outcomes of Workaholism», *Journal of Management* 42, núm. 7 (2016): 1836-73; Satoshi Akutsu, Fumiaki Katsumura y Shohei Yamamoto, «The Antecedents and Consequences of Workaholism: Findings from the Modern Japanese Labor Market», *Frontiers in Psychology* 13 (2022).
22. Lauren Spark, «Helping a Workaholic in Therapy: 18 Symptoms & Interventions», PositivePsychology.com, 1 de julio de 2021.
23. Cecilie Schou Andreassen, Mark D. Griffiths, Rajita Sinha, Jørn Hetland y Ståle Pallesen, «The Relationships between Workaholism and Symptoms of Psychiatric Disorders: A Large-Scale Cross-sectional Study», *PLoS One* 11, núm. 5 (2016): e0152978.
24. Longqi Yang, David Holtz, Sonia Jaffe, Siddharth Suri, Shilpi Sinha, Jeffrey Weston y Connor Joyce, «The Effects of Remote Work on Collaboration among Information Workers», *Nature Human Behaviour* 6, núm. 1 (2022): 43-54.
25. National Center for Health Statistics, «Anxiety and Depression: Household Pulse Survey», Centers for Disease Control and Prevention, www.cdc.gov/nchs/covid19/pulse/mental-health.htm.
26. Rashid y Brooks, «When Virtues Become Vices».
27. Clark *et al.*, «All Work and No Play?».
28. Rashid y Brooks, «How to Spend Time».
29. Andreassen *et al.*, «Relationships between Workaholism».
30. Carly Schwickert, «The Effects of Objectifying Statements on Women's Self Esteem, Mood, and Body Image» (tesis de licenciatura Carroll College, 2015).
31. Evangelia (Lina) Papadaki, «Feminist Perspectives on Objectification», Stanford Encyclopedia of Philosophy, 16 de diciembre de 2019.

32. Lola Crone, Lionel Brunel y Laurent Auzoult, «Validation of a Perception of Objectification in the Workplace Short Scale (POWS)», *Frontiers in Psychology* 12 (2021): 651071.
33. Dmitry Tumin, Siqi Han y Zhenchao Qian, «Estimates and Meanings of Marital Separation», *Journal of Marriage and Family* 77, núm. 1 (2015): 312-22.
34. Margaret Diddams, Lisa Klein Surdyk y Denise Daniels, «Rediscovering Models of Sabbath Keeping: Implications for Psychological Well-being», *Journal of Psychology and Theology* 32, núm. 1 (2004): 3-11.
35. Lauren Grunebaum, «Dreaming of Being Special», *Psychology Today*, 16 de mayo de 2011.
36. Arthur C. Brooks, «"Success Addicts" Choose Being Special over Being Happy», How to Build a Life, *The Atlantic*, 30 de julio de 2020.
37. Josemaría Escrivá, *In Love with the Church* (Strongsville: Scepter, 2017), 78.

CAPÍTULO OCHO:
ENCUENTRA TU GRACIA SUBLIME

Este capítulo adapta ideas y toma pasajes de los siguientes ensayos:

Arthur C. Brooks, «How to Navigate a Midlife Change of Faith», How to Build a Life, *The Atlantic*, 13 de agosto de 2020; Arthur C. Brooks, «The Subtle Mindset Shift That Could Radically Change the Way You See the World», How to Build a Life, *The Atlantic*,

4 de febrero de 2021; Arthur C. Brooks, «The Meaning of Life Is Surprisingly Simple», How to Build a Life, *The Atlantic*, 21 de octubre de 2021; Arthur C. Brooks, «Don't Objectify Yourself», How to Build a Life, *The Atlantic*, 22 de septiembre de 2022; Arthur C. Brooks, «Mindfulness Hurts. That's Why It Works», How to Build a Life, *The Atlantic*, 19 de mayo de 2022; Arthur C. Brooks, «To Get Out of Your Head, Get Out of Your House», How to Build a Life, *The Atlantic*, 11 de agosto de 2022; Arthur C. Brooks, «How to Make Life More Transcendent», How to Build a Life, *The Atlantic*, 27 de octubre de 2022; Arthur C. Brooks, «How Thich Nhat Hanh Taught the West about Mindfulness», *Washington Post*, 22 de enero de 2022; Rebecca Rashid y Arthur C. Brooks, «How to Be Self-Aware», entrevista de Dan Harris, *How to Build a Happy Life*, pódcast audio, 36:22, 5 de octubre de 2021; Rebecca Rashid y Arthur C. Brooks, entrevista de Ellen Langer, «How to Know That You Know Nothing», *How to Build a Happy Life*, pódcast audio, 37:45, 26 de octubre de 2021.

1. Cary O'Dell, «"Amazing Grace" – Judy Collins (1970)», Library of Congress, www.loc.gov/static/programs/national-recording-preservation-board/documents/AmazingGrace.pdf.
2. Steve Turner, *Amazing Grace: The Story of America's Most Beloved Song* (Nueva York: HarperCollins, 2009); «The Creation of "Amazing Grace"», Library of Congress, www.loc.gov/item/ihas.200149085.
3. Lisa Miller, Iris M. Balodis, Clayton H. McClintock, Jiansong Xu, Cheryl M. Lacadie, Rajita Sinha y Marc N. Potenza, «Neural Correlates of Personalized Spiritual Experiences», *Cerebral Cortex* 29, núm. 6 (2019): 2331-8.
4. Michael A. Ferguson, Frederic L. W. V. J. Schaper, Alexander Cohen, Shan Siddiqi, Sarah M. Merrill, Jared A. Nielsen, Jordan

Grafman, Cosimo Urgesi, Franco Fabbro y Michael D. Fox, «A Neural Circuit for Spirituality and Religiosity Derived from Patients with Brain Lesions», *Biological Psychiatry* 91, núm. 4 (2022): 380-8.

5. Mario Beauregard y Vincent Paquette, «EEG Activity in Carmelite Nuns during a Mystical Experience», *Neuroscience Letters* 444, núm. 1 (2008): 1-4.
6. Masaki Nishida, Nobuhide Hirai, Fumikazu Miwakeichi, Taketoshi Maehara, Kensuke Kawai, Hiroyuki Shimizu y Sunao Uchida, «Theta Oscillation in the Human Anterior Cingulate Cortex during All-Night Sleep: An Electrocorticographic Study», *Neuroscience Research* 50, núm. 3 (2004): 331-41.
7. Andrew A. Abeyta y Clay Routledge, «The Need for Meaning and Religiosity: An Individual Differences Approach to Assessing Existential Needs and the Relation with Religious Commitment, Beliefs, and Experiences», *Personality and Individual Differences* 123 (2018): 6-13.
8. Lisa Miller, Priya Wickramaratne, Marc J. Gameroff, Mia Sage, Craig E. Tenke y Myrna M. Weissman, «Religiosity and Major Depression in Adults at High Risk: A Ten-Year Prospective Study», *American Journal of Psychiatry* 169, núm. 1 (2012): 89-94; Michael Inzlicht y Alexa M. Tullett, «Reflecting on God: Religious Primes Can Reduce Neurophysiological Response to Errors», *Psychological Science* 21, núm. 8 (2010): 1184-90.
9. Tracy A. Balboni, Tyler J. VanderWeele, Stephanie D. Doan-Soares, Katelyn N. G. Long, Betty R. Ferrell, George Fitchett y Harold G. Koenig, «Spirituality in Serious Illness and Health», *JAMA* 328, núm. 2 (2022): 184-97.
10. Jesse Graham y Jonathan Haidt, «Beyond Beliefs: Religions Bind Individuals into Moral Communities», *Personality and Social Psychology Review* 14, núm. 1 (2010): 140-50.

11. Monica L. Gallegos y Chris Segrin, «Exploring the Mediating Role of Loneliness in the Relationship between Spirituality and Health: Implications for the Latino Health Paradox», *Psychology of Religion and Spirituality* 11, núm. 3 (2019): 308-18.
12. Thích Nhất Hạnh, *The Miracle of Mindfulness: An Introduction to the Practice of Meditation* (Boston: Beacon Press, 1996), 6.
13. Kendra Cherry, «Benefits of Mindfulness», *VeryWell Mind*, 2 de septiembre de 2022.
14. Michael D. Mrazek, Michael S. Franklin, Dawa Tarchin Phillips, Benjamin Baird y Jonathan W. Schooler, «Mindfulness Training Improves Working Memory Capacity and GRE Performance While Reducing Mind Wandering», *Psychological Science* 24, núm. 5 (2013): 776-81.
15. Martin E. P. Seligman, Peter Railton, Roy F. Baumeister y Chandra Sripada, *Homo Prospectus* (Oxford, UK: Oxford University Press, 2016).
16. Jonathan Smallwood, Annamay Fitzgerald, Lynden K. Miles y Louise H. Phillips, «Shifting Moods, Wandering Minds: Negative Moods Lead the Mind to Wander», *Emotion* 9, núm. 2 (2009): 271-6.
17. Kyle Cease, *I Hope I Screw This Up: How Falling in Love with Your Fears Can Change the World* (Nueva York: Simon & Schuster, 2017); Tiago Figueiredo, Gabriel Lima, Pilar Erthal, Rafael Martins, Priscila Corção, Marcelo Leonel, Vanessa Ayrão, Dídia Fortes y Paulo Mattos, «Mind-Wandering, Depression, Anxiety and ADHD: Disentangling the Relationship», *Psychiatry Research* 285 (2020): 112798; Miguel Ibaceta y Hector P. Madrid, «Personality and Mind-Wandering Self-Perception: The Role of Meta-Awareness», *Frontiers in Psychology* 12 (2021): 581129; Shane W. Bench y Heather C. Lench, «On the Function of Boredom», *Behavioral Sciences* 3, núm. 3 (2013): 459-72.

18. Neda Sedighimornani, «Is Shame Managed through Mind-Wandering?», *Europe's Journal of Psychology* 15, núm. 4 (2019): 717-32.
19. Smallwood *et al.*, «Shifting Moods».
20. Heidi A. Wayment, Ann F. Collier, Melissa Birkett, Tinna Traustadóttir y Robert E. Till, «Brief Quiet Ego Contemplation Reduces Oxidative Stress and Mind-Wandering», *Frontiers in Psychology* 6 (2015): 1481.
21. Hạnh, *Miracle of Mindfulness*; Anonymous 19th Century Russian Peasant, *The Way of a Pilgrim and The Pilgrim Continues on His Way: Collector's Edition* (Magdalene Press, 2019).
22. Lauren A. Leotti, Sheena S. Iyengar y Kevin N. Ochsner, «Born to Choose: The Origins and Value of the Need for Control», *Trends in Cognitive Sciences* 14, núm. 10 (2010): 457-63; Amitai Shenhav, David G. Rand y Joshua D. Greene, «Divine Intuition: Cognitive Style Influences Belief in God», *Journal of Experimental Psychology: General* 141, núm. 3 (2012): 423-8.
23. Mary Kekatos, «The Rise of the "Indoor Generation": A Quarter of Americans Spend Almost All Day Inside, New Figures Reveal», DailyMail.com, 15 de mayo de 2018.
24. Outdoor Foundation, 2019 Outdoor Participation Report, Outdoor Industry Association, 2020.
25. «Global Survey Finds We're Lacking Fresh Air and Natural Light, as We Spend Less Time in Nature», Velux Media Centre, 21 de mayo de 2019.
26. Wendell Cox Consultancy, «US Urban and Rural Population: 1800-2000», Demographia.
27. Howard Frumkin, Gregory N. Bratman, Sara Jo Breslow, Bobby Cochran, Peter H. Kahn Jr., Joshua J. Lawler y Phillip S. Levin, «Nature Contact and Human Health: A Research Agenda», *Environmental Health Perspectives* 125, núm. 7 (2017): 075001;

Nielsen, *The Nielsen Total Audience Report: Q1 2016* (Nueva York: Nielsen Company, 2016).

28. Gregory N. Bratman, Gretchen C. Daily, Benjamin J. Levy y James J. Gross, «The Benefits of Nature Experience: Improved Affect and Cognition», *Landscape and Urban Planning* 138 (2015): 41-50.
29. F. Stephan Mayer, Cynthia McPherson Frantz, Emma Bruehlman-Senecal y Kyffin Dolliver, «Why Is Nature Beneficial? The Role of Connectedness to Nature», *Environment and Behavior* 41, núm. 5 (2009): 607-43.
30. Henry David Thoreau, «Walking», *The Atlantic*, junio de 1862.
31. Adam Alter, «How Nature Resets Our Minds and Bodies», *The Atlantic*, 29 de marzo de 2013.
32. Kenneth P. Wright Jr., Andrew W. McHill, Brian R. Birks, Brandon R. Griffin, Thomas Rusterholz y Evan D. Chinoy, «Entrainment of the Human Circadian Clock to the Natural Light-Dark Cycle», *Current Biology* 23, núm. 16 (2013): 1554-8.
33. Wendy Menigoz, Tracy T. Latz, Robin A. Ely, Cimone Kamei, Gregory Melvin y Drew Sinatra, «Integrative and Lifestyle Medicine Strategies Should Include Earthing (Grounding): Review of Research Evidence and Clinical Observations», *Explore* 16, núm. 3 (2020): 152-160.
34. Esto está basado en una conversación con Arthur.
35. C. S. Lewis, *Mere Christianity* (Londres: Geoffrey Bles, 1952).

CONCLUSIÓN: AHORA, CONVIÉRTETE EN EL MAESTRO

Este capítulo adapta ideas y toma pasajes del siguiente ensayo:

Arthur C. Brooks, «The Kind of Smarts You Don't Find in Young People», How to Build a Life, *The Atlantic*, 3 de marzo de 2022.

1. Safiye Temel Aslan, «Is Learning by Teaching Effective in Gaining 21st Century Skills? The Views of Pre-Service Science Teachers», *Educational Sciences: Theory & Practice* 15, núm. 6 (2015).
2. John A. Bargh y Yaacov Schul, «On the Cognitive Benefits of Teaching», *Journal of Educational Psychology* 72, núm. 5 (1980): 593-604.
3. Richard E. Brown, «Hebb and Cattell: The Genesis of the Theory of Fluid and Crystallized Intelligence», *Frontiers in Human Neuroscience* 10 (2016): 606; Alan S. Kaufman, Cheryl K. Johnson, y Xin Liu, «A CHC Theory-Based Analysis of Age Differences on Cognitive Abilities and Academic Skills at Ages 22 to 90 Years», *Journal of Psychoeducational Assessment* 26, núm. 4 (2008): 350-81; Arthur C. Brooks, *From Strength to Strength: Finding Success, Happiness, and Deep Purpose in the Second Half of Life* (Nueva York: Portfolio, 2022).
4. Martin Luther King Jr., «Loving Your Enemies» (sermón, Dexter Avenue Baptist Church, Montgomery, Alabama, 17 de noviembre de 1957).

Acerca de los autores

OPRAH WINFREY

Como líder de entretenimiento global y pionera en comunicación, **OPRAH WINFREY** ha construido una estrecha relación con personas de todo el mundo. A través de ***The Oprah Winfrey Show*** entretuvo, iluminó y levantó el ánimo de millones de televidentes durante 25 años. Su labor como filántropa y su compromiso con los libros, la lectura y la educación la han convertido en una de las figuras públicas más respetadas en la actualidad.

ARTHUR C. BROOKS

Es profesor Parker Gilbert Montgomery de Práctica Pública y Liderazgo no Lucrativo en la Escuela Harvard Kennedy; además, es profesor de Práctica de Gestión en la Escuela de Negocios de Harvard, para la que también imparte cursos sobre la felicidad. Es el creador de la popular columna de opinión «How to Build a Life» (Cómo construir una vida) en *The Atlantic*. Asimismo, es un aclamado conferencista y autor de *bestsellers*, entre los que se encuentran *From Strength to Strength* y *Love Your Enemies*.